国有企业采购管理系列丛书

《国有企业网上商城供应商服务规范》 释义

供应商服务理论与实践

中国物流与采购联合会公共采购分会　组织编写

平庆忠　主　编

彭新良　副主编

中国财富出版社有限公司

图书在版编目（CIP）数据

《国有企业网上商城供应商服务规范》释义：供应商服务理论与实践／中国物流与采购联合会公共采购分会组织编写；平庆忠主编；彭新良副主编．北京：中国财富出版社有限公司，2025.4（2025.7 重印）．--（国有企业采购管理系列丛书）．--ISBN 978-7-5047-8412-4

Ⅰ. F279.241-65

中国国家版本馆 CIP 数据核字第 2025LN1673 号

策划编辑 王　靖	**责任编辑** 刘静雯	**版权编辑** 武　玥
责任印制 苟　宁	**责任校对** 卓闪闪	**责任发行** 敬　东

出版发行　中国财富出版社有限公司

社　　址　北京市丰台区南四环西路 188 号 5 区20 楼　　**邮政编码**　100070

电　　话　010－52227588 转 2098（发行部）　　　　010－52227588 转 321（总编室）
　　　　　　010－52227566（24 小时读者服务）　　　010－52227588 转 305（质检部）

网　　址　http://www.cfpress.com.cn　　**排　　版**　宝蕾元

经　　销　新华书店　　　　　　　　　　　**印　　刷**　北京九州迅驰传媒文化有限公司

书　　号　ISBN 978－7－5047－8412－4/F·3794

开　　本　710mm×1000mm　1/16　　　　**版　　次**　2025 年 4 月第 1 版

印　　张　20.75　　　　　　　　　　　　**印　　次**　2025 年 7 月第 2 次印刷

字　　数　340 千字　　　　　　　　　　　**定　　价**　75.00 元

《国有企业网上商城供应商服务规范》释义

编　委　会

主　　任：胡大剑　中国物流与采购联合会副会长

副 主 任：平庆忠　中国物流与采购联合会公共采购分会专家，
　　　　　　　　　　清华大学互联网产业研究院平台经济首席专家

　　　　　彭新良　中国物流与采购联合会公共采购分会秘书长

　　　　　张启春　国家电力投资集团有限公司物资装备分公司
　　　　　　　　　　副总工程师

《国有企业网上商城供应商服务规范》释义

编写及支持单位

组织编写单位：

中国物流与采购联合会公共采购分会

参 编 单 位：

欧菲斯集团股份有限公司

中铁物贸集团有限公司

阳采集团有限公司

西域智慧供应链（上海）股份公司

国家电网有限公司

国网电商科技有限公司

中国平安保险（集团）股份有限公司

中国能源建设股份有限公司

招商局集团有限公司

中国第一汽车集团有限公司

中国交通建设集团有限公司

华润股份有限公司

中国南方电网有限责任公司

中国航天科技集团有限公司

建银工程咨询有限责任公司

广州交易集团有限公司

北京天源迪科网络科技有限公司

安徽省优质采科技发展有限责任公司

领先未来科技集团有限公司

鑫方盛数智科技股份有限公司

深圳市前海兆点信息科技有限公司

大唐电商技术有限公司

中国电能成套设备有限公司

支 持 单 位：

国网物资有限公司

中建电子商务有限责任公司

安永（中国）企业咨询有限公司

北京商越网络科技有限公司

快备新能源科技（上海）有限公司

云汉芯城（上海）互联网科技股份有限公司

《国有企业网上商城供应商服务规范》释义
编写组成员

平庆忠　彭新良　常朝晖　陈　超　陈金猛　林永建
孟令智　宋　迎　汤婷玉　佟希飞　徐　立　杨崇谊
张　军　张明川　张若鸿　赵建海　周云飞　冯　君

序　言

　　近年来，国有企业采购数字化水平有了长足进步，主要体现在两个方面。一是以电子招标投标系统为核心的电子交易平台发展迅速，国有企业工程项目采购和大额物资集中采购基本上实现了全流程电子化。二是国有企业网上商城（电子商城）快速发展，国家明确要求"大力推广企业电子商城""鼓励中央企业自建电子商城，并将标准工业品、低值易耗品、通用服务项目等通过企业电子商城采购"，大大提升了国有企业小额高频采购的效率和合规性。在这方面，中国物流与采购联合会公共采购分会做了大量工作。2021年发布的《国有企业网上商城采购交易操作规范》以及之后出版的《网上商城采购理论与实践》，使国有企业网上商城的建设和运营有了规范和标准，为推动国有企业网上商城的发展做出了重要贡献。

　　随着国有企业采购数字化和采购供应链管理转型的持续推进，采购端的网上商城已日臻完善，采购交易业务模式、操作规范、系统建设都有了显著提升。然而，供应端的问题逐渐显现出来。供应商分散在不同地区、不同行业，企业管理水平参差不齐、合同履约能力各异，导致供应商交付问题频发、风险失控，严重影响国有企业采购供应链的效能。国务院国资委、国家发展改革委发布的《关于规范中央企业采购管理工作的指导意见》明确要求，"强化采购寻源和供应商管理""对供应商实施量化考核，综合供应商考核结果及资质信用、管理水平、创新能力等，分级管理供应商，深化与优质供应商长期稳定合作"，把供应商管理提到了重要议程。中国物流与采购联合会在发布《国有企业网上商城采购交易操作规范》之后，继续对国有企业网上商城供应商管理进行了长期调研和深入研究，在总结国有企业网上商城实践经验的基础上，提炼出了《国有企业网上商城供应商服务规范》，并于 2024 年 5 月正式发布。该规范提出了网上商城供应商服务的基本要求，为网上商城选择和管理供应商提供了基本依据，也为供应商提升管理水平和改善服务提供了基准。本书正是对《国有企业网上商城供应商服务规范》的解读，主要有以下几个特点。

一是理论性。本书基于 PDCA（计划、实施、检查、处理）循环原理建构了完整的供应商服务理论，从供应商服务活动和流程规范要素两个维度建立了供应商服务矩阵，以《国有企业网上商城供应商服务规范》为基础框架，为服务规范条文解释提供了坚实的理论基础和逻辑依据。二是协调性。本书基于网上商城交易特点，把供应商服务与网上商城作为一个整体，全面厘清了供应商服务与网上商城的协同关系，为供应商提供了服务指引。同时以供应商服务为中心，系统阐述了供应商服务与采购供应链的关系，构建了供应商服务与采购供应链的"双螺旋"，在更大范围内建立了采购与供应的协调关系，使供应商可以快速适应采购供应链转型。三是实践性。本书提供了大量真实案例，可以供读者研究参考，同时注明了案例作者和单位，便于读者深入考察和交流。

《国有企业网上商城供应商服务规范》与之前发布的《国有企业网上商城采购交易操作规范》共同构成了网上商城规范体系，而本书和之前出版的《网上商城采购理论与实践》则全面阐述了国有企业网上商城采购理论体系，总结了国有企业网上商城的实践经验，可以作为国有企业网上商城管理人员、供应商和采购人员的基础读物和培训教材。我相信，本书的出版对于规范供应商服务行为，提升供应商素质，建设国有企业优质供应链，增强国有企业核心竞争力具有重要意义，将在国有企业推进中国式现代化管理中发挥重要作用。

是为序。

蔡进

中国物流与采购联合会会长

目　录

导 论

供应即服务

　　《国有企业网上商城供应商服务规范》标准研究项目于 2022 年 7 月正式立项。从项目的提出到正式立项耗时一年多，从立项到项目完成又用了一年多，前后加起来历时超过三年。这项规范主要聚焦于网上商城供应商，但通过深入研究，我们对整个供应商群体有了更深的了解。本书旨在深入阐释供应商的相关理论和实践内容，希望能与对此议题感兴趣的朋友们共同探讨和进步。

　　国有企业网上商城是由采购方主导的交易平台，对此我们在《国有企业网上商城采购交易操作规范》和《网上商城采购理论与实践》中已经做了全面阐述。本质上，《国有企业网上商城采购交易操作规范》提供了一个需方视角，为需方基于网上商城平台采购制定了一系列规范性要求，其目的在于确保国有企业采购的合规性并规避违规风险。而《国有企业网上商城供应商服务规范》则提供了一个供方视角，为供应商高效履约制定了基本规则，其目的在于把需方对供方的要求转化为供方的内在动力和自我约束，普遍提高供应商的素质，进而提高交易效率，降低交易成本。这样供方效率与需方合规相结合，就解决了国有企业网上商城采购中效率与合规之间的矛盾，进一步优化了全社会的营商环境。

　　供应商的概念来源于采购理论。在采购方看来，供应商通常是被选择或激励的对象。由于采购方的需求千差万别，采购理论无法从供应商的视角全面研究问题，因此难以形成完整的供应商理论。《国有企业网上商城供应商服务规范》的创新之处在于，它基于平台经济的基本原理，把供应商与采购方作为平等的交易对象，立足供应商的自律性，提出了完整的供应商服务理论。

　　本书将以《国有企业网上商城供应商服务规范》为基础框架，全面阐述供应商服务理论和供应商服务实践，主要内容概括如下。

一、供应商服务概念

供应商服务指的是供应商向采购方提供商品及服务的活动和行为。其内容包括从订单确认到履约各个环节的实物供应、信息传递和流程管理等一揽子服务。因此，供应商的供应行为本质上就是服务行为，可以说供应即服务。

供应商服务是社会产业结构调整的必然结果。自工业革命以来，社会产业结构经历了一个由工场手工业向大规模工业转变，再由大规模工业向专业化服务转变的过程。在工场手工业时代，生产是个性化的，同时也是综合性的，一个人或一个小型团队能够完成生产与服务的全过程。亚当·斯密在考察了工场手工业之后，揭示了专业化分工对提高生产效率的重要作用。在此之后，专业化分工通过大规模标准化生产得以实现，由此开启了辉煌的工业化时代。大规模的标准化生产极大丰富了标准化的物质供应。然而，在亚当·斯密之后的 300 年工业化进程中，全球范围内普遍出现了生产过剩现象，这种生产过剩甚至经常引发经济危机。伴随着工业化的进程，服务业得到迅速发展。在初期，服务是标准化产品的个性化扩展。个性化服务的加持，使标准化产品展现出了与其他产品不同的特性，更能满足消费者的需求，从而获得更高的消费者满意度。这种"产品+服务"的策略增强了生产厂商的竞争力。在此基础上，以大规模生产为依托的制造业向服务化转型，服务型制造业因此得到显著发展。进入数字经济时代，新兴的互联网技术、物联网技术、移动通信技术，以及大数据和人工智能的发展，使得生产厂商能够及时地获取和了解消费者的个性化需求。这导致个性化生产的范围越来越广，传统的大规模生产方式逐步让位于个性化生产方式。同时，以标准化产品为基础的服务转变为以服务为基础的供应。服务不再是产品的附属物，反之，产品成为服务的一种形式，包含在服务之中。由此，所有供应商提供的产品在本质上都是服务，供应商服务的概念由此产生。本书要阐述的网上商城供应商服务正是基于这个全新的"大服务"理念。

网上商城采购作为数字经济时代的新兴采购模式，必然要适应数字经济环境下的新型供需关系。网上商城采购方式是新型供需关系在需方的体现，而供应商服务则是新型供需关系在供方的体现。基于以上理解，我们发现供应商服务有一系列不同于传统产品供给的特点。首先，供应商服务是一个过程。从订单确认到最终交付，需要完整的流程控制。在此过程中，既涉及实物产品的交付、分发、检测、验收，也涉及相关的技术培训、售后服务等，供应商服务贯穿始终。其次，供应商服务过程伴随着供应商与采购方的沟通和协同。在此过程中，供应商与采购方密切配合，共同解决采购中出现的问题，共同输出成果。工业化条件下，这种协同关系更多的体现为人事关系，而在数字化条件下，则体现为数据关系。供应商和采购方利用数据和平台进行沟通，基于数据进行协同。最后，供应商服务必然体现在一个统一的协同平台上，而网上商城正是供应商服务的协同平台。以上这些供应商服务的特点对采购决策产生了一系列影响。第一，影响了供应价格。在产品质量相同的情况下，采购方只能通过比较服务的不同来确定优秀的供应商。忽略服务价格可能导致恶性竞争。第二，采购方必须重视交付的完整性，这不仅包括实物的交付，还包括服务的交付。第三，要重视交付过程中的协同，因为没有良好的协同，就无法保证完美交付。第四，除了产品质量，还要重视服务质量。服务质量是衡量供应商服务的重要指标。第五，供应商风险管理能力也十分重要。风险管理能力直接关系到采购方供应链的稳定性和安全性。

二、供应商服务与网上商城采购

采购方与供应方是一对矛盾体，采购方是买方，供应方是卖方。买方希望找到价格最低的卖方，而卖方希望找到出价最高的买方。只有通过市场均衡，确定双方都可接受的价格，二者的矛盾才能得以解决。对于一般消费品交易来说，上述买卖关系简单明确，一目了然。这种关系构成了消费互联网的基础。但对于产业互联网来说，情况则有所不同。不同之处在于产业互联网的交易引入了时间因素，具体而言，引入了供应商的服务过程。这使产业互联网中的交付过程变得更为复杂，其交易均衡模型也更为复杂。网上商城实际上是一个交易市场，是买卖双方的均衡场。

《国有企业网上商城采购交易操作规范》确定的三种业务模式，本质上是三种不同的采购与供应交易均衡模型。

一是实时价模式，本质上是双因素价格确定模型。一种因素是商品的原厂价格，另一种因素是物流等服务价格，两者之和构成了商品的实时价。商品的原厂价格是由同类商品竞争而形成的。由于剥离了其他非生产因素，商品的原厂价格更真实地反映了商品的市场竞争状况，这种竞争状况可以认为是接近完全竞争的。在平台向物流开放的情况下，物流等服务的价格也可以认为是完全竞争的。这两种价格共同决定了商品的实际价格，奠定了实时价的基础。由此我们看出，在实时价模式下，许多商品的价格存在厂商价低、物流价高或厂商价高、物流价低的情况，反映了供应方的策略及其在平台上的利益关系，但背后的逻辑就在于实际市场中存在的完全竞争模型。

二是固定价模式，本质上是二次定价模型。无论通过什么采购方式，招标还是谈判，确定的一次固定价格只是一个基础价，二次竞争才确定真实的价格。实际上，一次竞争在大部分情况下确定了商品的原厂价或实物价，二次竞争的价格是加上供应商服务后的价格。由此我们可以看出，固定价模式下，供应商服务变得更为重要。在大规模标准化生产方式下，厂商之间的成本差异是很小的。而在二次竞争时，更重要的是服务能力和服务水平。采购方可接受的最低服务水平往往决定了最终胜出的供应商。基于这种认识，我们可以得出，固定价模式的竞争本质上是垄断竞争。厂商依靠自己的能力为用户打造与其相匹配的"供应商+服务"模型，以此在细分领域中形成垄断，最终在有限厂商之间进行竞争。框架协议采购正是这种垄断竞争的典型表现形式。

三是定制化模式，其是真正的供应商服务定价模型。在定制化模式下，没有确定的商品存在，供应商主要靠自身的经验和能力与采购方的需求进行均衡。在这种情况下，每一种产品、每一次定制都是服务的体现，服务贯穿整个定制和交付过程。定制化竞争是综合服务能力的竞争。定制服务的价格是由需方对定制服务的确定性与供方服务能力供给的竞争性决定的。在这两种因素的共同作用下，可以形成八种价格决定模型。这八种价格决定模型在中国物流与采购联合会发布的《国有企业采购操作规范》（T/CFLP 0016—2023）中予以列示，分别是自愿公开招标、自愿邀请招标、询价采购、比选采购、合作谈判、竞争谈判、单源直接采购和多源直接采购①。在实际工作中经常遇到的非招标采购均是定制化模式，工程项目在本质上也是定制化的。随着互联网的发展，在生产领域特别是制造业，定制化生产将会越来越普遍。

网上商城创建了一个数字化交易平台，可以容纳以上三种业务模式。对于一个成熟的网上商城而言，除了建立交易模式，扩大交易主体规模，以及形成充分竞争的价格之外，还有两个更重要的方面。一是创建数字化监测体系，使交易双方的交易和履约过程得以全程记录，从而提高交易透明度，便于评价，进而创造更加公平的营商环境。二是基于网上商城的全过程数字记录，买卖双方的签约和履约阶段紧密相连，在网上商城交易平台实现均衡，进而最大限度地规避交易风险。供应商服务的意义由此凸显，并最终成为供应商最主要的竞争力。

三、供应商服务与供应链管理

供应商服务和供应链管理是现代企业管理的核心内容。供应商服务与供应链管理是数字化背景下新型供需关系的一体两面。从采购的角度看，经过多年的实践，大部分的国有企业已经认识到现代企业之间的竞争在本质上是供应链的竞争。许多企业将物资管理部更名为供应链管理部，使物资工作由传统的采购管理转变为供应链管理，进而认识到供应商管理的重要性。然而，如果没有高质量的供应商群体，供应链管理就是无源之水、无本之木。从供应商的角度看，采购供应链是供应商的市场，供应商本质上是为供应链服务的，因此供应商迫切希望能有长期稳定的客户。如果采购方通过频繁更换供应商来给供应商施加压力、压低价格，供应商则朝不保夕，就没有动力改进服务，最后导致供应链的质量、可靠性和稳定性降低，使整个供应链受损。

网上商城实际上是供应链管理和供应商服务的交互枢纽，是供应商服务

---

① 根据 2024 年 8 月发布的国资发改革规〔2024〕53 号文件，中央企业除自愿采取招标方式外，应当选择以下四种方式之一进行采购：询比采购、竞价采购、谈判采购、直接采购。《〈国有企业采购操作规范〉（修订）释义》第 1 版第 2 次对原规范（T/CFLP 0016—2023）中相关内容进行了更新，与国资发改革规〔2024〕53 号文件保持一致。

与供应链融合的新机制。供应商服务与供应链管理在数据空间形成了交互。在这种交互中，网上商城的数据空间作用凸显，成为数据价值的创造中心。本书将完整阐述数字化背景下的这种复杂的供需关系以及其中所蕴含的新价值。

四、供应商服务框架

随着互联网和大数据技术的发展，供应商服务的实践案例越来越多。特别是在制造业这一供应商群体中，制造业服务化的推广以及供应链管理理念的普及，使供应商服务的概念和框架越来越清晰。《国有企业网上商城供应商服务规范》在总结理论研究和实践经验的基础上，首次提出了一个完整的供应商服务框架，该框架构成了供应商服务理论的基础。

供应商服务框架从两个维度定义了网上商城供应商服务。第一个维度是服务要素。框架指出任何一项供应商服务应包含组织制度、工作程序、资源匹配、数据记录、系统支持这5项要素。第二个维度是服务场景。框架将供应商服务视为由一系列服务场景构成的完整体系，这些场景包括订单计划管理、交付过程管理、质量保证和售后服务、风险控制、供需协同与数据管理，它们相对独立。每个服务场景都需具备上述的5项服务要素，由此形成了"5×5"供应商服务矩阵，构成了供应商服务框架的核心。

《国有企业网上商城供应商服务规范》制定的主要目的是对供应商服务框架中的5项服务要素进行定义和界定，并明确其在每一个服务场景中的规范性含义，由此引导供应商建立与网上商城要求相匹配的供应商服务体系。因此，该规范在第四章主要对服务要素进行界定，在其后的第五章至第九章中详细阐述了这些服务要素在不同服务场景中的具体要求。

1. 组织制度

总的来说，供应商服务的目的在于供应商与采购方和用户建立稳定、协调的伙伴关系，并获取相应的利益。具体到每一个服务场景，都应当有明确的组织制度、目的和任务。

2．工作程序

供应商服务作为一个整体由不同服务场景组成，每一个服务场景又由一系列操作流程构成。这些操作流程是供应商服务场景的具体表现形式。流程管理的核心在于通过合理安排服务的操作过程以达成服务目标。《国有企业网上商城供应商服务规范》是在总结大量国有企业供应商服务流程管理经验的基础上形成的，具有深厚的实践基础。

3．资源匹配

为了与流程管理相适应，供应商服务必须匹配相应的资源，这些资源包括完成服务所需的人力资源、资金、物资，以及相应的外部合作资源。这些资源构成了供应商服务的主要成本。

4．数据记录

供应商服务与其他服务一样，其交付过程是与用户互动的过程。此互动过程具体表现为对用户需求和诉求的即时回应和对服务流程和方式的及时调整。在互动中，供应商和用户或服务对象互相感知、积极协同，使用户获得完美体验，享受服务过程。这个过程中的数据记录形成了供应商的数据能力。

5．系统支持

在数字化背景下，供应商服务一般要借助于一个数据平台。在数据平台上，供应商的服务过程、服务对象的反馈、供应商与服务对象之间的互动过程得以记录；服务价值得以计量、计价、结算和支付。网上商城承担着供应商服务平台的功能与任务，是连接供应商与采购方的中介和桥梁，是协助采购方表达服务需求、供应商达成服务目标的平台。

以上五项要素在不同的服务场景中有不同的表现形式，每一个服务场景在不同行业、不同专业中又有所变化，从而产生了纷繁复杂的供应商服务形式。本书将这五项要素作为衡量供应商服务能力的基础，并提出供应商服务的基本规范，为供应商管理提供依据。

五、供应商订单计划管理

订单计划管理是网上商城供应商服务的起点。在经过准入和交易环节之后，供应商获得了订单，从此开启了供应商服务之旅。

订单计划管理的任务是制订切实可行的订单履约计划并确保订单执行。因而订单计划管理是一项从始至终的服务过程，是供应商服务的主要场景。

在供应商服务框架下，订单可以分为四种类型：一是纯实物订单，二是纯服务订单，三是以实物为主包含实物与服务在内的订单，四是以服务为主包含部分实物在内的订单。供应商制定统一的订单处理流程，输出订单执行计划。由于在交易阶段已经确定了价格，因此，订单执行计划的核心在于控制订单执行成本，保证交付质量和按期交付。

订单执行计划分为对内和对外两个部分。对于供应商内部，订单执行计划是为执行订单而制订的资源配置计划，应当明确完成订单所需的全部流程和资源供给。对于外部客户而言，订单执行计划要与客户的需求计划相匹配，形成具体的交付方案，明确订单执行的地点、时间和流程。

在网上商城的环境中，供应商的订单管理应与网上商城的要求相一致，并通过网上商城与采购方建立常态化订单协同机制，与采购方的供应链流程计划相协同，才能确保顺利交付。在国有企业采购管理向供应链管理转型之后，供应商的订单计划管理能力和计划协同能力是评价供应商的重要指标，也是供应商服务的核心。因此，在国有企业供应链转型后，供应商应将质量保证贯穿产品的全生命周期，即将质量保证和售后服务的成本进行综合考量。

六、供应商交付过程管理

一个订单完整的交付过程是供应商订单执行计划的实施过程。交付过程管理的目的在于，按照订单或合同要求，将产品和服务按照规定的质量、数量在确定的时间交付到确定的地点。在质量、数量确定的条件下，交付过程主要涉及三个重要环节：产品出厂、物流服务、验收及结算管理。

标的物的交付过程是典型的流程管理过程。供应商服务随着标的物的流转而进行，在此过程中，流程管理的主要任务是按订单执行计划来落实任务、监控流程、进行预警，并确保顺利交付。在交付过程中，需要匹配的资源包括工厂的生产和检验人员、验收人员以及物流资源和财务部门。在大多数情况下，供应商应设立交付中心，负责对交付全过程进行统一的流程安排、资源匹配和用户互动。

完美交付是平台型供应商在实践中形成的主要供应商服务形式，也是交付过程服务的价值体现。平台型供应商之所以在交付实践中具有优势，主要在于其投入了大量资源，在全国建立了庞大的物流、仓储和配送网络。对于标准化产品来说，这个网络越大、网格越细，供应商服务就越到位、越有价值。平台型供应商通过其服务网络把供应商服务的全部要素整合在一个平台上，实现服务目标、流程管理、资源匹配和客户沟通的全流程数字化。在这种情况下，平台型供应商与网上商城的对接，是对网上商城的赋能。在整个供应链中，平台型供应商通过大规模的交付整合，减少了物流费用、仓储费用，从而提高了效率。平台型供应商的高效交付与网上商城的合规管理结合在一起，就构成了具有中国特色的数字化供应链平台。

就独立型供应商来说，其交付过程与平台型供应商有较大不同。网上商城推广的固定价模式，主要是引入了供应商交付服务。因此，大宗物资供应商，包括协议供应商、战略供应商以及相关专业的供应商的交付服务就变得十分重要。

大宗物资供应商一般具有独立的交付流程和交付资源。大部分通用性较强的大宗原材料如水泥、钢材等，一般需经过多级批发才能流转到最终用户手中。另外一些专用性较强的产品如专用零部件，用户或供应商则必须保留足够的库存。因此，不论是通用产品还是专用产品，都会大量积压在库存上，这正是 20 世纪 80 年代丰田精益生产所要解决的核心问题。

就中国来说，产业界物流成本高居不下的重要原因之一是库存成本太高。网上商城固定价模式的推广，一方面会冲击通用产品的批发体系，降低通用产品的流通成本，主要方法是建立厂家到最终用户的直接通路，实现供应商"端到端"服务；另一方面是通过数字化供应链的建设，减少专用产品的批量，进而减少库存。前者节约流通成本，后者减轻厂商库存压力和风险。在此过程中，采购方的网上商城与供应方的供应商服务系统对接，将能够形成高效的履约网络，实现供应流程和资源配置的优化以及产销沟通的透明合作。由此，国有企业网上商城实际上创造了一个供应商服务的数字化环境，带动供应商产品的高效生产和流通。

就一个专业领域来说，供应商的数量和产能相对确定。同时，由于网上商城的普及，用户也相对集中。因此，在特定产业中就可以形成一个具有确定性的商品和服务交换网络。基于此网络可以进一步构建相应的物流和交付体系以及支付保证体系，这正是产业互联网的本质所在。当前，我国国有企业正在向着专业化方向整合，并推动供应商服务平台的建设。在这一整合过程中，流通领域亟须构建起这样的交换网络。因此，可以说一个产业互联网的时代真正来临了。

七、供应商质量保证和售后服务

质量保证与售后服务是相互关联的。在网上商城不同的业务模式下，质量保证的机制是不同的。

合同或订单是供应商服务的起点，但是不同业务模式下确定订单时的标的物的质量状态是不同的。一般情况下，实时价模式下的订单都是现货订单，在订单确定时，标的物的质量状态就已确定。采购方可以根据标的物已有的质量状态确定质量是否符合标准。可以说，在实时价模式下，质量保证问题在交易阶段就已经解决，因此质量保证不是供应商服务的重点。在固定价模式下，情况则有所不同，因为固定价模式大多适用于大宗物资采购，交付周期较长，少则几个月，多则一年或数年。在这种情况下，交易确定的质量往往是样品质量或承诺质量，实际交付时标的物的质量与承诺质量是否一致就存在疑问。因此，在固定价模式下，交付过程中的质量管理就十分重要。在定制化模式下，标的物的质量要求实际上是供应商和采购方双方协商的结果，且标的物的质量是由生产过程决定的。对于供应商来说，标的物质量保证的责任前移到了生产部门。质量保证重在生产体系的质量保证体系。售后服务本质上是将生产过程的质量保证体系延伸到使用过程，是供应商对产品全生命周期的质量承诺。因此，质量保证就延伸到了售后服务，两者形成互相关联的一体化。

针对不同业务模式下的质量承诺，供应商应建立不同的质量保证机制和流程。对于现货标的物，重点在于检查其证书和检验报告。因而，对于以实时价为主要业务模式的平台型供应商来说，质量保证重在对供货商进行选择。固定价模式的供应商一般是独立型供应商，它们本身是专业产品和设备的生产者，其质量保证体系的稳定性和一致性十分重要，不同批量产品要具备连续性和均匀性。而对于定制化业务模式，由于标的物具有多变性，供应商的质量保证机制和流程显得尤为重要。供应商的质量承诺要与其生产体系的质量管理能力以及售后服务能力相一致。此时，供应商质量保证资源的整合能力变得十分重要。长期以来，国内外企业对于质量保证能力建设都十分重视。随着数字化转型，质量保证过程也逐渐向数字化发展。质量保证体系作为全面质量管理系统，已经成为质量管理的基础。供应商应基于此建立其定制化产品的质量保证服务体系，以适应个性化定制要求。采购方应要求供应商为其提供全生命周期的质量保证，并据此计算价格。

八、供应商风险控制

按照网上商城的供应逻辑，供应商在大部分情况下承担交付责任。在交付的过程中，可能遇到各种各样的风险事件，使得交付无法完成。特别是在国际经济急剧动荡、各种不确定因素持续增多的情况下，规避风险、确保供应，已经成为供应商必须面对的问题，供应商的风险控制能力就越加重要。从供应链的角度看，供应商风险控制能力与供应链的安全与韧性紧密相关，供应商应与网上商城一同构建安全、韧性的供应链。

供应风险的特点在于其具有突发性和不确定性。实际上，任何一个供应商都无法准确地预测供应风险，供应商能做的只是充分考虑风险发生的可能性。一旦发生风险，供应商与采购方应共同面对，采取相应的措施，把损失减少到最小。因此，供应商风险控制应注意以下几点：一是要对风险事件进行深入研究，明确风险控制的目的，把风险控制作为供应商提升服务能力的重要内容。二是要对风险事件进行分类。根据不同风险类别制定相应风险控制流程，并形成制度。一旦发生风险事件，可以迅速应对。三是要准备足够的资源冗余，便于及时进行资源调度，应对风险事件。四是要建立风险监测体系，收集风险相关数据，及时进行风险预警和处理，力求把风险损失减至最小。五是要建立风险管理系统，把风险控制流程、资源匹配、信息处理等进行系统化和平台化，并落实在日常的供应服务中。

九、供需协同和数据管理

供需协同是供应商基于网上商城平台与采购方进行交互协同的过程。这一过程使供应商能够优化订单计划管理，改善供应流程，降低供应成本，同时为采购方创造更大价值。

在网上商城的业务模式中，实时价业务模式下的交易标的物一般是小额零星商品，交互过程相对简单，对交互协同服务的需求不高。而对固定价模式和定制化模式下的交易标的物来说，情况则不同。固定价模式和定制化模式下的交易标的物相对较大，交付过程较为复杂，交付时间也较长，因此，供应商的交互协同服务就显得更为重要。

合同是约束供应商的基本规则，但对于复杂且长期的项目来说，仅有合同是不够的。众多合同管理实践证明，合同往往约束得不够全面，在合同执行时，总会出现一些在合同订立时未考虑到的情况。如果缺乏交互协同，合同的执行可能会陷入困境。长期以来，复杂且长期合同的交互协同一直是一个难题。网上商城本质上是一个由采购方建立的协同平台，当采购方把全过程履约引入网上商城的时候，供应商的交付协同服务就有了用武之地。因此，供应协同并非一般的协同，而是在网上商城环境下提供的独特服务，这种协同具体表现在数据协同、计划协同、交付过程协同、财务协同、售后协同和应急协同等多方面。

数据协同是交互协同的条件，这就要求供应商与网上商城建立数据交互接口，以确保信息能够及时交互。实际上，交互协同涉及供应商和采购方双方，但就供应商服务来说，这应当是供应商主动采取的行动。因此，本书鼓励供应商主动创造数据协同的条件，并主动与采购方进行沟通。

供应商的交互协同也遵循供应商服务的 5 项要素：一是组织制度协同，要求供应商准确理解采购方的采购目标和计划，确保供应目标与采购服务和计划相一致；二是流程协同，包括交付过程、财务过程以及售后服务过程；

三是资源协同，应根据协同要求配备资源；四是数据协同，确保各个流程数据的一致性；五是系统协同，要把全部协同关系建立在系统平台上。系统是供应商与采购方协同的界面，协同的关键点和协同程序才得以落地。最后，协同要解决的一个重要问题是供应商要具备应急协同能力，以应对上述流程中出现的特殊情况。在大多数情况下，这种应急能力表现为供应商供应链的韧性，是供应商服务能力的重要体现。

十、供应商服务评价和持续改进

供应商服务理论把供应商履约过程，即从订单管理、交付过程、售后服务、交互协同到质量保证、风险控制当成一个完整的服务过程来看待。供应商履约包括实物性履约和服务性履约，二者共同构成了供应商服务的完整过程。一个优秀的供应商应完整地履行实物性交付和服务性交互，与采购方的采购目标达成一致，共同创造采购价值。因此，在供应履约中追求卓越表现与完美履约，成为供应商持续改进和追求的目标。

从这个意义上讲，本书重点阐述的供应商服务框架中的 5 项要素和 5 项服务活动，不仅是在网上商城环境下供应商服务理论的主要内容，也是评价供应商的主要指标，同时还是供应商服务持续改进、追求卓越的路径。

鉴于供应商服务范围的广泛性和供应商服务行业间的巨大差异，《国有企业网上商城供应商服务规范》无法提供一个具体的评价指标体系。供应商服务具有超越行业和业务范围的共性，因而，基于这些共性，我们仍然能制定一套供应商服务评价的基本准则。

第一，从管理学的角度看，供应商应当是以客户为中心的。供应商服务的好坏，最终取决于客户对其评价的高低。网上商城能够记录供应商从交易到履约的全过程，并且会基于平台数据和客户反馈，定期对供应商的服务进行评价。因此，网上商城对供应商的评价，构成了供应商服务持续改进的基础。

第二，供应商应以网上商城的供应商评价为准则，持续改进服务。这个持续改进的过程应当遵循以下原则：一是优化服务要素。在供应商服务框架中，每项服务都包含组织制度、工作程序、资源匹配、数据记录和系统支持 5

项要素，这 5 项要素的优化决定着服务的优化。尽管每项要素在不同服务中的重要性不同，但供应商服务的表现往往受制于最弱的环节。因此，供应商应当尽量补齐短板，以不断优化服务的整体结构。二是推进服务活动。本书确定的 5 项服务活动均可以独立推进，也可以协同推进。这 5 项服务活动共同构成了供应商服务的链条，即供应服务链。在不同条件下，每项服务活动都对供应的成效有着决定性影响。供应商应持续对每项服务活动的能力、质量和水平进行提升和改进。三是持续改进服务。应遵循 PDCA，对于每项服务，从计划到实施，再到检查和评价，进行全过程监测和改进，以此推动供应商服务日趋完善，增强供应商在竞争中的优势。

第三，从供应商和网上商城的关系来看，供应商服务与网上商城共同构成了一个良性循环。供应商在网上商城提供服务，网上商城则利用数字化手段创建供应商服务市场，以吸引采购方，使供应商服务具有可持续性和可优化性。供应商服务和网上商城成为数字化环境下的良性组合，既促进了供给端供应的优化和价值实现，又促进了需求端的效率提升和增值。二者的充分结合催生了数字化供应链，构建了数字经济特有的生态系统和演进路径。因此，供应商服务的持续改进不仅是一个企业的任务，而且是整个生态系统优化的一部分。

第四，更重要的是，在网上商城环境下，供应商通过服务评价对服务的持续改进可以进一步体现在交易定价过程中，激发供应商改进服务的动力，使供应商服务本身具有可持续性。正是这样的机制，让我们对网上商城供应商服务充满了信心。在国有企业采购管理向供应链管理转型的过程中，基于采购供应链管理与供应服务链的协同培育供应商能力，是改善我国营商环境、创建一流企业必须完成的任务。

以上是作者对供应商服务理论的概述。在此需要说明的是，本书所阐述的供应商服务理论并非臆想，而是基于深厚的实践基础。网上商城供应商的主体是制造业企业，它们在推进产品研发、生产、销售的过程中，早已认识到供应商服务的重要性，并且在实践中积累了各自不同的经验，取得了成功。本书主要从网上商城的角度，对这些供应商服务的经验进行提炼和总结，并进一步加强形式化和规范化。本书每章都提供了相应的案例，希望读者能够深入研究这些实践经验，以便在实际工作中加以应用。

第一章

供应商服务概念

供应商服务是在电子交易条件下出现的一种新的供应服务模式。它创始于消费品的数字化交易，根植于数字化交易平台，即将在产业互联网的发展中得到进一步完善。在需求端数字化的条件下，供应端必然向服务化发展。需求端的数字化和个性化必然要求供应端的服务化和柔性化，从而真正实现需求决定生产，使社会生产方式由以生产为中心转向以交易为中心。供应商服务作为供应商的整体性服务输出与需求方协同共生，支持需求方的价值创造。由此，供需双方就不再是单纯的商品和服务的买卖关系，而是互相协同、互相支撑的利益共同体和最终价值的共同创造者。在这种协同共生的价值创造过程中，双方都需要遵守共同的基本行为准则，并基于这种准则建立长期稳定的协同关系。

一、供应商服务

按照《国有企业网上商城供应商服务规范》的定义，供应商服务指的是为国有企业网上商城提供商品及其服务的供应商在订单履约全过程中的活动和行为。

按照这个定义，供应商服务实际上是与采购方的采购供应链活动相对应的系列服务活动。从这个意义上讲，采购方的采购供应链与供应方的供应服务链构成了互相支持、互相协同的采供"双螺旋"。这个"双螺旋"如同生物学中的 DNA（脱氧核糖核酸）双螺旋一样，构成了采供双方共同成长的内在机制。因此，供应商服务概念如同采购供应链概念一样，是企业数字化转型中必须具备的基本认识。

对于企业来说，计划、采购、生产、物流、销售构成了其采购供应链。在计划推动的企业供应链中，计划确定采购、生产、物流和销售。在销售拉动的供应链中，则是由销售计划确定企业计划，再由企业计划确定采购、生产、物流及交付。然而，无论是计划推动的供应链还是销售拉动的供应链，采购总是企业生产的基本环节。一方面，采购供应链的质量决定企业产品的质量，进而决定企业的竞争力。另一方面，采购是向外寻求资源，促进了供应商的销售，是供应商供应服务链的起点。采购方的采购拉动供应商的供应服务链，供应商以供应服务链来支撑采购供应链。因此，供应商服务本质上是供应商供应服务链的实现形式。由此，我们对采购供应链与供应商服务形成了如下认识（见图1-1）。

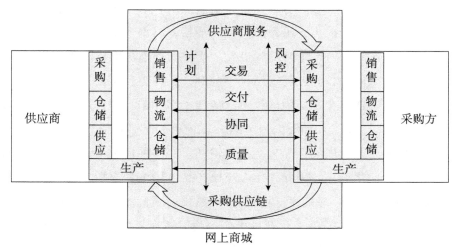

图1-1　采购供应链与供应商服务

本质上来说，采购供应链是内向的，通过高质量的对外采购和外部资源应用，保证企业的生产和销售。而供应商服务是外向的，以服务客户、履行契约、发展业务为目标，以内部资源服务客户。由图1-1可知，采购方对外部供应商资源的要求与供应商用内部资源服务客户的目标产生了交集，达成了共识。

表面上看，各行各业差别很大，供应商服务与采购供应链的共识只能由供需双方达成。而实际上，在现代企业制度下，不同行业的不同企业在组织形式、制度结构、运作模式等方面基本相同，企业对外服务的需求和对内管理的资源高度一致。本质上，任何企业都是供应商，都是用自己的产品和服务在市场上交换资源。因此，只要企业在供应商服务上达成了共识，作为采购方的企业和作为供应商的企业也就达成了采购供应链与供应商服务的共识。《国有企业网上商城供应商服务规范》本质上就是建立这种供应商服务共识的尝试。

就企业管理的传统来说，工业化时代标志着标准化生产的兴起。在标准化的生产体制下，供应链本质上是由生产推动的，即生产推动销售。在这种情况下，供应商是被动的，是大规模生产的附属物。因此，在企业管理理论中，供应商是管理对象，在企业战略中不享有平等的地位。基于这种生产体制，采购部门也不是主导部门，而是围绕生产需求的事务性执行部门。这个时候的企业管理，其核心只有两点：一是生产能力的建设及投资管理，通过投资形成大规模生产能力，不断扩大生产规模，以创造生产的主动性。二是销售，即把生产能力的作用发挥到最大。这种大规模标准化的生产在短时间内就充斥了整个市场，导致需求达到了饱和，最终引发生产过剩。这一现象在全球主要国家普遍存在。中国改革开放四十多年来，国内需求饱和，中国也因此成为世界工厂。20 世纪 80 年代，供应链管理开始在西方发达国家兴起，根本原因在于大规模标准化生产的饱和。在这种情况下，市场空间逐渐转向大量的个性化需求。因此，在大规模产品市场饱和之后，出现的第二个大市场是小批量市场，在生产端表现为规模化定制，即在销售端收集同类需求，达成一定生产规模后进行批量生产。为了适应不同品类的批量化生产，生产端必须具有可调整性，相应地，供应端也必须跟着调整。规模化定制的出现，使供应端的重要性得以显现。没有供应商的相应调整，规模化定制是无法实施的。

在这种情况下，供应链理论应运而生。在最初，供应链理论实质上是研究在需求端发生变化时，供应端随之变化的问题。在大规模标准化生产体制下，供应与需求的关系是基本稳定的。即使在不同生产环节出现了不均衡，产生了库存，问题也不大，因为经过一段时间，库存总能消化。然而，在小批量生产体制下情况就不同了。由于生产不均衡产生的库存在大部分情况下就成了积压的废品，库存损失很大。同时，小批量多品种的生产也使供应链关系变得非常复杂。为应对这种复杂的供应链关系，必须对从终端用户开始到供应链上的全部供应商的行为进行研究。在此过程中，需求端（主要是大型超市如沃尔玛等）开发了以条形码和电子收款机为基础的商品销售管理系统，可以随时了解商品销售情况。相应地，在供应端则产生了供应商服务技术，如即时补货系统。如果发现某些商品销售不畅，供应商就必须考虑减少此商品的生产甚至停产。这种信息传递到生产商及其供应商，进而引起整个供应链的调整。这种调整在本质上是供应商服务的变化。从 20 世纪 80 年代到 21 世纪初，供应链管理日益受到重视。企业间的竞争已经由规模竞争转化为供应链的竞争，而供应链的竞争本质上是该供应链上供应商服务能力和水平的竞争，也就是供应服务链的竞争。中国在 20 世纪 80 年代之后迅速崛起，成为世界工厂，很大程度上得益于在珠三角和长三角等地快速建立起的完整的供应商服务体系。这些体系能对供应链的调整进行快速响应，能够灵活适应市场变化。

进入 21 世纪以来，互联网的发展促使供应链发生了巨大的变革。特别是移动互联网的普及，使需求的个性化表达有了新的工具和通道。交易平台成为需求个性化表达的媒介，它可以把个性化需求同时传送到供应链的各个环节，打破原来供应链层层传导机制，形成需求和供应的同步机制，使供应商可以及时获取需求信息并做出反应。在这种情况下，消费者个性化需求的规模迅速增长，个性化的程度越来越高，以至于单件定制越来越普遍。在这种机制下，需方和供方的关系进一步发生了变化。

第一，催生了一个以互联网为基础的数字化交易平台，可以即时记录供需关系及其发展的全过程。供应商与需求方的关系通过平台数据充分表达。由此，数字化交易平台本质上创造了一个领域内全部需求方和供应商的交流环境，不存在不同供应商和需求方之间的信息不对称的情况。

第二，在供应链的需求终端即消费端产生了消费互联网，它成为驱动整个社会供应链的初始动力。与超市相比，消费互联网把市场需求汇集的前端延伸到了家庭。这种延伸本质上延长了供应链，把企业的供应商服务也延伸到了家庭。在超市作为终端的时候，供应商服务的价格包含在商品的总价中。而当消费终端延伸到家庭时，家庭购物时的比价必然要区分商品厂家价格和运输价格，这样就使供应商服务中的物流价格变得透明，进而供应商的交付服务随之体现出来。因此，在消费互联网上必须标明商品的厂商价格和物流服务价格。供应链关系作为交易关系，所有参与者都作为交易者出现，所有工厂都成了交易平台上的交易者。交易驱动生产，由于交易成本的降低，交易规模迅速扩大，大规模生产逐渐被分离成大量交易单元。商品在交易单元完成部分生产过程，最终通过交易平台向消费者交付。

第三，终端消费中的商品价格和供应商服务价格的区分顺着供应链向上游传导。在向上传导的过程中，供应商服务的交易单元逐步增多，产品的价格结构进一步在交易平台体现出来。不同的产品要求不同，供应商提供的服务方式也不同，由此，就形成了各种不同级别和种类的价格体系。在供应链的不同环节，如对供应商交付时间的要求不同，对供应商交付质量要求不同，对供应商反应速度要求不同，对供应风险的管控级别不同，其价格都有所不同。在多样化需求的条件下，相同类别产品的差异主要体现在供应商服务的不同上。不同的服务强度构建了不同类别的供应链，这些不同类别的供应链能够满足不同的终端需求，由此适应互联网时代的个性化需求。

至此，回到本节开始的网上商城供应商服务的定义上，我们可以把网上商城看成一个数字化的交易环境，采购方是具体需求的提出者。当采购方提出需求的时候，已经确定了其所需的产品服务要求，其中应当包括产品类型、质量标准、计划粒度、交付过程、风险控制等。这实际上确定了一条供应服务链，当价格确定时，就基本确定了供应商服务的强度。供应商服务可以分解为履约过程中的各个服务单元，每个服务单元的服务强度不同，共同构成了供应商服务的总体效能，从而满足了不同采购方的供应链需求。因此，采购本质上是采购不同强度的供应商服务组合。

二、供应商服务的本质特征

由上述分析可知，终端消费的电商化彻底改变了原有终端消费的超市化状态。终端消费电商化在把消费表达延伸到家庭电脑桌面和个人手机屏幕的同时，不得不把商品价格和供应商服务价格区分开来，由此供应商服务显性化。在消费品交易领域电商化的同时，其上游的生产流通领域的交易也日趋电商化。这个电商化的过程也是上游领域供应商服务逐步显性化的过程。

面对这个过程，我们必须明确一个问题：供应商服务的显性化过程是内在的客观必然还是外在的合规性规定。

在超市作为消费终端时，超市商品的价格包含了商品的全部终端要素，如商品的制造费用、从厂商运输到超市的费用以及其他商业费用。商品交付到消费者手中后，其一切费用包括从超市到消费者家中的费用，以及消费过程中的非正常损耗和相应的风险费用都由消费者承担，不计入商品价格。在这种终端消费模式下，消费者无须关心商品价格的构成，只需关心对商品的实际支出就够了。这种终端消费的定价模式把商品的全部价值标注为商品价值。在大部分情况下，消费者基于超市的报价进行价格比较，并以此报价与其他商品进行比较。因此，在宏观层面上，商品价格也就成为消费者和供应商之间，即需求与供给均衡的唯一条件。这种价格决定的唯一条件向上游延伸，形成了从原材料到生产再到流通消费各个环节的价格链条，也奠定了经济学理论的基础。

然而，当电商作为终端消费模式出现以后，由于消费者不再去超市或商场采购商品，无法把超市或商场价格作为参照系进行比较。消费者虽然在同一个网络上，但在地理位置上却分散在全国各地乃至世界各地。因此，在交易平台上进行价格比较时就必须去除运输、物流及相关服务因素，才能对同一品类和质量的商品的价格进行比较。这也就迫使平台型供应商对同一商品既要标示厂商价格又要标示到不同地方的运输价格，最终由消费者对两种价格进行综合评估后作出选择。对于一些特殊商品，可能还需比较除运输成本以外的其他因素，如售后服务、风险成本等。这些因素也可以表现为独立于商品生产价格的服务，由终端消费者权衡后决定是否采用。在这种情况下，终端消费者进行购买决策时就不仅要考虑单一价格，而且必须面对一个综合价格进行评估和选择，从而计算得出最有利的价格组合。在这种价格组合中，商品的厂商价格是固定的，而相关的供应商服务价格则是一个变量，是消费者进行选择的结果。在这种模式下，不同的消费者对同一商品支付的实际价格是不同的，甚至差别很大。

从单一价格向组合价格的转变是终端消费的超市模式向电商模式转变的标志性事件。这一转变带来了从消费到生产的一系列根本性变化。

第一，价格透明。这主要表现在价格结构的透明，如生产商价格、交付服务价格、售后服务价格等都变得清晰可见。不仅对终端消费者的价格变得透明，生产领域中的采购价格也因为越来越依托采购平台而变得越来越透明。生产领域价格结构的透明化使采购决策复杂化，采购过程精细化，同时也使采购供应链追求全生命周期的成本最低化成为可能。

第二，供应商结构透明。价格透明的同时，必然带来供应商结构的透明。在单一价格模式下，供应商是一个"暗盒集成商"，其集成的产品和厂商对用户来说是不可见的，供应商的集成内容是其商业秘密。而在组合价格的模式下，供应商的价格结构实际上已经揭示了其供应商结构，使供应商结构变成了一个明盒结构，供应商的集成性得以体现。价格的透明、供应商结构的透明以及供应商集成内容的透明，使交易信息充分透明。对于平台型供应商来说，这种透明性推动建立了一种供应商竞争的新机制，即平台竞争机制。

第三，供应商服务等级得以体现。在供应商结构透明的同时，供应商服务的等级也会体现出来，不同等级的服务满足不同的需求，并具有不同的价格。这样，供应商服务本质上就形成了一个三维主体结构，包括供应商服务单元、供应商服务强度、供应商服务能力。供应商服务通过平台竞争机制定价。

第四，交易平台竞争的机制。这一机制决定了供应商服务的定价。各类供应商聚集在交易平台上，就同一项服务形成了两种供应商服务竞争机制。一种是同类服务的供应商之间的竞争，这种竞争确定了该项服务的价格。二是同类服务的外部供应商和内部供应部门之间的竞争，这种竞争会影响企业从外部购买还是由内部供应的决策。

第五，数字化集成。在这种情况下，我们可以看到，对特定需求来说，不同类型、不同等级、不同价格的供应商服务共同支撑起了一个集成化的供应链，以满足用户需求。这个供应链完整地在网上商城的数字化平台上展示出来，并受到网上商城的监测和管理。由此，网上商城、特定需求的供应链和供应商服务三者共同合作，形成了新的数字化供应链，建立了一套电商化的新供应体系。

基于以上特征，我们对供应商服务的本质有了进一步的认识。供应商服务是在数字化交易环境下出现的一种供应服务新形态。供应商通过将供应链各环节的业务分割成不同的服务单元，构建不同服务强度、不同形态的服务链，以应对采购供应链的个性化需求。供应商服务所需的服务单元既可以是自营的，也可以是外购的，这取决于二者的成本。供应商服务与采购供应链构成了采购与供应的"双螺旋"，共同构建起企业数字化供应链体系。

三、供应商服务是"大服务"

本书中阐述的供应商服务实际上是一个全新的概念，在数字经济环境下，任何企业都是供应链上的一个环节。企业作为产品和服务的采购方，其需求表现为供应链的需求。这种需求在大部分情况下已经由工业化时代采购方对产品和零部件的物质化、功能性的需求表现为个性化、场景化的综合性需求。相应地，采购也由单纯的物品物料采购转化为供应链采购。供应链采购在通常条件下也被称为"大采购"。所谓"大采购"，简单来说，就是超越物品的采购。具体表现在四个方面：第一，采购与企业的战略相关联，采购是实现公司战略目标的重要手段。采购中包含的新技术、新产品、新服务是企业对外输出的重要部分，采购效率决定公司效率。第二，采购的"大"体现在采购要考虑所采购商品和服务的全生命周期成本。因此，对于具体的商品来说，其全生命周期的维护成本、升级成本就成为采购时重要的考虑因素。第三，"大采购"不仅要考虑单个物品的采购效率，更重要的是要考虑企业全部采购品的匹配度。在全品类中不能因为存在短板而影响整体效率。第四，采购要能够适应变化多端的市场和个性化需求。因此，采购需要有相当大的弹性以应对各种突然变化。

那么，供应商应如何应对采购端的这种"大采购"需求？答案是"大服务"，用供应商的"大服务"应对采购端的"大采购"。本书认为，供应商服务本质上就是"大服务"，它的"大"主要体现在以下三个方面。

第一，供应商把自己的全部供应行为都定义为服务。对服务型企业来说，这理所应当，而对产品生产企业来说，产品本身只是一种服务形式和服务工具。这是供应商在数字化时代的一个根本性转变，在制造业企业中表现得尤为明显。例如，许多空调企业不再认为自己是空调机的生产商，而把自己定义为"洁净空气"服务的提供者。很多制造业企业把场景服务而非产品作为企业的核心竞争力。供应商的这种转变经历了一个历史过程：在工业化初期，供应商都是产品生产商，主要是输出产品；到了工业化后期，随着产品复杂性的提升，供应商变成了"产品+服务"的提供者，即在提供产品的同时提供相应的服务，服务费用包含在产品价格中；到了后工业化时代，随着供应商由提供产品向提供场景转变，许多供应商变成了场景服务的提供商，其中所需的产品成了服务的一部分。第三阶段就是我们所称的"大服务"，其适应了"大采购"的需求。

第二，供应商以服务为中心，基于客户场景输出集成服务。在数字化条件下，采购方的需求最终体现为供应链的需求，进而转变为对上游供应商的采购需求。这种转变使原本由采购端进行的集成变成供应端的集成。在网上商城的两类供应商中，平台型供应商实质上是横向品类集成商，通过品类集成和"门到门"的交付，简化了采购方的工作，从而提升了采购效率；独立型供应商，类似集成服务供应商，在专业的深度上为采购方减少了工作量，从而提升了采购效率。这种集成服务在数字化之前是很难实现的。而随着供应商数字化平台的建设，它已经成了供应商重要的竞争力。因此，所谓的"大服务"实际上是供应商服务平台提供的集成服务，是供应商专业集成能力的体现。

第三，供应商服务构建供应商独特竞争力。自工业化以后，物质生产能力普遍处于过剩状态，供应商之间的差异主要体现在服务上。因此，在世界范围内，服务竞争已经成为企业竞争的核心。我国由于工业化起步较晚，直到最近几年才初步完成工业化，许多企业对产能过剩之后的服务竞争的认识还不够深刻。就我国的实际情况来看，服务竞争意识首先在耐用消费品领域显现出来，并逐渐向供应链延伸，进而使服务成为整条供应链的竞争力所在。物质产品的同质化是"大生产"的必然结果，但服务的个性化与创新能充分体现供应商的独特性，并成为其独特竞争力。实际上，每个客户的需求场景都是不同的，这种不同的需求对供应商服务种类和强度的要求也是不同的。每个供应商通过其不同的服务构成了不同的供应链，从而形成不同的竞争力。在此意义上，供应商本身就是供应链，以供应商服务为基础的供应服务链具有独特的创造性和较高的用户黏性。

本书提出的供应商服务的概念是对数字化条件下供应服务链建设的新尝试，旨在为我国产业链供应链的发展贡献力量。

相关政策：《关于规范中央企业采购管理工作的指导意见》

国务院国资委、国家发展改革委 2024 年 7 月 18 日发给各中央企业的《关于规范中央企业采购管理工作的指导意见》，对未来几年中央企业的采购工作指明了方向，同时也是国有企业网上商城采购的重要规范，对网上商城供应商优化服务具有指导意义。

关于规范中央企业采购管理工作的指导意见

为贯彻落实党中央、国务院部署要求，进一步规范中央企业采购管理工作，激发市场竞争活力，有效防范违法违规行为，全面提升中央企业采购与供应链管理水平，提出以下意见。

一、总体要求

以习近平新时代中国特色社会主义思想为指导，深入贯彻党的二十大精神，全力打造依法合规、公开透明、集约高效的供应链，切实提升产业链供应链韧性和安全水平，建立健全中央企业采购管理体系，增强采购价值创造能力，全面推动中央企业采购管理规范化、精益化、协同化、智慧化发展。

（一）坚持依法合规。严格遵循国家招投标相关法律法规及行业政策要求，同时进一步明确招标以外的采购方式和管控要点，切实规范中央企业采购行为。

（二）坚持公开公正。平等对待中央企业内部和外部各市场参与主体，破除行业垄断和保护主义，完善企业内控监督机制，防止国有资产流失。

（三）坚持竞争择优。广泛搜寻供应资源，充分激活市场竞争，以性能价格比最佳、全生命周期综合成本最优为目标，优选供应商、承包商或服务商。

（四）坚持协同高效。整合内外部资源，推动供应链上下游协作，助力资源共享、优势互补、集约高效、合作共赢，提升产业链供应链韧性和安全水平。

二、合理选择采购方式

对于《中华人民共和国招标投标法》《中华人民共和国招标投标法实施条例》《工程建设项目施工招标投标办法》等明确规定必须采取招标方式采购的项目，中央企业应当严格执行。对于不属于工程建设项目的采购活动，未达到《必须招标的工程项目规定》（国家发展改革委令 2018 年第 16 号）所规定的招标规模标准的工程建设采购项目，以及国家招标投标相关法律法规明确可以不进行招标的项目，中央企业除自愿采取招标方式外，应当选择下列四种方式之一进行。

（一）询比采购。

询比采购是指由 3 个及以上符合资格条件的供应商一次报出不得更改的价格，经评审确定成交供应商的采购方式。

适用条件为同时满足以下三种情形：一是采购人能够清晰、准确、完整地提出采购需求；二是采购标的物的技术和质量标准化程度较高；三是市场资源较丰富、竞争充分，潜在供应商不少于 3 家。

（二）竞价采购。

竞价采购是指由 3 个及以上符合资格条件的供应商在规定时间内多轮次公开竞争报价，按照最终报价确定成交供应商的采购方式。

适用条件为同时满足以下四种情形：一是采购人能够清晰、准确、完整地提出采购需求；二是采购标的物的技术和质量标准化程度较高；三是采购标的物以价格竞争为主；四是市场资源较丰富、竞争充分，潜在供应商不少于 3 家。

（三）谈判采购。

谈判采购是指同时与 2 个及以上符合资格条件的供应商分别进行一轮或多轮谈判，经评审确定成交供应商的竞争采购方式。

适用条件为满足以下情形之一：一是采购标的物技术复杂或性质特殊，采购方不能准确提出采购需求，需与供应商谈判后研究确定；二是采购需求明确，但有多种实施方案可供选择，采购人需通过与供应商谈判确定实施方案；三是市场供应资源缺乏，符合资格条件供应商只有 2 家；四是采购由供需双方以联合研发、共担风险模式形成的原创性商品或服务。

（四）直接采购。

直接采购是指与特定的供应商进行一轮或多轮商议，根据商议情况确定成交供应商的非竞争采购方式。

适用条件为满足以下情形之一：一是涉及国家秘密、国家安全或企业重大商业秘密，不适宜竞争性采购；二是因抢险救灾、事故抢修等不可预见的特殊情况需要紧急采购；三是需采用不可替代的专利或者专有技术；四是需向原供应商采购，否则将影响施工或者功能配套要求；五是有效供应商有且仅有1家；六是为保障重点战略物资稳定供应，需签订长期协议定向采购；七是国家有关部门文件明确的其他情形。

此外，对于围绕核心主业需集团内相关企业提供必要配套产品或服务的情形，如确需采用直接采购方式，应当由集团总部采取有效措施，加强集中管理，采购人分级履行决策程序后报上级企业备案。

三、强化采购寻源和供应商管理

充分利用全国企业采购交易寻源询价系统等数智化手段，广泛开展寻源比价，有效识别供应商弄虚作假、串通报价、履约能力不足等风险，开展全生命周期评价，建立合格供应商名录并做好动态管理和评价工作。对供应商实施量化考核，综合供应商考核结果及资质信用、管理水平、创新能力等，分级管理供应商，深化与优质供应商长期稳定合作。强化中央企业间供应商信息和考核结果的公开、共享和规范应用，探索相关行业内部建立高风险供应商名单，条件成熟后逐步推广高风险供应商名单信息共享，同时不得将未纳入高风险供应商名单作为参与采购的基本资格条件，不得将有解决纠纷诉求的合规供应商纳入高风险供应商名单管理，不得排斥或限制潜在供应商。

四、完善采购执行和评审机制

（一）健全采购执行机制。中央企业应当按照程序并依照国家有关标准制定采购计划、编制采购文件、发出采购公告或邀请书、发送采购文件、组织采购评审、确定成交供应商、签订合同。小额零星采购可适当简化采购流程。应当根据情况专门制定抢险救灾、应对突发性公共事件等应急采购项目的采购流程。

（二）完善评审专家机制。采购评审应当保密、公平、公正，任何单位和个人不得非法干预、影响评审的过程和结果。除依法应当进行招标的项目外，视技术标准、金额大小、采购方式等综合判断采购事项重要程度，考量组成专家评审小组的必要性，并将组建专家评审小组的标准纳入采购制度范围。专家评审小组应当选取专业要求、工作经历等匹配的专家，鼓励包含采购企业外人员。探索在同行业中央企业间共建评审专家库，采用行业共享、联合共建等方式扩大评审专家队伍。强化评审专家入库审查、业务培训和廉洁教育，提升专家履职能力。

五、推动采购活动公开透明

除直接采购及其他采购方式中涉密等特殊项目外，企业应当根据行业属性，结合企业实际确定公开采购限额基准线。限额以上的采购项目原则上应当采用公开方式，在本企业电子采购交易平台或省级及以上媒介公告公示采购信息。结果确定后，应当在发布采购公告的媒介上公示采购结果。采用直接采购方式并公开的，应当在采购前公示项目情况（涉密等特殊项目除外）。

六、提升采购数智化水平

（一）深化电子采购系统应用。支持中央企业电子采购与大数据、人工智能、区块链等新技术融合发展，依托电子采购交易网络搭建交易平台，实现业务公开、过程受控、全程在线、永久可追溯。在确保规则标准统一、设施联通的前提下，企业可自行建设电子采购交易系统，相关系统应当与国家电子招标投标公共服务系统、中央企业采购交易在线监管系统互联互通，纳入统一的公共资源交易平台体系。暂未自建交易平台的企业，可自主选择提供合理收费和优质服务的其他中央企业、地方或第三方电子交易系统。严格规范电子采购平台收费行为，合理确定收费标准，不得重复收费，不得将收费作为前置条件排斥或限制潜在供应商。

（二）大力推广企业电子商城。鼓励中央企业自建电子商城，并将标准工业品、低值易耗品、通用服务项目等通过企业电子商城采购。企业电子商城应当通过竞争性方式依法合规确定铺货供应商，约定商品上下架、价格调整、风险分担、支付结算等交易规则。电子商城应当具备比质比价功能，不断优化业务流程与交易管控，择优选取所需商品。

七、加大集中采购力度

大力推广标准化设计、标准化选型，整合同类型需求，积极推行集中采购，增强企业议价和协调能力、提高整体效益。集团总部汇总各子企业一定时期内所需的工程、货物或服务，按照分类分级集中采购目录清单，统一组织多项目联合打捆采购或框架协议采购，可采用"统谈统签"或"统谈分签"的模式。对于相似度高、采购量大的产品品类，在不违背反垄断市场竞争规则前提下，支持中央企业开展联合采购。

八、发挥采购对科技创新的支撑作用

对于原创技术策源地企业、创新联合体、启航企业等产生的创新产品和服务，工业和信息化部等部门相关名录所列首台（套）装备、首批次材料、首版次软件，以及《中央企业科技创新成果推荐目录》成果，在兼顾企业经济性情况下，可采用谈判或直接采购方式采购，鼓励企业预留采购份额并先试先用。首台（套）装备、首批次材料、首版次软件参与采购活动时，仅需提交相关证明材料，即视同满足市场占有率、使用业绩等要求，中央企业不得设置歧视性评审标准。在卫星导航、芯片、高端数控机床、工业机器人、先进医疗设备等科技创新重点领域，充分发挥中央企业采购使用的主力军作用，带头使用创新产品。

九、鼓励更好履行社会责任

（一）大力扶持中小企业发展。中央企业应当支持中小企业参与采购活动，不得违法限定供应商所在地、所有制形式、组织形式、注册资本、股权结构、经营年限等，或者设定其他不合理的条件排斥、限制中小企业参与采购活动。鼓励中央企业通过预留采购份额、优先安排价款支付等方式给予中小企业积极支持。

（二）坚决落实政策性采购要求。认真落实党中央、国务院关于全面推进乡村振兴和援疆援藏援青的决策部署，预留一定份额采购预算，科学合理确定采购方式，同等条件下优先采购脱贫地区、革命老区、民族地区和边疆地区产品。积极支持定点帮扶和对口支援地区的企业、产品入驻自有电商平台和市场销售渠道。

十、组织实施

（一）加强组织保障。各中央企业要高度重视采购与供应链管理工作，强化集团总部管理职能，进一步提升采购管控能力，结合实际优化完善机构设置，建立健全跨部门的采购管理协同工作机制。加强对计划、采购、生产、物流等业务活动的集中管理，实现资源精准匹配、服务快速响应，推动采购管理向供应链管理转型升级，全面提升采购与供应链管理的战略支撑、价值创造、风险防控功能和资源保障能力。

（二）健全制度体系。各中央企业要按照本指导意见要求，参考相关国家标准、行业标准，抓紧制定或修订采购管理制度和实施细则，明确采购计划、采购实施、合同签订与履行等操作程序和全流程管控要点，建立健全覆盖各类采购方式的采购管理制度体系，切实抓好内部采购制度建设，确保采购有章可循、规范管理。

（三）抓好监督落实。国务院国资委充分应用中央企业采购交易在线监管系统等平台工具，进一步加强对中央企业采购管理工作的监管，将采购管理绩效结果纳入中央企业采购与供应链管理对标评估等工作评价体系，对采购工作中存在的违规违纪违法问题严肃追责问责，切实加强对采购业务的内部控制、内部审计监督。建立健全"互联网+监督"机制，加强宣传引导和舆论监督，为推动中央企业采购工作规范健康发展营造良好氛围。

（来源：国务院国资委网站）

案例：阳采集团的履约管理体系

阳采集团有限公司（以下简称"阳采集团"）是多家中央企业网上商城的平台型供应商。成立十余年来，阳采集团积极探索产业互联网，逐步形成了以阳采供应链、阳采商城、阳采科技为核心的网上商城服务体系，特别在履约管理上，阳采集团发挥其科技优势，创新性地建立了"PSSL数据化采购能力框架模型"，实现了一件多品化（P）、系统数字化（S）、产品服务定制化（S）、物流高效化（L），最大限度地满足了国有企业的实际需求，受到了采购方的广泛好评。

阳采集团始建于2014年，总部位于北京和太原两地，通过"工业用品、家电设备、日用百货、办公数码、粮油食品"五大供采体系为全国客户提供全品类一站式企业采购服务。近几年阳采集团的快速发展，得益于其打造的"三商一体"发展战略：阳采供应链——低成本、高品质集货商；阳采商城——全品类、一站式供应商；阳采科技——数字化、开放式服务商。阳采集团"三商一体"发展战略顺应了时代发展，以"共生共赢共发展"为核心发展理念，以"高质量履约"与客户、供应商以及同行企业实现共赢，协同发展。

（一）阳采供应链：低成本、高品质集货商

阳采集团在选择合作品牌时关注的主要因素不只停留在价格层面，还关注产品性价比、供货稳定性、交付能力、售后服务能力、品牌品类的集成度、供应产品的数字化能力以及产品的个性化服务能力等多个方面。很多厂商和代理商只关注利润和销售额，而忽视了其他更重要的要素：一是全面服务的能力，二是产品标准化的链接及编码（包括产品型号、重量、体积、标准化的品名），三是数字化的对接能力。为弥补这些缺失的要素，阳采集团推动了阳采供应链基础建设，其核心是把实物产品转变为数字化产品，形成数字化供应链。

阳采供应链具有全品类 300 余万 SKU（最小库存单位）在线交易和数据互联互通的供应能力，其中包含 12 个一级分类、300 个二级分类和 1000 多个三级分类，包含打印、耗材、办公设备，家电、厨电、商用电器，服饰、鞋帽、户外运动，粮油、生鲜、食品饮料，工具、五金、工业检测，安防、劳保、消防应急等品类。阳采供应链与 5000 多家供应商合作，与 2700 家一线品牌商合作授权，在线开设了 900 余家 POP（平台开放计划）供应商，供应商在线接单、快速履约，实现了订单全流程在线管理。

阳采供应链积累了 300 余家大型政企客户采购成交数据和 300 余万 SKU 产品数据，并通过数量、质量、能量三个维度来不断优化供应链，实现平台全品类优选服务。以数量维度为例，阳采供应链实行"商品优选为基础，自营产品为主导，自有品牌为补充"的三轮叠加优选模式，以符合三码（EAN 编码、主流电商链接码、税收编码）产品超 77 万个商品数据组成的阳采标准化物料信息商品库。这些精准的大数据，在阳采供应链的经营过程中发挥了重要的作用。首先，发现了更多市场机会，为开发自有品牌产品及营销策略提供了有力支持；其次，提高了决策的科学合理性，根据同行业同领域的客户数据，可以精准筛选推荐专用产品池，以有效精准的产品数据满足客户的采购需求；最后，优化仓储管理，通过销售数据和库存能力，可以精准计算出采购入仓产品的种类和数量，并且为动态仓位管理奠定了数字化基础。

（二）阳采商城：全品类、一站式供应商

阳采商城是阳采集团"三商一体"战略中"全品类、一站式"供应商战略的落地措施。阳采商城自2018年建成并投入运营开始，一直以国家发展为导向，为全国政企客户提供全品类、一站式智慧采购方案，以国内大型电商平台的资格，直接参与政企客户数字化电商采购。目前已具备完善的品类体系，商品达300余万SKU，为300多家政企大客户提供全品类物资供应服务。阳采商城依法取得了包括公安部信息系统安全等级保护三级备案证明、电商平台类相关计算机软件著作权登记证书、互联网药品信息经营性许可证、食品经营许可证、药品经营许可证、第二类医疗器械经营备案凭证在内的近30项相关资质。业务快速发展的同时，阳采集团加大技术投入，通过自主研发打通了企业内部数据孤岛，突破了供应链行业信息流、物流、资金流互通的信息壁垒，实现阳采商城系统、阳采商城小程序系统、阳采供应链商城系统、电商精准客户招投标信息公开管理系统、电商采购进销存管理系统等近30个模块的互联互通。

（三）阳采科技：数字化、开放式服务商

1. "数据+算法"

"数据+算法"为数字化供应链运行提供了可视化、可感知、可调节的技术工具，能够更加充分地挖掘服务价值、客户价值和数据价值，以增强数字化供应链智能化决策、数字化管理和自动化操作能力。数字化供应链运行是建立在智能化优化和智能化决策的基础上，需要综合运用"数据+算法"提高数字化运营效率。阳采集团通过对自身平台及供应链的不断探索，已实现为其他企业进行全链路的数字化运营赋能，其中包括互联网技术研发、自有产品研发以及商业模式创新等方面。

2. 数字化管理系统

阳采集团六大代表性科技研发系统分别为大数据AI分析系统、寻源系统、价格监管系统、产品标签智能打印系统、履约失效交付预警系统和仓储管理系统（WMS）。

通过"AI+商品库"优化商品识别和标准化处理。AI 大模型从小切口和具体场景切入，在建立商品库的过程中，阳采集团探索通过 AI 图像识别对商品图片进行搜索、识别和匹配，通过 AI 分词技术对商品的品名、型号、属性及描述信息进行识别和标准化处理，从而探索了一套工业品的商品库。当前，大多数电商采购平台由于早期数据的数字化水平低，大数据缺失完整的数字化重要信息，如标准产品图片、标题、品名、重量、体积、69 码（俗称"中国商品条形码"）、电商平台链接、税收编码等。因此，出现高达几百万条的巨量产品不良数据，以及重复产品多、比价难、选品和下单决策缺乏数据参考依据、产品参数数据无法对比等一系列问题。阳采供应链正在帮助多家大型电商平台进行数据清洗、修正和整理工作。

在数量方面，阳采集团在标准化信息商品库的基础之上，通过后台高频热销数据继续精选超 11 万 SKU 产品，确保了产品 SKU 数量的丰富性和精准性。在质量方面，阳采供应链的产品数据质量不断提升，从满足外部要求的"双码产品标准"，逐步升级到更为严格的"三码一体"标准，进一步提升了产品的可靠性和稳定性。在能量方面，阳采供应链构建了"战略品牌合作+行业专家项目组+自有产品深度开发"的三角模式进行互补，通过多元化的合作方式和专业的开发团队，为供应链注入了强大的能量和活力。阳采供应链通过在数量、质量、能量三方面发力，从原来的二维管理升级到三维管理，在数量和质量的多而精的基础之上增加了专业技术和专业服务的新维度，实现了平台全品类优选服务，助力客户采购降本增效。

3. 信合伙伴

阳采集团通过"SaaS 商城+百万产品"赋能 1000 余位信合伙伴。阳采集团成为中型供应商的集货商和技术服务商，在全国各地复制"小阳采"模式。以百万商品供应链为基础，借助先进的科技研发能力，构建一套完整的商城 B2B2B（企业对企业对企业）电商采购管理 SaaS（软件即服务）系统，即"商城+百万供应链"商业模式。阳采集团从全国各地的传统销售渠道中，精心挑选出最优秀的经销商和服务商，与他们建立了紧密的"信合伙伴"关系，这些信合伙伴通过阳采集团的赋能，可以一站式获取"商城+百万产品"的全方位支持。这种赋能模式旨在帮助信合伙伴打造属于自己的数字化电商平台，并提供全品类的百万产品。

数字化升级推动了阳采集团与经销商关系的转变：由原来的单向买卖升级转变成双方交互式合作。通过这种合作方式，阳采集团能够帮助信合伙伴成为供采一体的综合性供货服务商。这不仅推动了信合伙伴在本地B2B电商行业中的发展，也带动了整个采购供应链的智能创新。同时，这也助力了企业的数字化采购升级发展，使企业能够更高效地进行采购活动。通过与信合伙伴的紧密合作，阳采集团推动了企业采购的数字化升级，促进了供应链的不断创新与发展，并为信合伙伴提供了成为本地电商行业巨头的机会。这种模式无疑为整个行业带来了新的发展方向，也为企业的采购活动带来了更多的便利和效益。

（四）本地化部署：高度定制化采购解决方案

阳采集团能够为企业量身打造高度定制化的专属采购平台，在企业私有云或自建的数据中心服务器上独立部署，充分保障了数据主权和信息安全。平台的核心优势在于将电商专区与物资专区完美融合，通过开放API（应用程序编程接口），实现与企业现有ERP（企业资源计划）系统和财务管理系统的无缝对接，从而促进数据流的一体化管理和高效流通。

阳采集团为客户采购平台配备了全面的大数据分析工具，赋予企业决策者深度洞察市场动态和优化采购策略的能力。平台兼容主流电商平台接口，并支持物资专区线上多店铺经营，极大地提升了采购渠道的多样性和灵活性。此外，平台化招商机制的引入，进一步提升了采购流程的透明度和效率，使企业能够在统一监管框架下实现总部与各分部的独立运作，包括独立采购、核算、对账、开票以及支付等功能，显著提升企业内部的运营效能和治理水平。阳采数据中台已获公安部信息系统安全等级保护三级备案证明，在数据加密传输、访问控制、灾难恢复等方面达到了业界领先的安全防护水平，为客户的采购数据和敏感信息提供了坚不可摧的保护屏障。

（五）阳采集团PSSL服务框架

经过多年的努力和实践，阳采集团为行业探索出了"PSSL数据化采购能力框架模型"，即一件多品化（Products，产品）、系统数字化（Systems，系统）、产品服务定制化（Services，服务）、物流高效化（Logistics，物流）。其中，产品管理能力和数字化系统是基础，产品服务定制化满足客户个性化需求，物流高效化提升客户采购体验。

（1）阳采供应链拥有一件多品化的能力。2700家一线签约品牌商、11万余个高频热销产品，以及5万多个自有品牌产品，通过7大核心仓储及200余个前置仓服务网点，确保一件多品集中配送能力。

（2）阳采供应链可为客户提供全面的系统化解决方案。巨量产品标准化数据库、多元化数字系统API接口匹配，以及自研应用ERP、WMS、OMS（订单管理系统）、SaaS等系统管理，使阳采供应链智慧化管理得到了保障。

（3）阳采供应链可满足企业客户的不同场景需求，为其提供个性化解决方案。阳采供应链拥有强大的研发团队和技术实力，通过积累了十年的一线企业客户服务经验，实现优秀灵活的柔性供应链管理和保障能力。

（4）物流高效化就是让货物在运输过程中更加快速、准确、高效。阳采集团可以在客户下单后的24小时内配发货物，并且对订单的配送流程进行全程追踪。借助自研的WMS管理工具，整个物流过程实现了自动化、数字化和智能化，从而更好地掌握货物的运输情况，及时满足企业客户的供应需求，确保货物能够安全、准时地到达目的地。

（六）交付履约全过程管理

阳采集团供应链管理透明化，数据为决策做支撑。

1. 采购信息可记录

所有采购活动中的数据和信息，包括供应商信息、报价记录、订单详情等，都可以被完整地记录下来。这不仅为后续的审计和核查提供了依据，也确保了采购过程的可追溯性。

2. 全程留痕可追踪

从采购需求的提出到订单的交付，每一个环节的操作和决策都会留下痕迹。这种全程留痕的特性使得企业能够实时追踪采购进度，及时发现并解决问题，以确保采购活动的顺利进行。

3. 数据成果可分析

采购活动中积累的采购数据是宝贵的资产，通过数据分析工具，企业可以深入挖掘这些数据中隐藏的价值。比如，分析供应商的报价历史可以帮助企业更好地制定议价策略；分析采购周期和成本可以为企业优化库存管理提供参考。

4. 采购行为可计划

通过历史数据分析和市场预测，企业可以制订更为精准的采购计划。这不仅有助于降低库存积压和缺货风险，还能提高资金的使用效率。

5. 客户需求可预测

通过分析客户购买历史和市场趋势，企业可以提前做好采购计划，满足执行需求，提高采购效率。

6. 采购决策可改善

通过丰富的数据积累和深入的分析，企业的采购决策将不再依赖直觉或经验，而是基于实实在在的数据支持。这使采购决策更加科学、合理，有助于企业降低成本、提高效率、增强竞争力。

作为国内知名的全品类大型集货商，阳采集团提供的所有商品均为自营商品。区别于其他同类型的电子商务平台，阳采集团采用"采购+销售+渠道+物流+仓储"五位一体模式推进发展，在全国建有多个仓库，物流、仓储服务成熟、自主性强、仓储管理精确、订单处理及时、发货速度快、物流配送成本低、货运安全性强，自营商品一站式服务给用户带来了更好的体验。

阳采集团自建北京、太原、西安、上海、成都、郑州、珠海七大仓储物流中心，共有200余家前置服务网点，服务覆盖全国并与70%的上游供应商实现了数字化的衔接，95%的订单从下单到交付实现了数字化交付管理，产品库位作业全面实现动态化管理，助力客户采购实现一件多品，降本增效。在此基础上，阳采集团还在客户属地就近建立了阳采工业品——全品类企业会员制仓储式卖场，为客户提供类似"工业品Costco""工业品山姆会员店"模式的一站式采购服务，从工业用品、家电设备、日用百货、办公数码到粮油食品实现全品类一站式采购，解决客户高频、小批量采购需求，降低采购成本，实现随买随用，同时降低库存占压资金，让企业的集采规模效应向中小企业延伸：产品质量有保障，交付随取随用。为了满足企业的即时小批量需求，阳采集团还提供工业品的即时零售服务。

物流配送环节是客户购物体验中的关键环节，而其中的"最后一公里"问题已逐步成为物流配送环节的瓶颈。阳采集团致力于解决"最后一公里"配送的难题，实现"门到门"服务，通过先进的库存管理系统和严格的库存管理流程，定期进行库存盘点，及时补货，并与各大供应商保持长期良好的合作关系，确保在规定时间内将货物送达采购方指定地址，满足采购方的供货需求。

（七）售后服务体系

（1）质保期限：与原厂质保期一致（质保期从采购方全部现场验收合格之日起算）。订单产品若因主要技术指标不合格，经处理后合格出厂的，其质保期重新计算。

（2）按照国家"三包"规定和厂家规定履行相关售后服务义务。

（3）自采购方收到产品之日起，妥投 7 日内无条件退货，15 日内换货，因阳采集团责任退换货发生的费用由阳采集团承担。妥投日自采购方签署收货单当日起算。

（4）承诺所出售的商品均为正品行货，渠道合法、质量可靠，杜绝假冒伪劣。阳采集团对所售商品在《中华人民共和国产品质量法》及《中华人民共和国消费者权益保护法》相关法律要求的基础上提供的售后服务，高于现有的电子商务平台售后服务要求以及国家"三包"要求的售后服务标准。

（5）退换货政策：出现以下问题时，承诺无条件退换货，并提供免费上门取件服务。①配送破损，缺件情况可退换货。②商品出现质量问题可退换货。③其他原因退换货：若客户收到货物时，发现任何质量问题，如规格、型号、数量与要求不符等情况，可以当场拒收或者提出退换申请。

（6）报修：当产品出现质量问题且在质保期内，均提供免费的维修服务，并提供免费上门取件服务；质保期外，需要更换的零件按照成本价进行计价。

（7）上门服务：可为采购方提供上门服务，包括但不限于安装、售后、送货等。

（8）问题处理周期：①若客户有售后服务要求，如退货、换货、退款等，2 小时内给出方案；若客户要求重新更换的，保证 24 小时内重新出库，2 天内送达，偏远地区 3 天内送达。②若出现维修问题，2 小时内给出解决方案，15 日以内完成修理工作。③安装：送达产品当日完成安装。

（案例作者：赵建海，阳采集团副总经理）

第二章

供应商服务与网上商城采购

网上商城是数字经济时代下的新型采购模式，是我国国有企业在采购领域的重大创新。网上商城充分利用互联网把供应商和采购人集聚在网上商城采购平台，按照标的物特点和交易方式构建业务模式，促进采购交易的规范化、标准化和数字化，提升采购交易的合规性和效率性，从而解决了国有企业采购的计划性和灵活性，集中采购与分散使用，以及合规与效率之间的矛盾，为进一步建构数字化供应链以及将采购成本中心转化为利润中心奠定了基础，越来越受到国有企业的欢迎。网上商城采购模式因此成为企业采购的重要模式，是数字经济和平台经济的主要表现形式。

在总结国有企业网上商城采购经验的基础上，中国物流与采购联合会于2021年9月正式实施了《国有企业网上商城采购交易操作规范》。该规范基于对20多家国有企业网上商城采购实践经验的梳理，建立了标准化的业务模式和操作流程，为国有企业通过网上商城进行采购的实践提供了指南。该规范发布后，受到了广大国有企业的关注与认可。为更深入地探讨网上商城采购理论，作者于2022年4月出版了《网上商城采购理论与实践》一书。该书对网上商城采购模式进行了理论研究，提出了网上商城采购交易场景模型、网上商城采购业务模式、网上商城供应商操作流程和采购人操作流程，探讨了网上商城的建设方法和发展模式，由此形成了网上商城采购模式的基本理论。

在网上商城采购模式中，有四种基本角色，即网上商城管理部门、网上商城采购人、网上商城供应商和网上商城技术平台。其中，网上商城管理部门负责制定采购政策，选择供应商；网上商城采购人负责提供需求；网上商城供应商负责提供商品和服务；网上商城技术平台则负责提供业务模式，满足合规性要求。这四种角色构造了一个由买方主导的数字化采购交易市场，很明显，这个市场具备一般交易市场所没有的优越性。

第一，这个市场具有较大的买方确定性。网上商城的买方通常是特定集团企业的下属机构或合作机构，它们的需求在品质、规模、地域分布和运输物流等方面具有确定性和透明性。在这种确定性基础上，数字化环境下的网上商城通过需求管理，还提供买方未来需求的可预测性，使供应商能够较准确地获知未来的需求，从而为供应做准备。这种基于网上商城的买方确定性是前所未有的，大大减少了网上商城市场的不确定性，使供需双方的合作条件日臻成熟，因此网上商城在一定程度上成为一个供需竞争合作的平台。

第二，这个市场是一个受管理的市场。网上商城本质上是买方通过提供采购的确定性来换取市场的管理权和选择权。买方确定性的程度决定了买方对市场管理能力的大小。因此，买方对网上商城的管理权在公开招标时最强，而在战略采购时则相对较弱。但总的来说，网上商城管理部门承担着对网上商城市场的管理职责，而网上商城本身则通过建立业务模式和标准化流程落实管理制度和进行合规性管理，同时提升采购效率。

第三，这个市场是一个数字化竞争的市场。网上商城具有跨时空性与完全交易特性。在买方需求确定的条件下，网上商场最大限度地吸引卖方参与竞争，这既符合买方利益，也符合卖方利益。因此，网上商城基于互联网构建交易平台，使买方的确定性需求与大量卖方的商品和服务进行数字化匹配，从而实现买卖双方资源的最优配置。数字化市场的辐射面广，信息传播速度快，一方面使市场竞争更加充分，另一方面也使市场的分层和细分更加明确，数字化竞争市场显示出更加理想的竞争形态。

网上商城所具有的上述优越性，是对传统市场的一种颠覆，即将卖方主导的市场转变成买方主导的市场。工业化时代下的市场是由工业企业的供给主导的，即生产供给什么，买方只能买什么，如今则转变为买方需要什么，生产就供给什么。在买方主导的市场，对卖方来说必然面临着一场革命，网上商城供应商就是这场革命的先头部队。供应商如何适应这场革命，就成为大家共同面临的课题。《国有企业网上商城采购交易操作规范》和《网上商城采购理论与实践》发布和出版以后，越来越多的供应商逐渐深入认识到了这场交易革命所带来的冲击，纷纷要求对国有企业网上商城供应商面临的问题和发展战略进行深入研究。在这种情况下，2022 年 7 月，在中国物流与采购联合会建立了《国有企业网上商城供应商服务规范》标准研究项目，对网上商城供应商服务的经验进行规范化总结。本书就是这项标准化研究的成果。

一、对网上商城供应商服务的进一步认识

在网上商城采购交易模式中，"采购"一词具有与日常生活中不同的含义。网上商城采购是指从采购计划制订、审批到选择交易对象、签订合同以及完成履约的全过程中采购人的活动。基于对应关系，我们把"供应"定义为从探索供应机会到建设生产能力、完成交易、签订供应合同以及完成履约的全过程中供应商的活动。为了明确采购主体和供应商的关系，我们把前者称为采购人行为，把后者称为供应商服务。很显然，按照我们之前对网上商城的理解，采购人行为是主动的，供应商服务是围绕着采购人的行为，为采购人达成目的而服务的。

按照以上定义，我们可以进一步获得以下认识。

（一）网上商城供应商服务对象

在采购人的话语体系中，一切采购行为都是采购人发起的供应服务，供应是对采购行为的呼应。供应商通过供应服务于采购人，为采购人达成采购目的。在供应商的话语体系中，采购人是客户，供应的过程是销售和生产的过程。因此，供应商与采购人的关系也可以理解为商家与客户的关系。

供应商是商家，采购人是客户。供应商作为网上商城的商家，与一般市场中的商家有很大不同。供应商及其商品和服务是经过网上商城预选的，客观上网上商城将供应商的销售行为分成了两个阶段，即在第一阶段，供应商要达到网上商城的准入要求。从原理上说，网上商城承担了采购人合规采购的职责，采购合规风险从采购人转移到了网上商城。采购人通过网上商城进行采购，入网即合规。基于此，网上商城必须解决供应商进入网上商城的公平性、公正性问题，即回答为什么供应商可以进入网上商城的问题。然后，供应商的销售才可进入第二阶段——由采购人对商品和服务进行选择。因此，供应商的服务对象包括网上商城和采购人两个层次，具有二重性。

（二） 网上商城供应商服务内涵

网上商城供应商服务对象的二重性和供应服务的两个阶段从本质上讲是服务关系的不同。在第一阶段，供应商与网上商城的服务关系与第二阶段供应商与采购人的服务关系大不相同。第二阶段是传统的商品和服务提供的关系，而第一阶段的服务内涵则值得特别研究。

供应商与网上商城的服务关系是相互的。从网上商城的实践中我们可以知悉，在第一阶段，这种相互服务本质上是信息和数据服务。客观上讲，供应商为了销售其产品，必须向网上商城提供相关信息和数据，我们称这些由厂商提供的信息和数据为自然数据。这些自然数据需要网上商城依据其标准进行测度，才能转化为网上商城采购所需的数据。网上商城经过测度后，将结果数据反馈给供应商，由此形成一个自然数据与测度数据的互相服务关系。对网上商城来说，供应商提供的信息是网上商城数据测度和数据分析的基础，这种数据是必不可少的；同时，对供应商来说，网上商城的数据反馈也是必要的。在自然市场，这种相互的数据服务是分散在个别供应商和采购人之间的。网上商城创造了一种新的环境，使这些数据在网上商城汇集为一种资源，从而使数据服务给双方带来的价值得以显现。因此，供应商服务的重要内涵就体现在供应商与网上商城的数据服务关系中，这也是本书的一个研究重点。

供应商服务的第二阶段是为传统的产品提供服务，包括产品的质量保障、产品的支付、产品的售后服务等实体化过程。但在网上商城，这个实体化服务过程始终与网上商城存在信息的交互，即存在供应商的数据服务，因此我们可以说供应商的数据服务贯穿于交易前期、采购、交易和履约的全过程。供应商的数据服务和实体服务相并而行，同时发生。一切价值都体现在数据之中，而实体产品则仅成为供应商服务的内容之一。供应商的商流、物流、资金流由数据流统领和集中表达，这是我们把供应商服务作为本书主要概念的客观原因。

（三） 网上商城供应商服务全过程

网上商城供应商对网上商城和采购人的服务是一个持续不断的过程，这个过程与网上商城所设定的采购交易场景模型和业务模式相一致。基于此，网上商城供应商服务全过程应当体现在网上商城的四个环节。

1. **准入环节**

此环节包括供应商为了加入网上商城而必须履行的手续。供应商准入主要体现在网上商城对供应商的评估上。征集供应商和评估供应商的方法和过程有两种。第一种是开放性注册和审核程序，即网上商城发布公告，提出供应商入驻的条件，管理部门审核后确定入驻供应商的名单。第二种是通过公开招标征集供应商，即网上商城在招标文件中明确采购标的物和供应商要求及合格标准，通过竞争确定准入供应商。这个环节，供应商的主要工作就是要通过信息和数据，明确供应商与网上商城要求的符合度，充分展示自身的优势和能力。

2. **交易环节**

由于准入条件的不同，进入交易环节的供应商所提供的服务也不相同。实时价模式下的供应商主要是平台型供应商，其需要展示稳定的交付能力和履约能力。固定价模式下的供应商则主要是独立型供应商。在准入阶段，网上商城已经确定了价格并认可了其产品质量，能否达成交易主要取决于供应商的物流服务和履约能力。定制化模式下的供应商既可能是平台型供应商，也可能是独立型供应商。由于在准入时，采购人的标的物并不明确，需要在二次交易时确定标的物，因此网上商城对供应商的主要要求是其创新能力和柔性化服务能力。

3. **履约环节**

供应商履约涉及供应商的产品设计、生产制造、质量控制、物流运输、配送分发和售后服务全过程，这些也是供应商服务的主要环节。传统场景下，供应商履约环节是供应商按照合同交付的过程，但网上商城供应商履约过程则不同，它表现在以下几个方面。一是履约过程的透明性。这是网上商城从电商继承过来的重要特点。在供应商接收订单以后，供应商的全部交付活动就处于网上商城的数字化监测之下，供应商应当及时将相关交付过程信息导入网上商城平台，并向采购人开放。二是履约过程的交互性。履约过程的交互性，带来了供应商与采购人交互的便利性。供应商与采购人的及时沟通可以大大减少履约过程中的错误发生率，以及生产中的误解和交付过程中的误送误达。同时，如果遇到紧急情况也容易处理。三是履约的完整性。在传统场景下，企业之间签订的合同内容不够全面，大部分情况下，在交易阶段很难把一个项目执行过程中的各种情况都考虑清楚，经常存在订立二次合同或补充合同的情况。由于网上商城的支持，特别是在大数据和人工智能技术的支持下，合同执行过程中的意外情况会大大减少。因此，对供应商来说，履约环节的条件和环境都发生了重大变化，只有适应这种变化，才能在网上商城市场站稳脚跟。

4. 赋能环节

网上商城对供应商的赋能，是网上商城对供应商的支持措施，也是网上商城供应商关系管理的重要环节。网上商城通过对供应商交付过程的监测，可以及时发现供应商交易和交付过程中的问题，从而积极解决问题并支持供应商达成交易，按时履约。在此过程中，网上商城与供应商形成了服务采购人的共生关系，二者协同完成对采购人的承诺。在此过程中，网上商城供应商的服务体现在两个方面。一方面，在网上商城发展的过程中，除了采购人直接需要的商品和服务的供应商之外，网上商城还存在为商品交易提供服务的供应商，包括技术服务商，如产品检测服务、认证服务等；业务服务商，如物流服务、财务服务、供应链咨询服务等；金融服务商，如信贷服务、担保服务及保险服务等。这些供应商直接为交易双方提供服务，被称为供应商赋能服务。另一方面，即便对直接面对采购人的供应商来说，在赋能环节也存在相互服务共同满足采购人需求的情况。这类供应商服务在传统采购中很难实现，但在网上商城则十分普遍。因此，这种超越了最初的交易业务，在供应商之间提供服务的方式，是网上商城的重要创新。在这种情况下，网上商城就不再是单向的采购市场，而是由供应商与供应商之间的交易、采购人与采购人之间的交易构成的综合的数字化市场。网上商城的供应商、采购人数量越多，这种相互之间的服务就越发达，供应商和采购人的利益就越大，网上商城的价值也随之增加。

由此我们认识到，供应商服务是一个在网上商城数字化环境中产生的新概念。在此概念下，网上商城供应商和采购人的分类实际上是一个相对的概念。在网上商城，每一个交易主体既可以是供应商，也可以是采购人。从供应商的角度看，每一个交易者都是供应商，都在网上商城提供服务。同时，每一个供应商也是采购人，都可以在网上商城发起采购，接受服务。在这个意义上，网上商城实现了采购和供应的一体化，这正是网上商城的优势所在。

二、网上商城供应商服务协同

供应商服务的大部分内容，无论是否参与网上商城，都是被大多数供应商所熟悉的。然而，供应商服务协同或者说供应商的常态化、规范化协同，则是网上商城所独有的机制和能力，也是供应商选择入驻网上商城的重要原因。因此，讨论网上商城供应商服务时，就必须着重讨论网上商城供应商服务协同。

网上商城供应商服务协同，指的是网上商城供应商在网上商城技术平台的协调下与采购人协作达成确定目标的能力。这种协同之所以能够实现并成为供应商新的业务来源和价值来源，是因为网上商城创造的数字化环境将原来线下分散的供应商结合成了一个整体，使它们能够充分发挥各自优势，协同完成单个供应商难以完成的任务。

对于大部分的网上商城来说，其初期的目标是作为采购部门的辅助工具，为采购人提供专业化的采购服务。通过这种服务，网上商城的技术平台上聚集了大量供应商信息。当网上商城业务发展到一定程度，经营者会发现这些供应商是网上商城的重要资源。网上商城不仅可以利用这些资源为系统内的采购人服务，还可以主动创造需求，为其他系统的采购人提供服务。在这种情况下，每个网上商城供应商都成为网上商城供应网络的一部分。网上商城可以根据供应商数据，组织供给能力，获得供给业务，并将业务分配给供应商，使网上商城供应商作为一个供应整体对外提供服务。这就是所谓的供应商服务协同的具体表现。此时，网上商城就成了供应集成中心或供应链企业。按照由简到繁的原则，供应商服务协同主要表现为日常监测预警保供协同、应急与临时服务协同、创新协同，以及供应链协同。

（一）日常监测预警保供协同

保证供应是网上商城的主要任务，保供协同是供应商和网上商城之间的协同。随着网上商城三大业务模式的实施，即实时价业务模式处理小额采购、固定价业务模式处理大宗采购、定制化业务模式处理创新和定制业务，网上商城实际上已成为国有企业的数字化采购中心，因此保证国有企业供应稳定的任务也就成为网上商城的首要任务。

为了保证企业生产供应，网上商城应当在以下两个方面与供应商保持协同。

第一，在合同执行层面的协同，即合同协同。供应商在网上商城的业务合同往往包含两重合同：第一重是供应商与网上商城签的准入协议，这种协议包括供应商在网上商城提供的商品和服务清单以及相关的数据服务；第二重是在第一重合同范围内，供应商与采购人签订的具体采购合同。在这种双重合同中，网上商城本质上扮演的是一个协同角色，或者更进一步说，是一个交易保证者，即担保者的角色。网上商城通过对交易双方的数据进行监测，掌握供应商的交付过程和采购人的支付状况，确保交易按合同执行。当双方的合同执行可能出现问题时，网上商城及时预警并督促解决。对于采购人来说，达成了保证供应的目标；对于供应商来说，维护了信用，保证了业务的可持续性。

第二，在供应战略层面的协同，即战略协同。合同层面的协同主要是解决合同执行过程中的问题，是短期问题，相对来说容易处理。而在战略层面的协同，是行业问题、长期问题、不确定性较大，也较难处理。对于供应商来说，所处的行业不稳定，供应商自然也受影响，真正的保供问题往往出现在行业发生重大变化的时候。这个时候的保供协同实际上是行业内部供应关系的调整。这种调整主要表现在两个方面：一方面是采购人业务调整，需要供应商相应调整，以保证新业务的供应；另一方面是供应商发生变化，需要网上商城保供。这两方面都涉及供应商关系的调整，网上商城直接供应商与采购人在某种程度上掌握了行业变化趋势，因此，网上商城可以在这种行业调整中发挥作用，引导双方建立新的合作关系。

很显然，21 世纪以后，全球经济已经进入了一个急剧变化的时代，采购人与供应商的关系也处于不断变化之中。建立日益紧密的供需协同关系，形成新的供需联盟，抵御经济环境的无序化，变得日益重要。基于网上商城的供需协同成为一个值得深入研究的问题。

（二）应急与临时服务协同

在业务发展趋势没有发生变化的情况下，紧急的突发状况会产生应急采购的需求。这种突发情况往往由三个原因造成：一是供应商方面，个别供应商发生突然变故，无法按时按量供货；二是采购人方面，生产计划发生变化，需要调整供应；三是环境变化产生紧急需求或停产，由此引起供需突变。

近年来，随着贸易冲突、局部战争、传染病等不确定性事件的增加，突然打乱供应节奏和计划的情况时有发生。如何处理紧急情况，保持企业的正常运行，已经成为必须重视的问题。这种紧急情况的处理本质上涉及企业供应系统的安全性和可靠性，是保证供应的重要方面。与前文提到的由于战略问题而引起的不确定性不同，这种紧急情况的出现涉及供应系统的风险处理问题。因此，应对这种风险的主要手段是增强供应系统的冗余能力。

在传统供应体系中，这种冗余能力主要表现为库存，具体来说，在采购人那里表现为采购库存，在供应商那里表现为供应库存，它是企业的一项正常的、必需的成本。库存越大，供应体系越安全、越可靠，但成本会越高。所以，供应安全与供应成本之间的平衡，是工业化时代下企业管理的重要课题。

网上商城的出现，为解决冗余问题提出了新方法，主要表现为以下几个方面。第一，正常情况下的零冗余或者是零库存。这种情况要求供应商和采购人生产过程一体化，按照计划模式建立连续的供应关系。第二，最小库存量。供应商按照采购人的生产周期确定最小库存，在特定条件下，供应商在采购人处设立辅助仓，及时建立库存支持模式。第三，供应商创建柔性生产模式，适应采购人的变化。第四，在网上商城采购模式下，尽管供应商冗余现象仍然难以避免，但网上商城拥有一个供应商群，在同类供应商和多个采购人的条件下，不同的供应商本质上可以共享库存，共享冗余。由此，可以大大节约库存成本，在总体上保证紧急情况的处理。

（三）创新协同

创新是企业的生命线，创新能力与采购紧密相关。在采购领域，企业与供应商联合研究或者让供应商早期参与技术和产品创新已经成为业界的共识。在网上商城环境下，定制化业务模式为企业与供应商的联合创新提供了新的形式，即基于网上商城的供应商协同创新。这种协同创新主要包括以下三种形式。

第一，创新型采购。创新型采购是采购人通过提出创新目标，通过公开招标或其他方式征集实现目标的技术、方案或创新产品的采购方式。这种采购方式与网上商城的定制化业务模式完全一致，网上商城定制化模式与传统模式相比，其征集范围更加广泛。同时，随着互联网技术的发展，方案比较的手段更加成熟，也具有更强的可视性，可以最大限度地发现最优方案。在这种情况下，供应商的创新能力就显得更为重要。供应商不再是成熟产品的提供者，而成了创意的提供者和实施者。在这方面，我们可以把设计公司、创意公司、各种技术开发公司，甚至是个人看作网上商城的创新型供应商。网上商城通过一套创新共享制度，为采购人提供服务。采购人提出目标，网上商城设计共享制度，创新型供应商提供服务，这是国际上成熟的新技术采购模式。

第二，创新平台或创新孵化器。网上商城通过创建创新平台或园区，吸引创新者入驻，储备创新项目，为企业服务。

第三，基于网上商城数据的创新采购。对于一些规模较大的网上商城，通过海量的交易数据分析可以发现创新方向，进而采购创新项目，这种方式已在一些大型网上商城中得到了实践。许多大型网上商城最终变成了新技术、新产品投资公司，其内在机制就在于此。

创新协同对供应商提出了新的要求。首先，在创新协同中，供应商不再以提供产品为目标，因此不再依靠现有设备，而主要依靠供应商团队的知识和能力，供应商评价标准也随之改变。其次，供应商的以往业绩非常重要，特别是对大型创新项目来说,供应商的以往业绩往往具有决定性作用。最后,创新协同也需要一个高效的实施网络,能够把创意变成产品。在这方面,国际军工集团的实践经验值得供应商借鉴。

(四) 供应链协同

供应链协同是指供应商在网上商城协调下与其他供应商共同创建一条供应链,并在供应链中承担相应的角色,获得相应的利益。

供应链本质上是跨企业的,是企业之间的采购和供应关系,有狭义和广义之分。狭义的供应链是指和采购人直接发生关系的供应商群体所构成的供应关系。在大多数情况下,狭义的供应链是由采购人的直接供应商组成的。就采购人来说,他们很难触达没有直接采购关系的其他供应商。因此,狭义的供应链就是企业的采购链。从这个意义上讲,企业的采购链与供应链是等价的,是同一个网络,因此狭义的供应链协同就是采购协同。

广义的供应链是指以特定产品为中心从基本原料供应商到零部件供应商、生产商,以及代理商和零售商构成的全业务链条。从这个意义上讲,供应链实际上是一个宏观概念,是立足全部业务的一个描述性概念,没有确定的利益主体,但是供应链的整体效率问题客观上是存在的。供应链的整体效率高,处于其中的供应商的利益就大;反之,供应链的整体效率低,处于其中的供应商就会"内卷",互相挤对,使供应链效率更加低下。因此,对供应链的整体效率和结构进行管理和协调,对各环节供应商来说十分重要。这也就是我们常说的企业竞争本质上就是供应链的竞争。

网上商城在汇集了同一领域大量供应商和采购人的条件下,通过进一步扩大业务模式和业务规模,推动供应商和采购人之间的交易在网上商城开展,就有可能在网上商城形成针对特定产品的完整供应链。在此基础上,网上商城的平台服务实质上就成了供应链服务。这种自然形成的供应链关系,很容易转化成网上商城的专业供应链协同服务。在这个意义上,网上商城就承担起了广义的供应链协同职责,对构建完善高效的供应链起到了重要作用。在这种情况下,网上商城的供应商可以参与网上商城供应链协同,承担相应的任务,并从中获得利益。

实际上，我们在《网上商城采购理论与实践》一书中就曾明确指出，网上商城是数字化供应链的入口，就是基于网上商城巨大的数字化交易汇集能力，使大量供应商以数字化的形式聚集在一起，有可能构成数条供应链这个条件而言的。在此意义上，网上商城实际上为供应商提供的是一种公共服务，这种公共服务将供应链关系连接起来，而供应链中供应商之间的合同关系仍然是通过市场来调节的。因此，在数字化供应链条件下，供应商参与供应链协同仍然是在网上商城的协同下进行的。

根据以上论述，我们可以看到，狭义的供应链协同主要发生在采购人与供应商之间，具体体现在采购业务中。而广义的供应链协同则主要是发生在网上商城与供应商之间，这取决于网上商城是否有意识地开发供应链业务，并在网上商城中制定供应商供应链业务规划和流程。当前，已有一些国有企业正在积极发展这项业务，有的甚至把原来的物资公司改成了供应链公司。但这项业务怎么发展，应采用什么样的商业模式，是公共服务还是盈利业务，这些问题仍有待深入研究。

三、网上商城供应商服务的生态化与自律机制

网上商城的供应商聚集在一个统一的数字化交易场景之下，采用统一的业务模式，互相联系，逐渐形成了一个分工明确、严密协作的网络社区。很显然，这个社区是由众多独立的供应商实体组成的，它们具有独立的法人地位。交易把这些独立实体联系在一起，它们各自承担着交易中的合同义务。从理论上来说，只要供应商履行了其合同义务，就完成了其职责，但实际情况并非如此。网上商城的每个供应商实际上是其供应生态的一分子，必须在生态建设过程中承担相应的义务，遵守相应的规则，才能获得相应的收益。网上商城供应商交易的二重性，不仅使供应商和采购人获得交易价值，还使供应商、采购人与网上商城三者获得数据价值。正如《交易平台经济学》一书所揭示的，网上商城的数据价值本质上来源于交易生态所创造的协同，没有供应商的生态化，就没有数据价值。因此，我们把供应商在网上商城的全部行为定义为供应商服务，意味着供应商的所有行为都对网上商城的生态建

设产生影响。显而易见,这种供应商服务不仅局限于交易和履约的硬性规范,还要求供应商遵循一套自律性规范,以使网上商城交易生态的创造性得到更大发挥,这正是供应商服务规范的意义所在。因此,在研究网上商城供应商服务规范时,我们自然需要探讨网上商城供应商的生态化以及在生态化条件下的自律机制。

(一) 网上商城供应商生态化

根据《国有企业网上商城采购交易操作规范》,网上商城供应商分成两大类:平台型供应商和独立型供应商。前者是指依照《中华人民共和国电子商务法》建立和经营的电子商务平台,后者是指不依托电子商务平台而与网上商城签约的独立供应商。平台型供应商的交易平台上汇集了大量的供应商,本身就构成了自己的供应商生态;而独立型供应商大量汇集在网上商城,相互之间通过网上商城建立协同关系,在网上商城环境下构成了一个专业化生态。平台型供应商与独立型供应商共同构成了网上商城独特的以采购人需求为导向的供应商生态群。这个生态群具有独特的整体性、结构性和演化机制,网上商城供应商必须了解和适应这个机制,在生态群中找到自己的生态位,否则就会被淘汰。

1. 技术结构与供应生态同构

网上商城的供应商生态结构是由网上商城采购人需求的技术结构决定的。网上商城的技术平台上汇集了大量同类需求,因而,网上商城实际上是需求集中的平台。这些被网上商城集中起来的需求,其结构是由相应的技术体系结构决定的。每一个网上商城背后必然存在一个产业链的支持,这个产业链的技术结构决定采购需求,从而决定供应生态。

理论研究表明,每一个产业的技术可以分成一个个独立技术模块的集合。因此我们可以认为,产业技术是由许多独立技术模块组合而成的。这些技术在组合时,要遵循特定的组合接口标准。当这些标准被公开后,厂商就可以依据标准生产相应的产品。这个由组合接口标准决定的生产模块,就形成了一个个相对独立的需求。从供应商的角度看,这就是供应生态位。在一个生态位上,可以允许多个供应商进行竞争。一个领域内的网上商城存在的价值,就在于它可以创造大量的生态位，从而吸引大量供应商进行生态位竞争。通过供应商之间的竞争，优化供给结构，为采购人服务。尽管网上商城还处于初步发展阶段，但许多网上商城已经初步显示出生态位的竞争价值。因此，供应商应该清楚，网上商城并非只是简单地汇集需求，而是在创造生态位。供应商应根据生态位设计供给方式、制定战略，才能发展长远。

2. 网上商城生态位创造

一般来说，我国大中型国有企业的网上商城不仅仅提供单一产品的供应服务，而是汇集多种产品的供应链需求。网上商城把多个供应链的同类需求整合在一起，可以构成多个生态位。这些生态位应具备如下特点：一是明确的功能和技术要求；二是明确的接口规范；三是在统一的接口规范下，允许多种替代产品参与竞争；四是允许和鼓励生态位供应商进行技术创新并与供应链主体互动，以提升供应链的整体效率。在这种情况下，供应商就不再是被动地按照采购人的要求提供产品，而是通过生态位创新来促进供应链整体性能的提升。创新生态位的供应商自然也能在供应链整体效率的提升中获得相应利益。这样，网上商城创造生态位的活动就成了互联网时代独有的创造性活动，网上商城不再仅仅是一个中介，而是具有不可替代的系统创造性。这种创造性正是平台经济中交易平台知识涌现和价值涌现的具体表现。

3. 网上商城的供应商生态位竞争

网上商城生态位形成之后，为供应商提供了机会，并由此产生了供应商的占位竞争，即生态位竞争。这种竞争具有以下特点：一是占位竞争是争取网上商城生态位的竞争，是在明确岗位责任下的位置竞争。这种竞争本质上是供应商综合能力的竞争。二是供应商的综合能力体现在对特定生态位的服务能力上，具体形式可能是提供产品、提供技能，或是提供平台，我们将其统一称为供应商服务。三是在生态位上的供应商除了完成自身的职责外，作为总生态的一部分，必须具备协同能力，因此，在生态位层面上产生了供应商服务和协同的概念。这一概念为互联网条件下观察和研究供应商提供了新视角，也为供应商的业务发展指明了新方向和新路径。本书正是基于这一视角，把网上商城视为生态位的创造者，把供应商视为生态位的服务者，把网上商城与供应商的协同视为网上商城生态的优化者，以此进一步探讨供应生态这一新型供应机制。

（二）网上商城供应商自律机制与自律规范

网上商城供应商生态位的竞争促成了供应生态的形成。在这个生态中，每个生态位的供应商不仅是商品和服务的提供者，还是网上商城的合作伙伴。供应商角色从交易者到合作伙伴的转变，是数字经济与工业经济的一个显著差异。网上商城正是工业经济向数字经济转变过程中的产物。在工业经济中，供应商与采购人的关系是单纯的交易合同关系，供应商只要按合同履行义务即可。合同关系本质上也是一种他律关系。而作为合作伙伴，除了他律之外，更多地需要供应商自律，即供应商需要自觉维护供应生态、建立协同关系、创新优化供应生态，充分发挥其在供应生态中的能动性和创造性。实际上，在许多网上商城中，由于数字化带来的整体性和生态性，供应商已经形成了相应的自律机制，包括数字化建设、透明化运营规则、服务型协同关系和流程化服务水平等。这些机制已被大部分供应商接受并成为共识。这种共识使工业化时代的被动型供应商转变为数字化时代的主动型供应商，进一步增强了数字经济的活力，提升了数字经济与实体经济的融合度。

相关政策：《关于规范中央企业贸易管理严禁各类虚假贸易的通知》

2023 年 10 月国务院国资委发布的《关于规范中央企业贸易管理严禁各类虚假贸易的通知》（国资发财评规〔2023〕74 号）严禁各类虚假贸易业务的开展，业内俗称"十不准"。"十不准"强调将持续深化中央企业违规经营责任追究，是中央企业网上商城开展业务的十条红线，是网上商城合规管理的重要内容。网上商城经营者和交易主体都应当深入理解，严格执行。

关于规范中央企业贸易管理严禁各类虚假贸易的通知

贸易作为经济活动重要组成部分，在国民经济发展中发挥着重要作用，但虚假贸易背离商业实质，干扰了正常的经济秩序和金融市场。为贯彻落实习近平总书记重要批示精神和中央审计委员会工作部署，2022 年 8 月以来，国务院国资委全面开展中央企业虚假贸易专项整治行动，取得积极成效。但仍有部分企业对虚假贸易问题重视不足、识别不准、追责不严，个别企业无视三令五申长期违规开展虚假贸易，造成国有资产重大损失。为进一步规范贸易业务管理，坚决根治虚假贸易顽疾，现将有关事项通知如下：

一、不准开展背离主业的贸易业务。本通知规范的贸易业务指为赚取购销差价从事的"两头在外"（原始采购端、最终销售端均在中央企业集团外）的商品买卖活动，不包括围绕生产开展的采购、销售以及子企业之间的内部贸易业务。国务院国资委核定集团主业范围不包括贸易的中央企业应由集团董事会审批后围绕服务主业开展贸易业务，原则上不得开展与主业无关的贸易业务，关系国家能源、资源、粮食、国防、产业链供应链安全以及推动战略性新兴产业发展的特定贸易业务经集团董事会批准后可保留。主业范围包括贸易的中央企业应规范开展贸易业务，不得单纯为做大规模开展贸易业务。

二、不准参与特定利益关系企业间开展的无商业目的的贸易业务。存在特定利益关系的企业主要包括以下情形：上下游为同一企业；上下游为母子公司或由相同的实际控制人控制；上下游企业交叉持股；上下游企业主要负责人、董事、监事、高级管理人员相同；上下游企业注册地址、实际办公地址、业务联系人或联系电话相同；上下游企业一方为另一方贸易合同履约提供担保；上下游企业存在长期业务关系，一方为另一方的重要供应商或特约经销商其他根据实质重于形式原则认定存在特定利益关系的情形等。如开展的贸易业务具有上述特征，要严格核实是否具有商业实质，对无商业实质的贸易业务要坚决禁止，确有特殊理由的要报集团审批。

三、不准在贸易业务中人为增加不必要的交易环节。不得以完成考核目标、维持信用评级、获取外部融资、实现资金套利等为目的，在贸易业务中人为增加不必要的交易环节，如在上下游企业均为集团子企业的情况下人为引入外部企业参与集团内部贸易业务，或通过伪造上下游交易对手信息以及运输、仓储、收发货等单据虚构贸易业务交易背景，为外部企业提供赚取通道费或资金占用费的便利。

四、不准开展任何形式的融资性贸易。融资性贸易合同条款通常存在垫资、融资、借款本金、借款利息等借款合同常见表述，本质是无商业实质、以贸易业务为名对外提供资金，或通过结算票据、办理保理、增信支持等变相提供资金，为上下游企业提供融资便利，充当融资通道，极易滋生腐败。融资性贸易资金方缺乏对货权的实际掌控，缺少对货物市场波动的关注，存在巨大资金风险，必须严格禁止。

五、不准开展对交易标的没有控制权的空转、走单等贸易业务。空转、走单等贸易的典型特征是缺少对交易标的（含担保物，下同）的控制权，主要有以下情形：交易标的控制权在整个交易过程中都未发生变更；交易前交易标的已由上游交易对手全部直接转移给下游交易对手占有；交易中中央企业对交易标的无实质控制，下游交易对手无须通过中央企业即可从上游交易对手直接获取交易标的；交易完成后交易标的仍然被上游交易对手或与其存在特定关系的企业占有并控制。

六、不准开展无商业实质的循环贸易。循环贸易是通过相同企业或关联企业之间签订内容相同的多份买卖合同，形成一个闭合的货物流转回路。无商业实质的循环贸易虽具有真实货物支撑，但货物仅在固定的若干家企业内部循环，达到做大规模的目的，相应货物流转并未创造价值。在流转过程中为达到体现利润的目的，每一次流转都可能确认业务毛利，虽然有账面利润但实际形成了潜亏，完全脱离了商业实质，必须严格禁止。

七、不准开展有悖于交易常识的异常贸易业务。不得开展货物流、票据流和资金流"三流"不齐备的贸易业务。不得开展无法有效判断交易标的真实性的贸易业务，如不参与货物收、发环节，无法提供运输、仓储等物流环节单据、验收或贸易环节中其他的外部单据，仅能提供与上下游企业之间自制的发货单或收货单；不关注货物存储状态，长期不进行实地盘点、对账，仅以存储场地提供的库存证明作为货物存在依据。如开展上下游合同条款高度一致、签订日期相同或相近且差价率明显低于市场平均水平的异常贸易业务，要严格核实商业实质，对无商业实质的贸易业务要坚决禁止，确有特殊理由的要报集团审批。

八、不准开展风险较高的非标仓单交易。仓单具备金融产品的属性，分为标准仓单和非标仓单。标准仓单交易要参照金融衍生品业务进行管理，强化业务审批和准入审查，严格控制规模，严控恶意炒作和投机行为。非标仓单交易虽"三流"齐备，但企业实际上并不能真正掌握货权，存在较高风险，中央企业原则上不得开展非标仓单交易，确有特殊理由的要报集团审批。

九、不准违反会计准则规定确认代理贸易收入。部分中央企业对《企业会计准则第 14 号——收入》（财会〔2017〕22 号）第三十四条关于代理交易的收入确认把握不到位，全额确认代理贸易业务收入，不符合会计准则规定。中央企业应当综合考虑与代理贸易业务相关的风险转移、价格确定等事实和情况，以及委托加工业务中原材料核算情况，按照谨慎原则以净额法确认代理贸易或委托加工业务收入，防止虚假做大规模。

十、不准在内控机制缺乏的情况下开展贸易业务。开展贸易业务的中央企业必须建立完善的贸易业务内控体系，明确集团分管贸易业务的负责人和部门，严格控制贸易子企业数量，对相同或相似的贸易业务进行优化整合。贸易业务范围及贸易子企业名单需由集团审批。中央企业不得对子企业考核收入类规模指标（战略性新兴产业除外）。开展贸易业务的子企业要制定贸易业务内控实施细则，设立贸易内控专门岗位，严格业务审批程序，优化固定内部控制流程，明确关键环节内部管控措施，压实内控工作责任。未在本通知禁止范围内但确无商业实质的其他贸易情形也按虚假贸易业务进行管控。具有本通知禁止的有关情形但确有真实商业实质的贸易业务，要严格审核商业实质并报集团审批后开展国际贸易业务的商业实质遵循国际惯例判定。要在司库等信息系统中开发应用贸易业务风险管理功能模块，用信息技术手段防控各类虚假贸易业务。

中央企业要落实全面从严治党要求，切实提高政治站位，坚决根治虚假贸易业务各类问题。自本通知印发之日起，各中央企业要严格按照上述要求梳理集团全部贸易业务，规范贸易管理，完善内控制度，坚决清理退出各种类型的虚假贸易。国务院国资委将进一步加大对虚假贸易业务的追责问责力度。

对于本通知印发以后仍开展虚假贸易业务的企业，一经发现对直接责任人就地免职，严肃追究责任，同时追究企业主要负责人、分管负责人和上一级企业负责人以及参与造假的相关人员的责任；对于集团管控不力、所属多户子企业连续开展虚假贸易业务的，将对中央企业主要负责人和分管负责人严肃追责问责，并给予企业业绩考核及相关考核扣分或降级处理；涉嫌违纪或职务违法犯罪的，移送有关纪检监察机关（机构）处置。

（来源：国务院国资委网站）

《关于规范中央企业贸易管理严禁各类虚假贸易的通知》解读

2023 年 10 月，国务院国资委发布《关于规范中央企业贸易管理严禁各类虚假贸易的通知》（国资发财评规〔2023〕74 号），严禁各类虚假贸易业务的开展，业内俗称"十不准"。该通知强调，将持续深化中央企业违规经营投资责任追究工作。2024 年 5 月 28 日，国务院公布《国有企业管理人员处分条例》，"十不准"规定被纳入该条例，国有企业管理人员如果违反这些要求将受到处分。那么，"十不准"该如何理解和把握，具体解读及案例如下。

1. 关于"不准开展背离主业的贸易业务"

解读：政策旨在确保中央企业聚焦主业，专注开展核心业务，防止过度多元化，降低风险。同时，又能将空出来的经济空间逐步转化给有承接能力的民营企业，逐步培育良好的经济生态。

案例：某中央企业 E 的核心业务为能源领域，计划拓展与能源相关的贸易活动。根据国务院国资委的规定，由于其主业并不是贸易，需要先得到集团董事会批准。E 向集团董事会提交开展与主业相关贸易业务的申请，阐述了贸易业务如何服务于其主业。经审议，集团董事会同意了 E 的申请，但同时也强调，E 在开展贸易业务时必须确保其业务活动与主业紧密相关，并且不得开展任何可能损害主业或给集团带来风险的贸易活动。得到批准后，E 围绕其主业开展贸易活动，进口和出口与能源相关的设备和材料，为 E 开拓了新的收入来源。一段时间后，E 管理层计划进一步扩大其业务范围和收入规模，包括进口一些与能源无关的设备和材料，并计划在国内市场上销售。该计划被提交给集团董事会进行审议。经讨论，集团董事会认为新增贸易活动与 E 主业不太相关，且可能存在风险，决定不同意 E 开展新增贸易活动。

案例启示：中央企业在开展贸易业务时应确保其业务活动与主业紧密相关，应严格遵守相关政策要求，确保贸易活动的合规性与稳健性。

2. 关于"不准参与特定利益关系企业间开展的无商业目的的贸易业务"

解读：政策旨在杜绝中央企业参与特定利益关系企业之间开展无商业目的的贸易活动。当中央企业涉及与这类企业的贸易活动时，必须保持高度警觉，以确保此类贸易具备真实的商业目的和商业实质。对于确需开展的贸易活动，必须向集团进行报批，以确保中央企业在开展贸易活动时符合相关规定，降低潜在风险，并维护企业稳健运营和持续发展。

案例：假设有三家公司 A、B 和 C 参与贸易业务。其中，A 是中央企业，B 是 A 的上游供应商，C 是 A 的下游客户。由于 B 和 C 是关联企业，由相同的实际控制人控制，这构成特定利益关系。如果 A 与 B 和 C 之间开展的贸易业务没有商业实质，只是为了利益输送或腐败行为，那么这种业务是被禁止的。如果 A 与 B 和 C 之间的贸易业务是基于真实的购销关系，且有商业实质，那么这种业务是可以开展的。但如果 A 想要与 B 和 C 之间开展这种贸易业务，需要经过严格的审批程序，以确保业务的合规性和合理性。

案例启示：企业在开展贸易业务时，应确保业务具有真实的商业目的和商业实质，避免参与那些与特定利益关系企业间开展的无商业目的的贸易业务。

3. 关于"不准在贸易业务中人为增加不必要的交易环节"

解读：贸易背景的真实性是业务合规风险的重中之重。国务院国资委制定此项政策旨在规范中央企业贸易业务，防止人为增加不必要的交易环节和违规操作。通过明确禁止以非商业目的增加交易环节、虚构贸易业务交易背景和为外部企业提供赚取通道费或资金占用费的便利等行为，确保贸易活动的真实性、合规性和公平性。

案例一：人为增加不必要的交易环节。某企业 H 是一家国有电子产品制造商，从供应商 I 处购买关键零部件。为了维持信用评级和获取外部融资，H 决定通过一个外部企业 J 进行交易，以增加不必要的交易环节。具体操作流程如下：H 与 J 签订一份虚假购销合同，将资金支付给 J，J 再将资金支付给 I

购买关键零部件。在零部件到达 H 后，H 再支付一笔额外的费用给 J 作为通道费。

案例启示：H 通过 J 进行转账和支付通道费的操作使贸易流程变得复杂且不透明，增加了不必要的成本和风险。同时，这也可能误导信用评级机构和金融机构，使其对 H 的真实财务状况和贸易活动作出错误的评估。

案例二：虚构贸易业务交易背景。某国有企业 K 从事石油化工产品的生产和销售。为了完成年度的考核目标，K 决定通过虚构贸易业务交易背景来夸大其销售规模和利润。具体操作流程如下：K 与一家虚构的海外供应商 L 签订虚假购销合同，伪造了相关的运输、仓储和收发货单据，以掩盖真实的销售情况。K 将虚构销售金额计入财务报表，从而夸大了其销售规模和利润。

案例启示：K 通过虚构贸易业务交易背景和伪造相关单据来夸大销售规模和利润，这既违反了市场的规则，也可能误导投资者和金融机构作出错误的决策。同时，这也损害了市场竞争的公平性，扭曲了真实的贸易活动和经济形势。

4. 关于"不准开展任何形式的融资性贸易"

解读：近年来，中央企业因开展融资性贸易而频发风险事件，造成国有资产损失，增加了社会区域的金融风险。国务院国资委这一政策明确禁止中央企业开展任何形式的融资性贸易。从合规和风险管理的角度来看，这一政策对于防止中央企业陷入风险、保障中央企业稳健运营具有重要意义。中央企业应避免参与融资性贸易，以确保企业资产安全、防范法律风险。

案例：ABC 公司为全资中央企业，甲、乙公司同属自然人赖某（虚拟姓氏）投资并直接控股的企业。ABC 公司从乙公司采购棉纱，并销售给甲公司。形式上的"购销合同"约定：①甲公司每批次预付 20% 货款给 ABC 公司；②ABC 公司收到预付货款后，向乙公司办理采购业务，并按采购金额向乙公司开具 90~120 天的信用证结算；③棉纱被运往三方指定的第三方仓库，物权属于 ABC 公司（名义上）；④ABC 公司收到甲公司在远期信用证到期日前支付的 80% 货款时开出提货单，甲公司方能从第三方仓库提走委托采购的对应数量棉纱。表面上是甲公司委托 ABC 公司向乙公司采购。案发时，ABC 公司财务发现甲公司有四项合同的 80% 款项逾期未付，但仍继续给其上游供应商开出 7787.48 万元的远期信用证。于是，ABC 公司到第三方仓库盘点，发现存在严重的货物短缺情况，意识到已开具的大量的信用证款项可能无法收回，遂向上级集团报告，并以甲公司涉嫌贸易诈骗罪向公安局报案。

案例启示：案例中，ABC 公司合同权限设置过大，且合同风险评估和审批仅走过场，固有管理风险高。同时，库存管理内控失效，"库存"账账、账实严重不符；会计内控失效，核算混乱，失去监督功能；采购入库内控制度失效，存货管理处于放任状态；未开展信用调查，债务风险失控；巨额授信未经董事会批准，风险管理失控；信用证监控失当。最终认定，ABC 公司与赖氏集团开展 162 项的"棉纱贸易"属于无实物交易基础的虚假交易，以及对方以攫取信用证及其贴现资金为目的的融资性交易。ABC 公司与赖氏集团虚假贸易造成的直接资金损失达 4.57 亿元。

5. 关于"不准开展对交易标的没有控制权的空转、走单等贸易业务"

解读："空转""走单"业务中各参与方的真实目的不是货物交易，而是资金流转或虚假贸易。中央企业（包括其下属单位）作为资金提供方，其参与动机包括绕开金融监管政策从事借款业务或优化报表、虚增业务收入等，这类贸易业务环节缺乏金融类业务的合法增信工具，因此兼具合规风险与商业风险。国务院国资委等部门三令五申表示对"空转""走单"等各类虚假业务问题"零容忍"。一经发现，即由集团公司或上级企业提级查办，如涉及二级子企业，或年内全集团累计发现 3 件上述同类问题的，应当报告国务院国资委，由国资委提级查办。

案例：某大型国有钢铁企业 A 与一家贸易公司 B 签订了一份购买铁矿石的合同。按照合同，A 需要先支付货款，然后 B 在约定的时间内交付铁矿石。在实际操作中，B 并没有将 A 支付的货款用于采购铁矿石，而是转给了与其有关联的公司 C。C 收到资金后，并没有按照约定采购铁矿石，而是将资金用于其他高风险投资，导致无法按时归还资金给 B。B 因此也无法按时交付铁矿石给 A。A 的交易行为更像是一个"过路者"，并没有实际参与铁矿石的交易，只是进行了资金的转账。由于 A 在整个交易过程中都没有对铁矿石的实际控制权，这增加了虚假贸易、欺诈和资金风险的可能性。A 面临巨大的资金缺口和生产中断的风险，而 B 和 C 也面临破产和信誉受损的风险。

案例启示：案例违反了政策中提到的"不准开展对交易标的没有控制权

的空转、走单等贸易业务"要求，是一个典型的没有实际控制权的空转贸易例子。企业在开展贸易活动时，须确保对交易标的有实际控制权，以降低风险。

6. 关于"不准开展无商业实质的循环贸易"

解读：循环贸易是一种特定的贸易形式，其核心特征是通过相同企业或关联企业之间签订多份内容相同的买卖合同，形成一个闭合的货物流转回路，其目的是人为地做大规模。在这样的循环贸易中，每次货物流转都可以确认业务毛利。从会计账面看似乎有利润，但实际上这些流转并没有真正创造价值，形成了潜亏。这种贸易完全脱离了商业的实质，很容易被企业用于不正当目的，如操纵财务报表、隐藏真实经营状况、误导投资者等。鉴于此，政策明确要求严格禁止企业开展无商业实质的循环贸易。

案例：某中央企业A与两家关联企业B和C进行循环贸易。A与B签订了一份购买电子设备的合同，随后B与C签订了一份相同的购买合同，C又与A签订了一份相同的购买合同。这样，电子设备在A、B、C三家企业之间形成了一个闭合的流转回路。在此过程中，每次流转都确认了业务毛利，A的财务报表显示有利润。然而，实际上这些电子设备并没有流入或流出市场，其流转并没有创造任何实际价值。三家企业之间的交易只是为了做大规模，并没有真实的商业背景做支撑。经过一段时间，由于市场环境的变化和其他因素的影响，其中一家企业出现了资金问题，无法继续支付货款。整个循环贸易链条因此断裂，其他两家企业也受到了严重的影响。A由于之前确认的账面利润并没有实际现金流做支撑，面临巨大的资金缺口和潜亏风险。

案例启示：该案例典型地展示了无商业实质的循环贸易所带来的风险和问题。从表面上看，虽然有真实的货物支撑和账面利润，但实际上这些流转并没有创造价值，很容易因受到市场环境和其他因素的影响而断裂。一旦出现问题，企业将面临巨大的资金和风险挑战。因此，政策明确要求严格禁止无商业实质的循环贸易。

7. 关于"不准开展有悖于交易常识的异常贸易业务"

解读：一是"三流"不齐备的贸易业务被禁止。货物流、票据流和资金流必须齐全，以确保贸易业务的真实性和合规性。二是无法判断交易标的真实性的贸易业务被禁止。中央企业应参与货物收发环节，并能提供物流、仓储等外部单据以证明交易的真实性。三是实地盘点和对账的必要性。中央企业应定期对货物进行实地盘点和对账，不能仅依赖存储场地提供的库存证明。四是对高度一致的合同条款和异常低差价率的警惕。如果上下游企业的合同条款高度一致，签订日期相近，且差价率明显低于市场平均水平，这样的贸易业务应受到严格审查。五是核实商业实质。对于无商业实质的贸易业务，中央企业应坚决禁止，确有特殊理由的，须报集团审批。

案例：某中央企业贸易公司 A 与上游供应商 B 和下游买家 C 开展了一项电子产品贸易业务。A 与 B 签订了购买合同，A 与 C 签订了销售合同。然而，在实际操作中，A 并没有参与货物的收发环节，只是根据 B 和 C 之间的自制发货单和收货单进行资金转账。A 没有对电子产品进行实地盘点或对账，只是依赖存储场地提供的库存证明来确认货物的存在。另外，A 与 B 和 C 之间的合同条款高度一致，签订日期相近，且差价率明显低于市场平均水平。经过一段时间，C 突然违约，无法支付货款，导致 A 公司面临巨大的资金风险。

案例启示：企业要通过加强实地盘点和对账、警惕高度一致的合同条款、寻求合理的差价率、对上下游企业进行尽职调查、管理资金风险、建立完善的风险管理体系，以及寻求专业咨询等方法，保护自身免受潜在风险损害。

8. 关于"不准开展风险较高的非标仓单交易"

解读：标准仓单的交易管理方式更接近于金融衍生品。它的交易、清算和风险管理都按照金融衍生品的规定进行。对于参与标准仓单交易的企业，必须经过严格的业务审批和准入审查，以确保其资质合规，信誉良好。为防止市场的过度投机和恶意炒作，国家对于标准仓单的交易规模有明确的限制和控制。场外非标准仓单交易似乎满足"三流"要求，即货物流、票据流和资金流都齐备，但企业实际上并不能真正地掌握货权，因此面临较高的交易风险。特别是对于中央企业，原则上是不被允许参与非标仓单交易的。如存在某些特殊原因，必须首先向集团提交申请并获得明确的批准。

案例：某中央企业 B 主要从事国际贸易和物流业务，近期准备进入非标仓单的交易市场。在一系列交易后，B 发现非标仓单尽管在形式上满足了"三流"要求，但由于某些合同条款限制和与上游供应商、下游买家之间的复杂关系，它们并不能真正掌握货物的控制权。如在条款限制方面，B 与上游供应商签订了一份购买合同，其中规定供应商在特定条件下有权回购已出售的货物。当市场发生不利变化时，B 本应根据市场情况对货物进行处置，但由于回购条款的限制，无法实际控制货物，从而造成损失。在上游供应商和下游买家之间的复杂关系方面，在某些情况下，B 需要根据不同国家的法律要求，将货物控制权转让给当地的合作伙伴或代理。然而，在实际操作中，由于法律关系复杂，B 可能无法确保这些合作伙伴或代理真正按照 B 的意愿行事，导致在关键时刻失去对货物的控制。在一次突发的市场事件中，B 遭受了巨大的经济损失，因此 B 暂停了所有与非标仓单相关的交易活动，并对其进行深入的风险评估。同时，B 也向集团提交了详细报告，说明了其参与非标仓单交易的原因、过程以及遭受的损失。集团在对报告进行审批后，要求 B 退出非标仓单交易市场，并加强其风险管理和内部控制。

案例启示：对于企业而言，尽管某些新型金融产品或市场可能具有吸引力，但在决定参与之前必须进行充分的风险评估。特别是对于那些看似"三流"齐备但实际上存在高风险的交易活动，应谨慎行事。

9. 关于"不准违反会计准则规定确认代理贸易收入"

解读：政策明确规定中央企业应综合考虑与代理贸易业务相关的风险转移、价格确定等事实和情况，以及委托加工业务中原材料的核算情况，按照谨慎原则以净额法确认代理贸易或委托加工业务收入，防止虚假做大规模。因此，企业切勿为了规模和数字好看而在财务记账方式上动手脚，防止触碰红线，违法违规。

案例：某中央企业 C 主要从事进出口贸易和代理业务。近年来，C 扩大了其代理贸易业务，并开始与多家国际公司进行合作。由于业务量增长迅速，C 在会计处理上出现了一些问题。C 在与某国际公司进行一笔代理贸易业务时，按照全额法确认了该笔业务的收入。在实际操作中，C 仅是代理方，并不承担货物的风险和责任，只是按照约定的代理费率收取费用。因此，按照《企业会计准则第 14 号——收入》的规定，C 应该以净额法来确认这笔代理贸易的收入。在进行年度财务报告审计时，审计机构要求 C 进行调整。C 重新评估了其代理贸易业务的收入确认方法，并按照净额法进行了调整。这导致 C 年收入规模有所减少，更加真实地反映了其实际经营状况。

案例启示：在处理代理贸易或委托加工业务收入时，必须严格遵守会计准则规定，确保收入准确确认。采用净额法进行确认，能够更真实地反映企业在这些业务中的实际收入状况，并避免虚假夸大业务规模的风险。

10. 关于"不准在内控机制缺乏的情况下开展贸易业务"

解读：一是负责人和部门的明确。中央企业需要明确负责贸易业务的集团分管负责人和部门，以确保责任明确和管理到位。二是贸易子企业的控制。中央企业需要严格控制其贸易子企业的数量，并对相同或相似的贸易业务进行优化整合，以提高运营效率和降低风险。三是业务范围和子企业名单的审批。贸易业务范围和贸易子企业的名单都需要得到集团的审批，以确保业务范围和子企业的合规性。四是收入类规模指标的禁止。中央企业不得对其贸易子企业考核收入类规模指标，以避免子企业为了追求规模而牺牲风险控制和合规性。五是内控实施细则的制定。开展贸易业务的子企业需要制定贸易业务内控实施细则，并设立专门的贸易内控岗位，以确保内控措施得到有效执行。六是业务审批程序的严格。企业需要严格其贸易业务的审批程序，优化固定的内部控制流程，并明确关键环节的内部管控措施。七是虚假贸易业务的管控。即使某些贸易情形不在政策的禁止范围内，但如果没有商业实质，也将被视为虚假贸易业务进行管控。八是真实商业实质的审核。即使某些贸易情形具有政策禁止的情形，但如果具有真实的商业实质，企业仍然可以在经过严格审核并报集团审批后开展。九是信息技术手段的应用。企业需要在司库等信息系统中开发应用贸易业务风险管理功能模块，以信息技术手段来防控各类虚假贸易业务。

案例：某中央企业 L 因内控机制不完善和贸易风险管理不当，导致了一系列虚假贸易事件。一些子公司为了完成收入规模指标，在没有真实商业实质的情况下开展了大量贸易活动，造成了资金风险和信誉损失。事件发生后，L 对其内控体系进行了全面改革和完善。第一，集团明确了分管贸易业务的负责人和部门，并对从事贸易的子企业进行了优化整合。第二，L 加强了对子企业的监督和考核，不再过分追求收入规模指标，而是更加注重业务的实质性和风险管理。第三，为了确保贸易业务的真实性，L 还要求其子公司制定详细的贸易业务内控实施细则，并设立专门的内控岗位。第四，L还加强了信息技术应用，开发了贸易业务风险管理功能模块，以防控各类虚假贸易业务。

案例启示：一系列改革和完善措施使L确保了其贸易业务稳健发展。该案例也为其他企业提供了宝贵的经验教训，强调了建立完善内控体系的重要性。

（作者根据"汇融研究"公众号文章《国资委74号文解读：明确虚假贸易"十不准"（2023年第49期)》整理）

案例：中铁物贸集团上海有限公司杭州湾跨海高速铁路桥配送服务

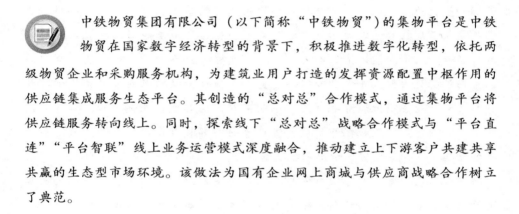中铁物贸集团有限公司（以下简称"中铁物贸"）的集物平台是中铁物贸在国家数字经济转型的背景下，积极推进数字化转型，依托两级物贸企业和采购服务机构，为建筑业用户打造的发挥资源配置中枢作用的供应链集成服务生态平台。其创造的"总对总"合作模式，通过集物平台将供应链服务转向线上。同时，探索线下"总对总"战略合作模式与"平台直连""平台智联"线上业务运营模式深度融合，推动建立上下游客户共建共享共赢的生态型市场环境。该做法为国有企业网上商城与供应商战略合作树立了典范。

中铁物贸集团上海有限公司（以下简称"上海公司"）在当前经济发展进入新常态、建筑业发展进入深度调整期的宏观背景下，秉承"强经营、调结构、控风险、提效益"的经营理念，持续提升经营质效，把数字化转型作为企业转型发展的重中之重，着力在"总对总"合作模式上下功夫，加强数智化赋能，推动企业高质量发展并取得实效。

（一）"总对总"合作模式的创新应用

1."总对总"合作模式的概述与优势

"总对总"合作模式以中国中铁区域集采工作为基础，旨在促进两级集采的融合，并逐渐向中铁系统外的市场拓展。这种模式形成了企业之间的高层次战略合作，超越了传统的"一单一议"的买卖关系，在高端高层建立互信，并通过签订战略合作协议等方式，构建起更为紧密的互利互惠的伙伴关系。

中铁物贸以OTO（线上到线下）的全国实体终端布局，全面提升面向用户的终端服务能力。上海公司作为中铁物贸在华东区域开展供应链集成服务的实施主体，具备资源渠道、人才团队、数字化平台等竞争优势。通过与中国中铁系统内外各大央企、地方国企的"总对总"战略合作，中铁物贸整合优化上下游资源，提升供应链效率，做大做强做优区域集采，并通过强化战略协同，为客户提供更高效、更安全的供应链服务，从而进一步提升市场竞争力。

2. 集物平台的创新与应用

集物平台是中铁物贸在国家数字经济转型的背景下，积极推进数字化转型，依托两级物贸企业和采购服务机构，为建筑业用户打造的发挥资源配置中枢作用的供应链集成服务生态平台。集物平台为客户提供终端直采、现货交易、产能预订、商家直营四大在线交易模式，涵盖钢材、水泥、钢轨、道岔、油料、辅料和二三项料等物资品类，并整合金融、物流、仓储、信息资讯等多样性增值服务。通过与建筑业相关供应链平台的积极对接，集物平台以合作和战略联盟的形式共享资源信息与市场价格信息，实现产业链上下游供需精准对接，促进资源高效配置和价值创造，为建筑业用户提供一站式供应链集成服务解决方案。同时，建立产业链上下游企业合作共赢的协同发展机制，实现规模效应和协同效应的最大化。

3. "总对总"合作模式与集物平台创新结合

中铁物贸积极推动企业数字化转型升级。上海公司作为中铁物贸深耕华东区域的主要抓手，以集物平台为重要载体，将供应链服务等作业方式转向线上化，探索线下"总对总"战略合作模式与"平台直连""平台智联"等线上业务运营模式深度融合，推动建立上下游客户共建共享共赢的生态型市场环境。

基于长期良好的合作关系，上海公司通过"总对总"合作协议将战略客户引入集物平台，利用数字化平台的枢纽作用为客户提供在线下单、物资供应、仓储物流、支付金融、加工配送等一站式服务，助力施工主业维护产业链、供应链、资金链安全。集物平台通过与生产厂商"平台直连"的形式，实时获取生产厂商的资源信息，并借助信息化手段，对客户采购订单和定制化需求实现即时统筹安排，从而提升整体供应链运营效率。截至 2024 年 8 月，上海公司现有业务平台上线率达 99%，实现了与四家生产厂家的"平台直连"，服务项目近千个，结算金额数十亿元，集物平台"集秒贴"办理贴现业务规模已突破 2 亿元。上海公司将平台运用与生产经营工作深度融合，以科技创新推动产业创新，持续发展新质生产力。

（二）上海公司杭州湾跨海高速铁路桥配送服务

1. 项目背景

从 2016 年开始，上海公司连续 8 年为中铁某局提供专业化、一站式的产品配送解决方案，协助该企业高质量地完成了杭海城际铁路等重点工程的建设服务。2022 年，为加强滚动经营，上海公司联合该企业共同跟踪杭州湾跨海高速铁路桥项目，与项目及后方公司形成了良好的联动关系。2023 年，基于双方良好的合作基础，为充分发挥各自优势，签订了"总对总"合作协议。

2. 面临的挑战

杭州湾跨海高速铁路桥是世界最长的跨海高速铁路桥。位于世界三大强潮海湾之一的杭州湾，项目施工所需的大型机械设备、工程船舶众多，受水文气象条件影响，有效作业时间短、物资配送组织难度大、安全风险高，这对上海公司供应链集成服务能力提出了全方位的新挑战。

3. 主要做法

（1）创新"总对总"合作模式。在"总对总"合作协议的指导下，中铁某局将物资集采作为项目降本增效的重要手段。上海公司充分发挥物贸品牌效应和平台优势，多措并举保障项目物资配送的高效开展。一是解决物资保供难题。针对项目工期紧、任务重的特点，上海公司销售团队与项目团队协同拟定物资供应及管理策划方案，对项目物资供应各节点流程进行优化，确保关键物资以最快速度送达项目现场。二是满足项目定制化需求。在定制化物资需求方面，上海公司主动出击，拓宽资源渠道，与厂家紧密沟通协调定制化生产，使"总对总"客户最大化地享受物资集采带来的降本红利，加速新质生产力的高效发展。

（2）加强数智化赋能。上海公司依托集物平台为用户提供一站式供应链集成服务解决方案，进一步提高运营效率。通过集物平台的"终端直采"板块，上海公司为客户提供"平台直连"的采购交易服务。"终端直采"是集物平台四大交易模式之一，主要服务建筑业终端客户，由中铁物贸直接向上游生产厂家进行源头直采，以服务项目为导向。通过与厂家的线上直连，一方面进一步整合上游优势资源，降低采购成本；另一方面实现以销定采，实时反馈终端信息，提高采购效率。同时，依托集物平台的"平台智联"，需求终端客户可通过平台直接将订单传送至资源终端厂家，有效降低生产企业库存，并通过厂家源头直采，最大限度地减少质量隐患。除核心交易服务外，集物平台还嵌入供应链集成服务。集物平台的物流子系统可以向客户推送采购物资出厂后的物流可视化轨迹，实现物流信息的实时跟踪，为物资进场收货提供充足的统筹安排时间。集物平台系统直连的银行及金融机构共9家。借助集物平台作为资金配置的中枢作用，以合同与订单为核心，为客户提供供应链金融服务的选择，向资金方提供各节点无缝衔接的全流程闭环数据流，帮助客户实现快捷融资，优化资金配置。这使得采购价格更透明，履约过程可追溯，交易安全得到多重保障。

4. 效果分析

中铁物贸以创新为引擎，构建"总对总"合作新模式，与数智化技术进行深度融合。上海公司依托集物平台与近百家上游厂家合作，钢材类物资采购数量超50万吨，水泥类物资采购数量超30万吨，沥青等凝胶材料采购数量近1万吨；与下游合作项目超600个，实现供应超5000笔，钢材类供应金额近19亿元，水泥类供应金额近1亿元，沥青等凝胶材料供应金额近3000万元。集物平台"集秒贴"已办理贴现金额超2亿元。在此经营模式下与公司完成合作项目6个，签订购销合同12份，其中上游钢材合作厂家8家，采购量超1.5万吨，下游实现供应超200笔，供应金额超5000万元；上游水泥合作厂家2家，采购量近1万吨，下游实现供应近20笔，供应金额近300万元。该公司业务在集物平台"集秒贴"贴现金额近1000万元。集物平台在项目后方公司、项目部与上海公司间架设起高效协同的桥梁，成功推动新质生产力的发展，真正实现多方共赢。

（三）案例分析总结

上海公司作为中铁物贸布局全国的八大区域公司之一，始终坚持"一切工作到项目"的宗旨，更好地为客户创造价值。上海公司创新经营模式，以新质生产力促进产业变革。

上海公司"总对总"合作模式的平台化应用的特色在于，其借助数字化平台的资源配置中枢作用，帮助上游厂家快速触达终端用户，为其提供非标准化、定制化的现场服务。以长期深耕区域经营为良好基础，以"总对总"战略合作协议为引领，依托平台化运营手段，通过集物平台链接大宗商品供应链上下游客户，实现产业链上下游供需方的精准对接，为客户提供在线交易、物流服务、供应链金融等一站式集成服务解决方案。通过优化采购资源，提高资金资源配置效率，帮助客户创造价值的同时，中铁物贸的企业价值也得到体现。上海公司"总对总"合作模式为传统建筑产业的数字化转型提供了可参考的应用案例，不断激发建筑业新质生产力的蓬勃活力。

（案例作者：佟希飞，中国中铁物贸集团供应链研究中心主任）

第三章

供应商服务与采购供应链

供应商服务是在数字化条件下产生的新型供给形态。这种新型供给形态，在微观上与具体的缔约和履约行为的变化有关，在宏观上与企业供应链构建方式的变化有关。这些变化从需求端产生了供应链构造的变化，从供给端产生了供应商服务的变化。这些变化最终导致了供需双方均衡模型的调整，进而引起了价格决定因素的变化，同时重构了供需关系。要充分理解供应商服务，必须把其放在这一系列变化和关系重构体系中，从整体上把握其实质。

一、单项交易

在大多数情况下，采购与供应的关系体现在单项交易上。单项交易一般有两个阶段：第一阶段为缔约，第二阶段为履约。最简单的是集市交易。比如你看到了一件中意的商品，与商家讨价还价，最终确定了一个双方同意的价格，此为缔约；然后你支付商品价款，商家把商品交付给你，此为履约。履约的内容包括买方支付和卖方交付。履约完成，整个交易过程即告完成。当买方急于购买，而卖方可以待价而沽的时候，交易价格就会倾向于卖方；反之，价格则倾向于买方。这就是最简单的交易过程，体现了基本的供需关系原理。这个过程中隐藏着两个基本条件：一是卖方有现货，二是买方有现金。卖方有现货，意味着卖方必须先压一批货，承担相应的资金积压风险。买方有现金，意味着买方持币待购，有闲置资金，承担着资金损失风险。买卖双方在现货交易中效率低下，存在潜在风险。

为提高交易效率，现代交易往往是先缔约，确定在一定的时间内交货和支付。这样，交易双方的潜在风险就减少了，但相应地，双方的信用就变得十分重要。换句话说，现代交易中实际上是信用与效率的均衡。缔约本质上是一种信用关系的确立，在履约守信的情况下，交易效率最高；反之，缔约之后有一方不守信、不能履约，必然造成交易效率的降低。在单项交易中存在两种均衡，即市场上交易双方的供求均衡和双方交易过程中缔约与履约的均衡。前者决定价格，后者建立信用。在缔约确立了价格和其他条件之后，履约就变得十分重要。为了防止单方面毁约，缔约时一般要规定缔约保证或失约赔偿条款。这样在缔约和履约之间就达成了均衡，保证了履约的有效性。

在工业化初期，由于生产大多以工场为单位，产品单一，采购是生产的前提条件。采购需求由工场提出，并由工场进行采购，采购与生产紧密相连。大部分的小作坊都是这种模式。长此以往，上游的供应商与下游的工场形成了长期的供货关系，建立了紧密的业务关联，信用关系由此确立。

随着大工业的出现，生产日益规模化和专业化，采购逐渐从生产过程中脱离出来，成为企业特别是大型企业专门部门的职能。这是因为生产部门所面临的主要是原材料和设备使用相关的技术问题，而采购部门更多面临的是市场问题，二者的业务性质和技能大不相同。企业采购部门专门研究原材料、设备及相关材料的市场供求状况，通过采购实现节约最大化。因此，企业要把全部的采购项目集中到采购部门，才能提高效率。由此，集中采购就成为现代企业管理的一项基本原则。我国大多数集团企业都经历了由分散采购到集中采购的变革。集中采购与分散采购最大的不同在于，集中采购扩大了采购规模，增强了采购部门在市场上的话语权。当采购规模达到一定程度的时候，采购方就可以制定采购规则，由被动变为主动。在集中采购招标阶段，可以说采购方是积极主动的。实践证明，集中采购对于改善企业的经营绩效有很大作用。然而，集中采购本质上仍然是单项采购。单项采购体制下，采购方和供应商主要关心的是标的物的质量、价格和交货期。单项采购的履约是仓到仓的过程：供应商备货到仓库，在合同签订后，再把货物转移到采购方的仓库中。采购方支付后，标的物的所有权得以转移。这种采购交付模式使采购成为一个独立的业务部门，在一定程度上与供需双边的生产过程相脱离。在初期，采购专业化促进了生产，但发展到极致时，就离生产过程越来越远。大量的仓储费用、计划的不周以及官僚主义，使这种大规模的集中采购反而成为企业发展的阻碍，导致积压浪费和效率低下。因此，单项规模化采购必然受到质疑。

二、供应链采购

自从 20 世纪 80 年代供应链概念提出以来，企业界和经济界对企业概念的理解发生了变化。在大规模生产时期，企业经济决策的基础是供给不足，由此衍生出生产不足的问题。企业的根本任务是发展生产能力，为社会提供标准化产品。从根本上说，大规模标准化的生产模式并不是以用户为中心的。不管企业对外如何宣传"用户至上"，实际上并没有真正把用户的需求作为生产决策的依据。当大规模标准化生产达到一定程度，这种生产体制的潜力基本耗尽时，用户的个性化需求才开始受到重视。具体到采购环节，情况也是如此。有人认为，供应链概念的提出是从采购开始的，实际上这是一种误解。供应链概念的产生，源于企业不得不从以生产为中心转变到以市场用户为中心。用户需求的变化，导致生产的变化，进而导致供应的变化。这迫使企业必须把销售、生产和采购供应进行一体化考虑，以实现供产销联动，最大限度地适应市场需求的变化，减少全链条的浪费，提升企业的竞争力。这就是以销售为基础的拉动式供应链的来源。由于拉动式供应链的出现，我们才把原来以生产为中心的企业生产经营体制纳入供应链的概念范畴，并称其为推动式供应链。与推动式供应链相比，拉动式供应链中的采购端和销售端都发生了根本性变化。在销售端，企业不得不建立一套分销体制。从表面上看，分销体制是把产品从厂商一层一层分发到用户手中。实际上，分销体制的核心并不在于此。分销体制本质上是一种市场反馈机制，厂商通过分销体制的反馈信息决定产量。同时，分销体制也是一种市场供需缓冲机制，通过层层库存实现生产与需求的均衡，从而保证生产的均衡。在采购供应端，企业不得不追求采购的灵活性，以适应生产和销售的变化。为此，建立了一套适应供应链要求的采购制度，即进行供应链采购。所谓供应链采购，就是基于企业拉动式供应链的要求，制订采购计划、采购方式，并建立供应商关系。与单项采购相比，供应链采购具有以下特点。

（一）供应链采购关注企业供应链全链条，注重全链条优化

在单项采购业务体系中，采购部门是业务型机构，接受需求部门的任务，按照需求部门提出的数量和质量要求去完成采购任务。至于这些物料在整个生产流程中起什么作用，使用特性是什么，采购的数量是否合理，以及将来库存是否会有积压，采购部门并不关注。供应链采购则不同，它需要采购部门直接参与和了解企业产品的整体规划和市场状况，参与采购需求的确定，关注供应链的运行状况，并适时对采购计划的调整提出建议。实际上，这就要求采购部门随时关注由销售和市场拉动的供应链的运行状况，并根据供应链变化调整采购供应。在这种情况下，必须提升采购部门在企业经营中的地位，使采购部门成为企业制定发展战略和企业日常运行的重要参与者，甚至是重要决策者。供应链采购的这种变化在现代企业中越来越明显。以往，在世界 500 强企业中，采购部门出身的人很少进入企业高层，而现在，采购部门出身的人有很多已经成为企业的高层，甚至是 CEO（首席执行官）。在我国，这种趋势也越来越明显。许多中央企业已经成立了以采购部门和物资部门为基础的供应链管理部门，参与企业的重要决策。特别是对制造业企业来说，这种转变尤为重要。

（二）供应链采购关注供应链物料的全品类，注重全品类优化

大部分生产企业的采购品类有限，而现代化大型企业集团的供应链需要的供应品类相对较多。据调查，手机的集成度较高，其零部件有 300 多个。一辆汽车的零部件有 3 万多个，是手机零部件的 100 多倍。而一架飞机的零部件则超过 300 万个，是汽车零部件的 100 多倍，是手机零部件的 1 万多倍。我国大型集团企业往往是多元化集团化经营，其产品跨度大，采购的品类复杂繁多。在传统集中采购的模式下，集中采购的规模性与实际需求的多样性和复杂性往往构成很大矛盾。这种矛盾是许多企业效率低下的根本原因，再加上国有企业对合规性的要求，导致采购长期以来处于粗放状态。尽管我国许多大型集团企业已处于世界 500 强的行列，但实际上与国际先进企业相比，大而不强，效率不高。国家有关部门提出国有企业要从传统采购向供应链采购转型，这为国有企业提高效率找到了正确方向。然而，要实现这个转型，

除了转变思维，即从单项采购思维转向供应链采购思维，最重要的是要将工作精细化，实行采购全品类的优化管理。

要实现采购全品类的优化管理，一个必然的要求是将采购管理从单纯交易管理延伸至仓储管理。基于现代供应链管理理论，仓储是供应链中的缓冲地带，也是供应链安全稳定的基本保障。仓储管理的水平决定供应链的效率。从理论上来说，仓储水平越高，供应链越安全；仓储水平越低，则供应链风险越大，断供可能性越高。然而，如果仓储水平过高，将导致仓储所占用的资金和管理费用增加，仓储成本上升。因此，必然存在一个最优仓储水平。基于此，仓储水平可以用两个基本指标来衡量：一是仓储品类的系统性和完整性，在整个生产体系中要保证所需全部物料的供应；二是要保证每个品类的最优库存，保证生产所需物料的即时供应。为了达到这种库存最优状态，必须把采购与仓储统一考虑，把采购作为保证最优库存的条件。或者可以说，采购需求可以具体化为库存需求。基于这种认识，全品类管理实际上可以落实为一个计算机系统。计算机系统对所有品类进行编码，对每件物料的唯一性进行识别，这是保证供应品安全的重要手段。对于一个独立企业来说，完全可以根据企业的实际状况制定企业的编码体系。随着供应链管理的日益深化，企业越来越认识到物料编码的重要性，这也标志着品类管理得到深化。

更重要的是，品类管理是企业需求管理的动态表示。企业供应链上的采购需求并不能直接来源于销售预测，而需要转化成品类变化。这时候，在消费品管理领域，成熟的品类动态管理方法、计划仓库补货方法就可以发挥作用，使企业需求、采购需求以及供应商服务相互联动，确保优化供应。

（三）供应链采购关注采购物料全生命周期总成本

就单项采购物料来说，传统采购主要关注物料的质量、价格和交付，即所谓以适当的质量和价格交付到适当的地点。采购部门把物料交付到仓库即告完成。然而，从供应链的角度看，这种采购模式是不完整的，主要问题在于它忽略了如下几项重要成本。一是仓储成本。仓储成本一般不在采购考虑的成本范围之内，而被计入生产过程的成本。从生产稳定性的角度考虑，生产部门倾向于增加库存，这客观上导致了全生命周期成本的增加。二是所采购物料和设备的维护成本。物料和设备在使用前、使用中和使用后，维护成本会随着库存周期、使用便利性以及产品售后服务的增加而增加。三是沟通成本。在物料和设备的交付和使用中，需要投入人力和财力与供方进行沟通协调，而这些费用往往并不计入采购成本，而是作为管理费用支出。四是风险成本。由于各种不可预知的原因，供应中断所造成的损失远远超过生产的净利润。从供应链的角度进行采购，就不能再忽略这些成本，而要考虑物料从采购到交付以及使用全生命周期的总成本。只有当全生命周期总成本最低时，采购才能真正转型为供应链采购。从以上成本结构的变化我们可以看出，这种转型单靠采购部门是无法完成的。它不仅涉及采购部门对采购标准的修订和改进，还要与供应商达成共识，提升供应商的相应能力。

上述三个方面说明了供应链采购与传统的单品采购的根本性不同。我们可以这样理解三个方面的关系：物料全生命周期成本最低，是供应链采购的单品目标；全物料总成本最低是供应链采购的总体目标，同时这个目标要与企业供应链全链条优化相一致，从而满足企业供应链的战略性需求。

很显然，这种转型对大部分企业的采购部门来说是革命性的。要完成这个转型，必须从职能定位、人员结构、工作流程以及思想观念和服务方式上做很大改变。近年来，许多大型国有企业把采购相关部门调整成了供应链部门。供应链部门与之前采购部门相比，一方面要提升部门的地位，即要保证供应链部门参与企业战略和运营过程；另一方面要将采购、仓储、物流及相关服务一体化，实现采购的全生命周期优化和全品类系统管理。这样供应链部门才能实现供应全品类优化的目标。

按照以上逻辑，我们可以得出供应链部门业务所遵循的三个基本公式。

（1）单品全生命周期总成本最低公式。

单品总成本＝出厂成本＋交付成本＋协同成本＋交易成本＋风险成本

（2）全品类总成本公式。

$$全品类总成本 = \sum 单品总成本（全品类完备条件下）$$

（3）企业供应链绩效公式。

企业供应链绩效＝供应链总产出−全品类采购总成本−供应商服务总成本

三、采购供应链的数字化

对于生产单一产品的企业来说，计算供应链的绩效是较为容易的。特别是对于生产过程简单、采购品类较少的小型企业来说，通过正常的会计核算，就可以完成对采购总成本、供应商服务总成本和供应链总产出的核算。采购、生产、销售的协同较为简单，很多问题也显露不出来。但对于大中型企业来说，情况则大不相同。一般来说，这些企业的产品种类繁多，产品间关系复杂，采购、生产和经营的层级很多。采购部门要实现供应链采购的最优化，仅靠管理人员的能力是很难完成的。这就要求采购部门把采购业务构建成一个链条，统筹采购全过程，协同上游供应商和配套供应商，系统支持企业生产经营活动。这个链条就是采购供应链，其数字化过程就是采购供应链数字化。

大多数企业都已经建立了 ERP 系统。ERP 系统侧重于以企业的生产过程为中心，对企业的供产销过程进行统一管理。ERP 系统的推广，使企业的生产运营管理进一步科学化，也在一定程度上简化了企业的供应链管理。然而，ERP 系统的应用仍然离企业对供应链管理的要求有很大差距。第一，ERP 系统的采购端与供应商管理系统相连，销售端与客户管理系统相连。本质上，ERP 系统仍然是以生产为中心的传统管理体系，把供应商与客户都当成管理对象，而不是合作伙伴。在这种情况下，供应链的作用是难以发挥的。第二，就供应商管理系统来说，它无法考虑采购供应链的全过程，也无法达成供应链采购的目的。不同类型的企业、不同的业务对采购的要求也不同，供应商管理系统无法涉及采购全过程，因此它只是一个信息系统，而非一个业务系统。第三，客户管理系统的情况也与供应商管理系统类似，它仅是一个客户的信息系统，与企业供应链对供应商服务的要求还存在差距。

在我国企业数字化转型的进程中，采购供应链已经得到了很大发展。电子招标投标系统、网上商城以及智慧供应链的研究已经非常深入。这些方面的研究和实践，进一步深化了企业供应链建设。

采购供应链数字化的进程主要包括三个阶段：第一是电子招标投标系统的建设阶段，第二是网上商城建设阶段，第三是目前已进入的采购供应链建设阶段。采购供应链数字化具体表现为综合电子采购平台建设，它实际上是企业采购供应链的数字化载体，企业可以基于电子采购平台实现采购供应链的数字化。按照采购供应链的要求，电子采购平台应当满足以下要求。

（一）单品采购的全生命周期管理的数字化

自 2013 年国家发展改革委发布《电子招标投标办法》以来，工程项目采购的数字化取得了很大进展。工程项目作为一个单品的采购流程，其数据项和数据交换都有了明确的要求。但存在的问题是，工程项目采购的电子化仅到中标为止，没有完成全生命周期的数字化。因而，从供应链的角度看，电子招标投标系统的数字化是不完全的。2016 年以来，各大企业针对小额高频采购建立了网上商城采购模式。网上商城采购借助于社会电商的商品汇集能力和物流配送能力，基本实现了小额商品采购交易全过程数字化跟踪。与工程项目招标投标系统相比，前进了一大步。但实际上仍没有对物品的使用过程进行跟踪，仍未达到对采购物品进行全生命周期管理的要求。近几年，许多企业推行的大宗物资采购履约监测，借鉴了小额采购的优点，使采购物资的管理实现了从签约到履约全过程的数字化管理。但它的缺点是，使用过程仍未纳入采购管理范畴。因此，要完成单品采购的全生命周期数字化仍任重道远。

然而，对单品采购进行全生命周期管理在技术上并非难事，在现代技术条件下，这完全可以实现。对于消耗品，其生命周期是有限的，解决问题的关键在于打破采购、仓储和生产部门的界限，建立采购物品的全面跟踪制度。对于固定资产，其运营时间较长，全生命周期管理涉及日常维护成本、大修成本以及升级报废成本等，全生命周期总成本的计算和管理较为复杂，需建立专门的系统进行实时跟踪。

从长远看，单品采购的全生命周期管理依赖于物联网的发展，特别对于重要设备采购的全生命周期管理具有重要意义。随着人工智能技术的发展，单品设备本身就有可能具备自动记录全生命周期数据的能力。在这种条件下，计算单品设备全生命周期的成本将变得更加容易。实际上，计算单品采购的全生命周期的成本不在于技术，而在于理念的建立。

(二) 全品类数字化管理

理论上来说，全品类是单品的总和。但在企业运营中，全品类并非单品的简单相加，单品与单品之间存在较为复杂的结构关系。针对每个单品在结构中的地位和特点，制定适当的库存策略，并基于该策略制定采购策略，是采购供应链数字化要解决的问题。从这个意义上讲，全品类管理的起点是企业的生产计划。全品类管理的核心在于仓储管理，关键在于采购策略。供应链采购与传统采购的一个重要区别就在于此。采购部门不仅要关注单品采购的全生命周期成本最小化，更重要的是要关注全品类全生命周期的成本最小化，才能实现企业采购成本的最小化。基于这种认识，对于大多数企业来说，要完成这个任务，采购供应链在数字化上必须解决如下几个问题：一是要对企业采购的全部物料和固定资产进行分类编码。对于单一企业来说，这种全品类编码是最基本的数字化工作。物品编码的本质在于确定物料的唯一性。因此，采用何种编码规则并不重要。二是要搞清楚物料之间的结构关系。从根本上来说，物料间的结构关系反映的是企业生产的技术结构。在实践中，这种结构表现为不同的分类结构。国家统计局和相关部门建立了一系列物品分类表，这些分类表一般是基于宏观经济统计的需要而设计的，大多数情况下，并不适用于具体的企业。因而，企业的物料分类应根据企业的技术状况和投入产出关系独立设计，才能反映企业的生产需求，进而指导供应链采购工作。三是要确定每一种物料的最优库存和补充库存临界点及每次补充的最小规模，即采购量。确定了每种物料的采购量，就确定了单品采购任务。这样，全品类管理就与单品采购衔接到一起了。在这种情况下，单品采购实际上已经考虑了企业的品类结构，单品采购的最小成本之和即为全品类的最小成本。

(三) 数字化采购供应链的弹性

在完成单品供应数字化和全品类数字化之后，整个采购供应链的数字化架构就基本形成了。这个架构与企业的生产系统或 ERP 系统相对接，就可以投入正式运营。本质上说，这个架构不是静态的，而是具有很大弹性的。采购供应链系统持续运行会积累大量运行数据，这些数据在系统技术平台上构成一个数据空间。我们可以根据这些数据，计算采购供应链的弹性。采购供应链的弹性概念源于经济学中的弹性概念，指的是一种指标的变化相对于另一种指标变化的比率。例如，我们在研究收入相对于价格的变化时，可以体现收入的价格弹性的概念，收入的价格弹性用以下公式表示：

$$收入的价格弹性 = \frac{收入变化}{价格变化}$$

依此原理，我们可以计算采购供应链弹性。

（1）单一品类的供应链弹性是指单一品类的供应量变化对供应链效能的影响。公式如下：

$$单一品类供应链弹性 = \frac{某品类供应量变化}{供应链效能变化}$$

同样，我们可以计算单一品类的价格弹性，由此可以确定供应链上的关键品类，并给予重点关注。

（2）价格弹性是指价格对采购供应链的影响，可以计算不同品类的价格影响，也可以计算总的价格变化对采购供应链的影响。

（3）规模弹性是指采购规模对采购供应链的影响，可以计算不同品类采购规模的影响。

采购供应链弹性是一个衡量采购供应链对变化适应能力的综合指标。它不仅是供应链安全性能的衡量指标，还是采购供应链对总体战略变化调整适应能力的指标，值得深入研究。

微观经济学的弹性理论是经济学的经典理论。但是，在微观经济学的分散经营场景下，由于缺乏数据的支持，弹性理论很少在具体的企业管理场景中得到应用。采购供应链理论的产生、企业对供应链优化的追求，以及数字化平台的形成，使现代供应链具备了应用弹性理论分析问题的条件。在这种情况下，古典经济学的弹性理论就焕发出新的活力，成为深入分析供应链变化适应性的有力工具。同时，由于弹性理论天然具备应用微积分这一数学分析工具的条件，因此供应链弹性本身就构成了一个数学模型，使数学分析可以在供应链分析中得到运用。

我们在本书中提出采购供应链这一概念，并基于这一概念建立了一系列指标和分析工具，目的是帮助企业在供应链转型中，真正使供应链理论成为企业降本增效、创新提升的有力工具。特别是在网上商城等数字化环境下，引入经济学的许多分析工具，对于提升平台的业务水平具有重要意义。

四、采购供应链的价格决定

采购供应链是由许多供应商通过交易形成的。通常情况下，采购供应链表现为多个供应商与企业之间的交易。在较为复杂的情况下，一个企业可能有多条供应链，参与的供应商数量可能较多，因而形成更多、更复杂的交易关系。比如，供应商与企业、供应商与供应商之间的更多交易汇集在一个数字化平台上，从而构成复杂的相互交易关系。但是，无论交易关系多么复杂，总是可以根据交易品类性质的不同，分为以下几类：第一类是工程项目交易。这类交易在我国具有特殊性。《中华人民共和国招标投标法》（以下简称《招标投标法》）规定了必须招标的项目范围。这类项目的采购必须采用公开招标的方法来确定价格和供应商。第二类是企业生产经营过程中的采购。原材料、消耗品这类的采购是我们在本书中重点研究的内容，关系到企业产品供应链的总成本。这类物料直接通过企业生产转化为产品。第三类是非生产性采购，一般在企业经营中计入管理费用，主要包括办公用品和各类公共服务。由于上述三类项目具有不同的交易特性，因此形成了不同的市场和供应链。随着信息化和数字化的发展，这三类市场基本上实现了数字化交易。在数字化条件下，这三类市场的具体形态分别是电子招标投标平台、电子商务平台和电子商城。本书主要基于数字化市场讨论这三种市场的定价机制。

（一）招标投标市场定价机制：竞争定价

工程建设是一个古老的行业。尽管建筑业和公路、铁路、水利等土木工程行业的技术发展迅速，但总的来说，工程建设是一个竞争性很强的行业。

特别是对施工企业来说，只要设计明确，大部分企业都有能力承接。因此，工程施工队伍的选择主要采取招标投标的方式。一般来说，工程项目的建设都是在业主确定的地点进行，因此场地条件是确定的。同时，由于有前期设计的支持，工程项目的技术要求也是确定的。在这种条件明确的情况下，业主实际上是要通过竞争选择一个可以以最低价格实现项目目标的施工队伍。因此，招标投标的本质就是选择最低价者。通过公开条件、公开质量要求，面向不确定对象，选择中标人。这种竞争机制就是工程项目的定价机制。实际上，在这种机制下，竞争者报价的背后体现的是竞争者的技术能力、管理能力和实践经验。那种把报价与技术能力、管理能力以及实践经验并列，并以某种权重计算的评标方法，在逻辑上是不通的。按照供应链管理的思路，我们可以认为一个工程项目的报价，实际上综合体现了一个施工企业的供应链管理能力。报价体现的是该施工企业工程项目采购供应链总成本，并非业主支付的总成本。在这种情况下，对业主来说，需要确定的是界定招标采购的范围，在充分竞争的条件下取得最低价格。

随着招标采购数字化的发展，参与竞争的投标人数量越来越多，竞争也越来越充分。招标投标采购方式的应用范围也从工程项目扩展到通用物资的采购。然而，物资采购应用招标投标的采购方式与工程项目招标投标是不同的。工程项目招标是要获得一份价格确定的合同，锁定一个最低价；而物资采购招标则是要确定在一定期限内，特定物资的供应基价。基于此价，往往会出现两次交易的情况。由于物资集中采购存在不同地区的分发问题，运输以及风险因素往往不在价格范围之内，因而履约过程中还有很大的不确定性。

综合这两种情况，我们可以认为招标投标定价机制本质上是一种竞争性选择机制，是一种基于供应商能力的竞争定价机制。投标人通过展示自己的能力获得订单。在此之后，还存在较为复杂的履约过程，而履约情况才能真正检验供应商的能力。因此，招标投标所表达的仅仅是竞争过程，并没有表达竞争之后的履约情况。若履约存在问题，则在这之前的竞争是虚假的。这种方式我们一般称为固定价定价模式，是采购供应链定价的主导模式。

（二）生产经营采购市场的定价机制：谈判定价

生产经营采购市场是动态变化的，由于各种原因，需求端和供应端的价格都处于不断波动之中。为了稳定生产，供需双方经常需要确定一个阶段的不变价格。这个期限越长，不确定性就越大，双方的价格风险也就越大。因此，双方总是倾向于选择一个适当的不变价格期限。随着市场需求个性化时代的到来，用户对生产柔性的要求越来越高，不变价格、合同的期限更趋缩短，对供应链采购的弹性要求和协同能力也越来越高。这种情况下，价格确定就必然由竞争为主转向谈判协商为主。谈判定价是采购供应链的主要定价方式。谈判的方式有很多种。在采购供应链中，有采购才有供应。因此，谈判一般是由采购方发起的，并由采购方规定谈判的方式和程序。有关采购方式的选择，可参阅中国物流与采购联合会发布的《国有企业采购操作规范》（T/CFLP 0016—2023）。

谈判定价方式随着交易双方市场地位的变化而变化。当处于买方市场时，采购方倾向于主导市场，以询价、比选方式采购。当处于卖方市场时，尽管谈判仍然是由买方发起的，但卖方则处于相对强势的地位，谈判就需要以磋商和合作为主。

谈判定价的另一个特点是，谈判是在专业领域进行的，是多项条件下协商一致的结果。交易双方在谈判前对彼此进行了充分了解和研究，已经熟悉了对方的要求和条件。通过谈判，在追求各自利益的同时力求实现交易"双赢"，在动态变化的条件下建立长期稳定的合作，以追求供应链值的最大化。因此，对于长期合作的企业来说，谈判的结果往往是一个"定价机制"，即在供应链中供需关系变化时，交易双方的价格变化的条件以及变化的上限和下限。

（三）非生产性物资采购的定价机制：市场牌价

非生产性物资包括办公用品、劳保用品以及日常维修、维护所用的消耗品和各类小型工具等物品。这类物品具有较高的通用性，因此其供应就具有普遍性。这类物品往往形成特定的市场，在这个市场中，各厂商和品牌相互竞争，并在竞争中形成每种物品相对稳定的价格。从经济学上说，这种价格总体上是充分竞争的结果，这个价格就是市场牌价。单个用户很难影响市场牌价，即使用户采购数量较大时，所能给予的折扣也是有限的。

在数字化条件下，非生产性物资很容易受消费品电商的影响，按电商模式形成电子市场。这就是狭义的网上商城，或称为实时价模式的网上商城。

网上商城采购充分利用了互联网电商的模式。网上商城构建合规性，将电商市场的效率与企业的合规性要求相结合，把市场牌价引入企业供应链采购。在市场牌价产品的采购中，采购方的谈判能力不强，市场牌价产品在企业总的采购中占比就不大，对企业供应链绩效的影响也较弱。但网上商城的牌价采购为企业建立了一套采购履约系统的范本，这是网上商城对采购供应链的贡献。

五、以网上商城为中心的数字化采购供应链

网上商城把交易与履约统一在一个平台上，实质上形成了以网上商城为基础的企业数字化采购供应链。这个数字化采购供应链是由采购方建立的，起始于交易，但重点在于对交易之后的交付全过程进行监测、管理和协同。在交易阶段，无论是用招标方式、谈判方式，还是市场牌价方式，采购过程全部在网上商城进行，由此实现了交易的数字化。通过数字化交易，实质上构建起了一个企业的数字化采购供应链。在交易的基础上，把全部采购履约过程置于网上商城的监督之下，使交易构建的数字化采购供应链通过履约得以落实。同时，采购交易和履约的数据全部通过网上商城记录。由此，每一次采购从缔约到履约构成了一个完整的闭环，能够对每项采购的绩效进行评估，进而评价每个供应商的供应绩效和采购人的能力。这样，本章前述的采购供应链的全链条、全品类、全生命周期的动态评价就得以实现。同时，这个数字化采购供应链成为实际采购供应链的映射，动态反映其全貌。当企业将总体战略要求输入数字化采购供应链时，采购供应链就能做出相应调整，进而引导全体供应商的合作与协同。

因此，企业在建成采购供应链之后，要使采购供应链高效运行，在供应端也必须做出相应的变革。这个变革就是供应商要从单一供应产品向供应商

服务转变。在采购供应链数字化、弹性化的同时，必然伴随着供应商的数字化和服务化，这也是本书重点研究供应商服务的原因。

案例一：中交集团"交建云商"的供应商管理

中国交通建设集团有限公司（以下简称"中国交建"）的采购和供应链管理在中央企业中名列前茅，其供应链管理绩效也有目共睹。2023 年，中国交建在国务院国资委经营业绩考核中连续 18 年获得 A 级荣誉。中国交建云商电子商务平台（以下简称"交建云商"）是中国交建在"互联网+"时代打造的面向工程施工行业的 B2B 电子商务平台，是中国交建非生产性货物及服务集采的实施平台。其供应商管理很有特色，也很有效，对企业建立供应商服务体系具有重要的参考作用。

中国交建是全球领先的特大型基础设施综合服务商，主要从事交通基础设施的投资建设运营、装备制造、房地产及城市综合开发等，为客户提供投资融资、咨询规划、设计建造、管理运营等一揽子解决方案和一体化服务。中国交建在香港、上海两地上市，有 60 多家全资、控股子公司，集团盈利能力和价值创造能力在全球同行中处于领先地位。2023 年，中国交建居《财富》世界 500 强企业第 63 位；在国务院国资委经营业绩考核中连续 18 年获得 A 级荣誉。目前，中国交建是世界最大的港口设计建设公司、世界最大的公路与桥梁设计建设公司、世界最大的疏浚公司、世界最大的集装箱起重机制造公司、世界最大的海上石油钻井平台设计公司；是中国最大的国际工程承包公司、中国最大的高速公路投资商。

中国交通信息科技集团有限公司（以下简称"信科集团"）成立于 2018 年，是中国交建围绕"创新、转型、管控"主题，在原中国交通信息中心基础上重组改革、全资设立的专业子集团，注册资本 20.6 亿元。信科集团为国企改革"双百行动"企业，拥有专业从事信息化员工 800 余人，承担国家、行业、集团各类信息化项目 2000 余项。

中交（厦门）电子商务有限公司（以下简称"电商公司"）是中国交建所

属的信科集团下的子公司，按照"平台化建设、产业化发展"的思路，以技术能力为核心，逐步拓展内部、外部两个市场，支撑中国交建的数字化转型，致力于打造成为建筑施工行业的供应链综合服务商。电商公司依托中国交建产业链优势，结合新型互联网技术支撑，打造了中国交建云商电子商务平台。基于平台强大的中台技术能力和综合运营能力，立足电商总体定位，面向产业链上下游及行业企业提供供应链综合服务，共享央企集采成果。

（一）交建云商功能介绍

交建云商是中国交建在"互联网+"时代打造的面向工程施工行业的B2B电子商务平台，是中国交建非生产性货物及服务集采的实施平台。平台围绕"彰显集采效益的价值平台、精细化管理的操作平台、新生态模式的创新平台"的总体定位，构建了电子超市、工程辅材、工程劳务分包、差旅服务、福利采购、供应链金融等业务专区，实现企业采购成本的"一站式"管控。

1. 交建云商——电子超市

交建云商——电子超市是办公用品、办公设备的一站式采购平台。平台整合源头厂商、品牌代理商、综合性服务商等超万家，覆盖办公电器、文具用品、办公设备、生活电器、办公家具等商品品类共计132万余种，按照"一个平台，多个场景"的业务模式，涵盖零星、批量及定制化采购等多种采购场景，通过订单采购的方式，支撑企业办公物资的在线采购，解决企业"单笔金额小、采购批次多、商品品类杂、现场需用急"的采购痛点，为企业提供办公用品整体采购解决方案，提升企业采购效率，打造企业随时随地"采、查、办"的一站式采购平台。

2. 交建云商——工程辅材专区

交建云商——工程辅材专区是以工程项目所需零星材料为主要销售商品，为采购单位量身打造的线上零星物资采购专区。精选20大类、700余个小类、6000余个物资种类、42万余SKU，实现了工程辅材常用商品的全覆盖；支持订单式、询价式等采购方式，选品、采购、对账、结算、售后等全流程在线交易，实现源头集采、统一结算，为企业提供一站式采购服务。

创新区域联采模式，以提高整体供应链管理能力为目标，运用平台数字化技术能力，联合同地域范围内多个企业的共同采购需求，通过建立采购同盟，发挥规模采购优势，帮助企业解决"零散""应急""小额""高频"等工程辅材的采购痛点，提高采购效率，降低各交易环节成本，实现供应链共赢。

3. 交建云商——福利采购专区

交建云商——福利采购专区致力于为员工谋福利，提升员工归属感。为满足中国交建20余万名员工对福利发放形式与内容的多样化、个性化需求，平台围绕员工工作与生活场景，提供一站式福利发放平台。平台涵盖19大品类、76个大众品牌、10万余种优质商品，基本覆盖大众日常生活的方方面面，可满足员工劳保、节日福利、员工生日福利、员工激励等应用场景。

4. 交建云商——服务保障

交建云商建立了全链条的商品供应保障体系，确保平台商品能按时供应，满足生产和生活需要。建立了覆盖全国的营销网络，构建全国级、区域级、属地级三级供应网络体系，深度挖掘供应链核心价值，聚焦有效供给，甄选优质产品、服务、物流、仓储等供应资源，整合产品、服务、物流、仓储等资源，为客户提供线下落地服务支持，快速响应客户需求，持续加强平台质量管理和价格管控，为客户提供多品类、高质量产品。

（二）交建云商的供应商管理

交建云商的供应商管理将为公司提供货物类产品，包括办公用品、办公设备、工业品、福利品等，并将其制造商、代理商、经销商和平台类供应商等纳入统一的供应商管理制度。由市场营销中心负责公司货物供应商的归口管理，并与公司综合管理部、财务资金部，以及各业务部门等协同建立了比较完善的公司供应商管理体系和供应商网络。工作内容包括公司供应商网络体系建设；制定运行绩效评价体系，对供应商进行考核及动态调整；加强供应商黑名单和重点关注名单的管理；组织供应商管理培训工作；建立供应商长效沟通机制，提升合作效率。

1. 交建云商建立供应商网络体系

供应商通过交建云商进行注册入网，按要求提交法律主体资格、生产经营资质、合作信息等相关资料，并在线签署《供应商商业道德协议》。

公司市场营销中心对各业务条线下的供应商实行准入审核，审核内容包括供应商的资质、生产经营能力、商业信誉等。待各业务部门完成信科集团综合业务平台供应商审批流程后，通过审核的供应商方可进入公司供应商网络。

各业务部门可推荐优质的供应商进入公司供应商网络，由市场营销中心按照准入标准进行审核。各业务部门对其引入的供应商进行尽职调查及真实性验证，形成《供应商合规尽职调查问卷》，并要求供应商学习和签署《供应商合规承诺函》。公司将供应商分为优质供应商、合格供应商两种类型，并通过新增入网、淘汰退出、进入黑名单及网络内类型调整等措施持续对供应商网络进行动态优化。

（1）优质供应商。

公司优质供应商是经过供应商考核评价，从绩效表现优秀的合格供应商中产生的。公司在下一年度将优先考虑与年度优秀供应商进行合作。年度优秀供应商是公司授予供应商的年度最高荣誉称号，其名单会在交建云商平台上公布。

（2）合格供应商。

公司合格供应商是指符合供应商网络准入条件，由公司各业务部门通过开发、招募等方式产生的供应商群体。此类供应商构成公司供应商网络的主体。

2. 交建云商建立供应商的评价与考核体系

公司通过交建云商实现对供应商的评价与管理。供应商的评价包含日常评价和年度评价。

（1）日常评价。

在每笔订单完成验收后，采购单位按照日常评价标准对供应商进行即时评价。日常评价结果关乎年度评价结果。

（2）年度评价。

市场营销中心负责组织各部门按照年终评价指标对各业务条线下的供应商进行年终考核与评价，并对供应商日常评价和年终评价结果进行汇总、整理及分析，最终确定供应商年度评价得分。报公司审核通过后，在交建云商平台公布年度评价结果。

市场营销中心依据年度评价结果，制定供应商评价报告，上报公司审核后，对供应商进行分类管理、动态更新，以及冻结和退出管理。合格供应商中，年度评价分数高于90分的升级为优质供应商，低于60分的将退出公司供应商网络；优质供应商中，年度评价分数在80分以下或当年度未与公司发生合作关系（含未产生交易）的降级为合格供应商，低于60分的将退出公司供应商网络。

公司对连续两年及以上未登录的供应商或达到冻结处罚标准的供应商实行冻结管理，供应商在交建云商平台的登录账号将被冻结。被冻结的供应商在冻结期内禁止参与公司新的采购活动；在冻结期满后若需重新进入供应商网络的，须提交入网申请和整改报告，经公司考查、审核通过后，方可恢复原层级。

符合以下情形的供应商，公司实行退出管理：①不再符合当年度公司供应商网络准入标准的；②由于产品质量被国家行业部门及省级以上政府部门通报的；③提供的产品在国家明令淘汰或禁止使用的产品目录中的；④出现不良合作记录或重大合作纠纷，并对公司生产经营造成重大影响的；⑤年度评价分数低于60分的；⑥被国家相关部门列入失信人名单的；⑦五年未登录系统的供应商；⑧出现合规风险的供应商；⑨被中国交建、信科集团列入黑名单的供应商。

被退出的供应商将被关闭其在交建云商的账号，同时标注其退出原因并限制其再次注册申请。供应商在被退出两年后，可重新履行准入审核程序，审核通过后，方可进入公司供应商网络。

3. 供应商黑名单和重点关注名单的管理

公司依据不同失信事实及造成的影响等因素，将供应商分别列入黑名单和重点关注名单。其中，黑名单是指依据法律法规及公司规定，认定并发布的严重失信供应商名单；重点关注名单是指存在违法违规失信情节，但尚未达到黑名单标准的供应商名单。黑名单和重点关注名单分为集团级（中国交建）、二级单位（信科集团）及三级单位（电商公司）三个层级。

4. 交建云商与供应商建立长效沟通机制

公司通过建立健全科学有效的沟通机制，与供应商建立长久、紧密的合作伙伴关系。定期召开与供应商的沟通会议，通过电话/视频会议、现场访谈、供应商交流会等形式不断密切与供应商的合作关系，梳理合作问题，寻求解决方案，进一步深化合作，拓宽合作广度。同时，公司建立实时沟通反馈机制，各相关业务部门收集汇总问题并在 15 个工作日内将问题处理进程或结果汇总后反馈至市场营销中心，根据问题复杂程度，必要时可邀请供应商当面进行沟通和解决。

（案例作者：张军，中国交通建设集团有限公司供应链管理部副总经理）

案例二：云汉芯城的履约服务

云汉芯城（上海）互联网科技股份有限公司（以下简称"云汉芯城"）是我国电子元器件领域著名的平台型供应商。多年来，云汉芯城专注于电子元器件供应链的建设，具备以智慧报关、品控管理、智能物流为中心的订单履约服务能力，在具有高度产品复杂性、交付时间敏感性和合规性要求的电子元器件领域开创了一条供应链数字化之路。数字化供应链对接国有企业 ERP 系统，将极大提升国有企业的采购效率，为国有企业技术创新和产品创新提供支撑。

云汉芯城作为电子元器件供应链数字化、标准化的践行者，积极完善产业供应链服务。深圳订单履约中心立足于智慧报关、严格品控、智能物流三大核心功能，为客户提供效率高、品质优、响应快的供应链增值服务，致力于提升客户采购体验，赋能行业整体提效。

（一）智慧报关：1 小时通关，3 小时到仓

在进出口物料方面，云汉芯城打造了数字化报关功能，并获得了海关 AEO 高级认证①。同时，多年的关务业务实践也让云汉芯城积累了涵盖海关归类规则

---

① AEO（Authorized Economic Operator，经认证的经营者）高级认证在世界海关组织（WCO）制定的《全球贸易安全与便利标准框架》中被定义为：以任何一种方式参与货物国际流通，并被海关当局认定符合世界海关组织或相应供应链安全标准的一方。

数据库、海关商品归类数据库、关务品牌数据库、商品基础参数数据库、商品净重数据库、商品价格数据库六大关务数据库的数据。目前，云汉芯城数据库积累的数据已达百万条。在庞大数据库的支撑下，商城的销售订单可进行预归类处理，日常报关型号可直接匹配归类数据，节省了归类的时间。目前，云汉芯城的海关商品归类数据库匹配率可达96%，实现了日均报关5000个型号。

除基本数据库之外，云汉芯城还能够提供完整的报关服务。在软件方面，系统自主研发了进出口ERP系统，实现了报关自动化数据流转和系统自主监控。操作人员仅需设置审单风险控制规则，系统即可全程自动完成数据流转、数据校验、单证生成、单一窗口申报等工作，全程无须人工介入操作，大大提高了海关申报的数据准确性。此外，系统还实现对通关状态的实时监控。在通关过程中，一旦遇到查验、挂起等异常情况，系统会第一时间预警并通知关务人员，确保问题能够及时处理。

当前，云汉芯城百万级关务数据库助力对销售订单进行预归类处理，日均报关5000个型号，若运用预归类处理只归类200个型号，时效是原先的25倍。

同时，云汉芯城全资子公司广州芯云智慧科技有限公司已获得了海关AEO高级认证，通过此认证，云汉芯城既能充分享受中国海关监管便利措施，也能在互认国家海关享受高信用待遇，通关能力得到大幅提升。此外，香港、广州关务双通道还实现了通关双保险。

在关务大数据库、智能管理系统、人工智能以及专业业务能力的支持下，云汉芯城进口货物最快可实现1小时通关、3小时到仓，进出口关务能力大幅提升。

（二）数字化智能物流体系：2小时现货发出

在元器件采购中，平台配送速度往往是仅次于商品质量的考量指标。为了满足客户对配送保准保快的需求，云汉芯城在自建仓2万平方米仓储空间的基础上，通过自研SRM（供应商关系管理）系统、采用自动化分拣设备，以及一系列软硬件的升级，实现商品签收、发货、收货全流程的自动化、智能化、标准化，为用户提供云仓现货2小时发货的便利服务。每季度入库量超过80万项次，发货量超过60万项次。

在数字化软件应用方面，云汉芯城通过自主研发的 SRM 系统，实现报价、接单、交期确认、交货条码标签打印、电子送货单生成、发货信息同步、对账结算等环节的在线协同。云汉芯城将自动分拣系统与订单管理系统对接，做到分拣零误差，还可按照不同客户、订单、包装、型号、区域、时段等维度实现货物按需分拣，并可优先将已集货完成的订单物料进行发货，即到即走，满足客户对时效的要求。

在智能化硬件设备方面，云汉芯城开发应用智能系统与数字化工具，实现了全流程自动化，有效提高了商品的周转效率和交付速度。比如，当货物进入云汉芯城的仓库后，会使用自动贴标机给物料贴上独一无二的身份信息，这样可以实时掌握物料的状态；在备货出库环节，云汉芯城自主研发了亮灯货架系统和智能点料机，可通过亮灯的形式精准锁定货物位置，既提高了人工效率，也保障了出库准确率。

与其他行业相比，电子元器件供应链的数字化物流管理有特殊之处。传统仓储自动化、智能化程度较低，大多只能依赖人工管理，耗时耗力，因此商品出入库错误率也相对较高。当前，仓库作业与库存管理作业日渐复杂化，涉及的内容也丰富多样，传统方式显然已无法满足企业对资源高效利用的要求，严重时还会影响企业在市场的整体竞争力。

纵观电子行业的仓储管理，其内容涵盖电子元器件产品的库存、销售、订单、供应商管理等多个环节，内容宽泛，管理视角多维且精细化。然而，目前的仓储运行中仍面临许多挑战。一方面，对于尚未入库的元器件产品，订单的收货依靠人工经验，方式单一。针对大批量、多频次、多规格的订单客户，如何在保证货物流转的同时满足客户的生产需求，减少库存呆滞或积压风险，是仓储管理亟待突破的重点。另一方面，对于在库的元器件，由于产品本身的特殊性，规格多、难区分、不易找，在库管理难度较大。同时，缺乏高效的数字化手段，导致人工管理耗时耗力，且数据追溯困难。

结合电子元器件交易行业的特殊性，云汉芯城凭借多年的经验，提出了针对性的解决方案。

1. 针对高度复杂性

电子元器件供应链中产品种类繁多，涵盖各种规格、品牌和型号，而且产品使用环境非常复杂，需要考虑温度、湿度和振动等多重因素。因此，数字化仓储物流管理必须具备强大的数据管理能力，以确保库存的精确性和准确性。

云汉芯城从二十多年积累的数据资源中提炼出标准化数据，拥有元器件产品信息数据库、替代关系数据库、元器件生产数据库、元器件商品信息数据库以及元器件进口、物流、仓储、质检信息数据库等数据资产，为供应链数字化创新升级提供了强有力的数据基础。

2. 针对时间敏感性

由于电子元器件的更新速度非常快，供应链的时间敏感性很高，任何延迟都可能导致生产停滞或生产线停机，从而造成巨大的损失。因此，数字化仓储物流管理需要具备实时数据处理能力，以便快速响应市场需求。

云汉芯城将自动分拣系统与订单管理系统对接，实现分拣零误差，还可根据客户订单、包装、型号、区域、时段等多维度需求实现货物按需分拣，并可优先将已集货完成的订单物料进行发货，即到即走，为客户提供现货2小时发货的极致体验。

3. 针对稳固的供应关系

电子元器件供应链涉及的供应商非常多，并且通常位于全球不同地区。因此，数字化仓储物流管理需要具备良好的供应商管理能力，以确保高效的采购和交付。

云汉芯城拥有覆盖全球的物料渠道，平台合作厂牌数超17000家。通过有效整合关务数据库及智能化管理系统等数字化工具，报关速度大幅提升，时效提高了25倍，进口货物最快1小时通关，3小时到仓。

4. 针对高度合规性

电子元器件供应链中涉及许多知识产权和质量标准的问题，因此数字化仓储物流管理需要具备高度的合规性，以确保符合各种行业标准和法规要求，例如RoHS（有害物质的限制）、REACH（化学品的注册、评估、授权和限制）等环境指令。

云汉芯城数据库信息涵盖了厂牌、型号、参数、封装、是否符合RoHS环境指令等多项参数，能为客户推荐更优质的采购方案。

（三）数字化品控：100%原厂正品

在电子制造领域，质量是一切产品的基础。电子元器件作为电子产品最基本的组成单元，其质量水平直接影响整个系统的稳定性和可靠性。随着全球电子终端产品制造产业不断向中国转移，国内不断涌现出各类中小型研发、生产企业，以及新行业、新需求，对元器件的需求越来越细分化和碎片化，这些都对元器件采购的质量和效率提出了新的挑战。

由于元器件品目类型多、技术含量高且检验难度大，元器件市场一直存在品质检验难、采购风险大等问题。如今，面临"芯荒"等不稳定因素，元器件采购难度进一步加剧，尤其是中小企业面临诸多挑战。一方面，大平台难以兼顾小企业的小批量需求；另一方面，缺乏技术手段检测元器件品质，在市场中面临以次充好的风险。

为解决中小企业对物料品质的担忧，云汉芯城建立了完善的原厂供应渠道、可靠的供应链及严苛的品控体系，走出了一条高效的数字化质检道路。在帮助中小企业去伪存真的同时，也通过数字化手段赋能整个产业供应链，提高了流通效率，进而推动中国电子制造业的高质量发展。为保障电子元器件的供给品质，云汉芯城除了严格规范供应商渠道，还在深圳专门成立了汉云品质检测中心，建立"基础检测+外观视觉检测+实验室检测"三级检测的质量管理体系，严格管控来料品质。目前，汉云品质检测中心已顺利通过中国合格评定国家认可委员会（CNAS）[①] 认证，所出具的检测结果也获得全球100多个国家和地区的承认。

汉云品质检测中心引入 ISO/IEC 17025：2017 现代化实验室管理体系和能力要求，并配备超 40 人的专业质检团队和超 70 台专业检验检测设备，旨在提高行业优质管理和优质技术水平，打造优质服务能力，严格保障每一颗物料达到 100%原厂正品。

汉云品质检测中心的专业仪器包括 X-Ray（X 射线）检测仪、高倍光学显微镜、金相磨抛机、LCR（电感、电容、电阻）数字电桥等多种设备。其

---

① 中国合格评定国家认可委员会（CNAS）是由国家认证认可监督管理委员会批准设立并授权的国家认可机构，也是目前国内唯一有资格颁发国家认可实验室的机构。通过 CNAS 认可的检测机构，可得到国际认可论坛（IAF）、国际实验室认可合作组织（ILAC）等国际组织的互认。

中，X-Ray 检测仪能穿透芯片成像，清晰呈现芯片内部结构、工艺参数以及封装缺陷等问题，还不会损伤芯片；高倍光学显微镜常用于芯片外观检测，能够检查芯片的共面性、表面印刷、器件本体和引脚，是判断芯片是否翻新的重要工具；金相磨抛机是样品处理的重要设备，主要用于后续的观察与检测；LCR 数字电桥主要用于进行电性能或关键参数功能测试，以判断产品是否符合规格要求。

为减少人工判断的主观性，云汉芯城着力提升数字化能力，搭建了原厂标签数据库、产品信息数据库、丝印数据库和晶圆数据库四大数据库，并结合数字化质检系统，可以快速拦截异常物料。同时，依托百万量级的品质数据库与数字化质检系统，其质检能力全面覆盖型号丝印比对、原标签真伪识别、包装细节核查、翻新鉴定、产品一致性确认、晶圆细节特征等 7 大质检模块的 31 个项目，年处理器件近百万批，能有效满足客户不断增长的需求。

云汉芯城还与知名研究机构联合开发了人工智能识别系统，以数据库积累的原厂数据为标准，通过智能算法，将数据库和来料实物的图形、图像信息解析成相应数据，进行比对和检验，能够准确快速地识别翻新、贴牌类异常。智能化检验替代了传统的人工测量和对比检测流程，降低了人为失误率，进一步确保了质量零异常。

未来，云汉芯城将持续践行"为用户创造价值"的理念，不断强化自主创新能力，严格提升品控标准，以高水平检验检测服务确保产品的高品质，从而更好地为客户服务，助推行业高质量发展。

[案例作者：张明川，云汉芯城（上海）互联网科技股份有限公司副总经理]

第四章

供应商服务框架

网上商城供应商是数字化时代产生的新型供应商群体，其特点是：网上商城供应商与采购人的交易和履约过程基本上是在数字化环境中进行的，并且受到网上商城技术平台的监测和记录。基于此，网上商城供应商与网上商城及相关采购人通过数字网络形成了更为密切的合作关系，进而形成数字化供应链。因此，网上商城供应商与采购人之间的供应关系更稳定、长久、敏捷且高效。网上商城供应商也由此从传统供应商转变成了数字化的高效供应商。为实现这种转变，供应商必须满足一系列基本要求。本章将基于《国有企业网上商城供应商服务规范》介绍这些基本要求，并深入阐述与之相关的供应商服务框架和供应商履约信息系统。

一、关于供应商服务的基本要求

2021 年 9 月实施的《国有企业网上商城采购交易操作规范》明确了国有企业网上商城采购交易场景模型。依据这个模型，网上商城供应商的选择和准入是在网上商城之外进行的，由网上商城管理部门负责。因此，网上商城并不是对所有企业开放的，供应商需要经过准入过程。2024 年 5 月发布的《国有企业网上商城供应商服务规范》所提出的供应商服务基本要求实际上是供应商准入的最低要求。

4　基本要求

4.1　供应商应建立履约流程规范，按国有企业网上商城（以下简称"网上商城"）准入协议和采购人订单要求提供服务。

4.2　供应商服务内容应包括制订履约计划、交付、售后服务、风险控制、数据管理、评价与改进。

4.3　供应商应建立履约信息系统，对履约全过程的数据进行记录，并按网上商城要求提供和交互数据。

4.4　供应商在网上商城的操作应满足 T/CFLP 0030—2021 中第 6 章的要求。

以上要求的基本逻辑如下：第一，供应商加入网上商城的依据是准入协议，而履约的依据是订单。第二，供应商加入网上商城后，即可参加网上商城的交易活动。在交易活动过程中，供应商的操作应遵守《国有企业网上商城采购交易操作规范》第 6 章的规定；获取订单后的履约过程应遵守规范规定的供应商服务流程。第三，供应商服务应遵守履约流程规范。供应商服务由一系列服务活动构成，包括制订履约计划、交付、售后服务、风险控制、数据管理和评价与改进，每一项服务活动都有一个流程规范，以确保其目标的达成。这些服务活动和流程规范共同体现了供应商的服务能力。因此，流程规范也是供应商服务能力的体现。第四，供应商服务的所有活动和流程规范应当依托一个供应商履约系统实现。

在《网上商城采购理论与实践》一书中，重点对上文中的第一个和第二个问题进行了阐述。在本书中，我们将主要阐述第三个和第四个问题。前两个问题涉及交易环节，后两个问题涉及履约环节。供应商履约由一系列服务活动构成，这些服务活动的总称即供应商服务。每一个服务活动都由确定的流程规范进行管理，流程规范包括 5 个基本要素，即组织制度、工作程序、资源匹配、数据记录和系统支持。这样，供应商服务活动与流程规范要素就构成了一个供应商服务能力矩阵，如表 4-1 所示。

表 4-1　　　　　　　　　供应商服务能力矩阵

供应商服务活动	流程规范要素				
	组织制度	工作程序	资源匹配	数据记录	系统支持
订单计划管理					
交付过程管理					
质量与售后服务					
风险控制					
协同与数据管理					

供应商通过建立供应商服务能力矩阵，实际上构建了覆盖订单计划管理、交付过程管理、质量与售后服务、风险控制和协同与数据管理不同服务活动的履约全流程管理体系，从而确保完美履约和优质服务。在数字化条件下，供应商服务能力矩阵可以转化为供应商履约信息系统，对每一个服务活动的流程规范要素进行记录、检测、评价和优化。

供应商服务能力矩阵是《国有企业网上商城供应商服务规范》的核心内容，将在后文中展开阐述。该规范的全部条款都是依据供应商服务能力矩阵展开的，理解了供应商服务能力矩阵，也就理解了《国有企业网上商城供应商服务规范》。供应商按照供应商服务能力矩阵建立供应商服务系统，对履约全过程进行记录和监督，与网上商城技术平台对接交互。这不仅可以规范供应商内部各环节的操作，确保完美交付，还能使供应商与网上商城及采购方建立长期稳定的合作关系，形成稳定可靠的数字化供应链。对网上商城和采购人来说，供应商服务能力矩阵和履约信息系统的建立，意味着围绕网上商城形成了一个网络形态的供应服务链，这将大大增强采购供应链的安全性和韧性。

二、供应商服务能力发展史

传统的采购理论从根本上说是不关心供应商的，这一点可以从传统采购方式中得到证明。以招标投标采购为例，招标采购是以采购人的招标方案为基础的。在公开招标中，招标面向的是不特定对象。在大部分情况下，采购人不对投标人做尽职调查，只关注供应商提交的投标文件是否符合招标文件的要求。在我国，许多电子招标投标平台和招标代理公司尽管做了大量的招标投标项目，但对投标人的实际情况知之甚少。对于通过市场牌价采购的采购人来说，其主要关注的是产品本身，很少深究供应商的情况。只有在进行项目采购谈判时，采购人才会关注一些供应商的情况，即便如此，评估供应商能力的方法也缺乏科学性和完备性。

分析国内外相关的采购资料可以看出，对供应商的研究在理论层面是欠缺的。可以说，迄今为止，尚未形成完整的供应商理论。在传统的单品采购的情况之下，这种状况还有一定的合理性，因为采购方主要关心所采购产品的价格、质量和交付期，而供应商本身往往会被忽视。然而，随着企业采购转向供应链采购，以及企业生产经营从大规模标准化生产转向个性化小批量生产，采购的关注点必然要从产品转向供应商服务能力。因此，为了配合供应链采购理论，就必然要建立一套与供应链采购相适应的供应商服务理论。《国有企业网上商城供应商服务规范》就是这种努力的尝试。

从采购供应链的角度来看，供应商是采购供应链的基本单元。任何一个产品的采购供应链都是由一系列相互关联的供应商构成的。采购人通过交易合同把这些供应商联系在一起，共同完成采购人设定的目标。表面上看，供应商是通过其交易的产品形成供应链的，而实际上并非如此。如今，采购供应链实质上是由一系列供应商服务构成的，仅靠产品本身无法形成完整的供应链。一系列由供应商服务构成的服务链才能形成采购供应链。在这种情况下，产品或商品只是服务的一种表现形式。这是本书的一个基本观点。

基于这种认识，对供应商服务能力的研究就成为理解供应商服务和采购供应链的基本和关键。

（一）供应商管理理论

对于大部分企业而言，其生产源于订单。当订单确定之后，企业采购备料、生产出产品并交付给客户。在这样的生产流程中，企业主要在现货市场进行采购。选中所需物料后，企业一次性采购完毕并存放在仓库中备用。这时候，企业在采购中主要关注物料的质量和价格，而并不关注生产厂商是谁以及生产厂商的经营状况如何。因此，供应商对企业生产经营活动没有直接影响。实际上，这种状况也是各类现货商品市场形成的基础。在现货市场中，交易方式简单直接：一手交钱，一手交货，每个厂商都以其产品赢得客户。

然而，现货市场的效率是很低的。厂商在生产之前并不知道客户是谁，只能先生产后销售，这必然导致大量商品积压在库，企业资金周转时间变长。对于买方来说，他们需要先采购足够多的物料并存放在仓库中备用，通过生产逐步消耗库存，再通过产品销售回收采购费用。因此，对于采购方来说效率也很低。供需双方都有大量的原材料和成品积压在仓库中，占用大量资金。

随着竞争的加剧，大多数厂商认识到，减少仓储成本是降低成本的重要方法。因此，分期采购成为减少库存的途径。然而，分期采购带来了新的问题。一方面，不同批次物料质量的一致性问题难以保证；另一方面，分期采购导致每次采购批量减少，采购价格提高，从而产生库存成本与价格成本难以平衡的问题。若价格提高产生的成本增加高于库存成本的减少，则分期采购反而会增加生产风险，得不偿失。为了在节约库存成本的同时不提高采购价格，采购方必须承诺分期采购的总量，以维持供应商的大规模生产。此时，采购方就不得不关注供应商的生产过程，确保供应商能够分期交货，避免因为供应商交付延误而影响生产。因此，采购方要求供应商提供交付保证，开始注重对供应商的行为进行管理。由此，产生了最初的供应商理论，即供应商管理理论。

供应商管理理论的特点主要包括以下几点。

第一，从保证采购方的利益出发，以履约管理为重点。采购方把供应商作为管理对象，对已经确立交易关系的供应商进行分类管理。以履约为重点，对供应商的产品质量、交货期进行跟踪监督，适时催货。每年对供应商的绩效进行评价和分级，对不合格的供应商进行淘汰，对绩效好的供应商进行奖励。

第二，基于竞争原则选择供应商。采购方在选择供应商时，应让供应商之间进行充分竞争，以获得最优价格。随着《招标投标法》的推行，这种做法在政府和企业采购中已成为基本要求，得到普遍认同。

第三，最大限度地把仓储成本和运输成本转嫁给供应商。采购方通过大批量采购、分期小批量送货的方式，减少了自身的仓储成本，迫使供应商不得不在采购方周边建立仓库，或者增加运输量。

支撑这种供应商管理机制的基本理论是：供应是无限充足的，供应商处于被动地位，完全听命于采购方。从这个意义上讲，上述供应商管理模式在低技术市场中是完备的。在低技术市场，几乎任何人都可以组建一家企业来提供产品，因此供应充足且竞争激烈。在这种竞争中，低价就是核心竞争力，供应商处于完全弱势状态，以采购人的意志为自己的行为准则。实际上，采购人本身也是低技术产品的生产商，也处于这种竞争之中。

从另一个层面来说，以低技术、低成本为基础的供应商管理本质上是排斥创新的。当一个供应商拥有独特的技术时，往往不愿意与低技术供应商为伍，去参与竞争，而是会凭借其技术优势获得更高利润，这是创新的经济规律所决定的。在这种情况下，拥有独特技术和产品的供应商不会接受采购企业的"管理"，反而会凭借其技术优势"管理"客户，甚至反过来选择和评价客户。这就是传统供应商管理面临的现实困境。对于小企业来说，这种困境会使它们迅速调整自己，改变与供应商的处事方式，从而适应创新趋势。然而，对于大中型企业，特别是国有大中型企业来说，调整已有的供应商管理制度就很困难。大多数情况下，即使它们认识到并实际面临了这样的困境，也难以推动企业制度的变革。若这样的情况持续下去，企业的创新活力将逐渐消失。这种现象不仅在中国存在，在国际上也普遍存在，这就是所谓的"大企业病"。

"大企业病"的终极形态就是行政垄断企业。当一个领域只能由某家企业经营，而其他企业不能进入时，这个领域就成了行政垄断领域，这家垄断企业可能会做得很大。当这家企业追求利润时，它只能通过压榨供应商来获得利润。因此，供应商管理也就成了其必选项。

（二）供应商合作伙伴关系理论

20世纪40年代至80年代，大规模生产基本上达到了顶峰。在此之后，创新成为企业竞争的主战场。特别是随着计算机技术的发展，通信技术、网络技术以及相关制造领域发生了根本性变化。从技术角度看，企业的创新依赖于供应商的创新，企业经营与业务模式的创新也离不开相应供应商的配合与协同。在这个意义上，供应链成为企业竞争的基础，企业竞争本质上转变为供应链的竞争。每一个企业都是供应链网络中的一个环节，企业之间的关系也从纯粹的竞争关系转化为既竞争又合作的"竞合"关系。因此，就企业采购来说，再也不能把供应商视为严重同质化、仅通过价格竞争获取订单的产品提供者，而必须把供应商当成平等的、具有创新能力、为企业提供竞争力的合作伙伴。在这种背景下，企业与供应商的关系日益复杂，处理供应商关系就成为企业建立供应链长期合作网络、提升竞争力的最重要的业务内容。

美国供应管理协会（ISM）最早给出了供应商合作伙伴关系的定义。供应商合作伙伴关系是指共同合作以获取双方的相互利益、共享信息并共负盈亏的一种长期承诺。这种合作伙伴关系的维系需要清楚了解对方的期望，畅通信息交流与沟通，相互信任及对于未来有共同奋斗目标。这种关系的建立，是一种不涉及建立合法合作组织的商业合作活动。从上述定义中，我们对供应商合作伙伴关系的概念有以下的认识。

第一，供应商合作伙伴关系是一种企业间的基于契约的合作关系，双方是独立的。这种合作不涉及各级组织机构的变化，不涉及企业与合作伙伴的合并，甚至也不谋求建立联盟。只有这样，才能实现真正的合作，不存在领导与被领导的关系。

第二，合作伙伴关系建立在一个共同目标的基础上，供应商与采购方愿意为实现这一目标而共同努力。这种共同目标往往是在新技术基础上共同发展一个产业。一般来说，合作伙伴会基于产业目标对技术进行模块化设计，并建立模块间的技术标准。各合作伙伴基于模块分工进行技术开发和模块生产，然后基于技术标准进行总装，形成最终产品。在此过程中，每个模块的生产技术是相对独立的，允许不同技术生产相同的模块，还允许不同技术进行竞争。这种在共同目标下基于技术分工形成的供应商合作伙伴关系，使每个厂商本质上都是供应商。在推动产业发展的过程中，供应商之间基于共同目标和共同标准，既相互合作又相互竞争，共同开创并推动一个新兴产业不断成熟。许多新兴产业的发展都经历了这一过程，如现代计算机产业、通信产业以及互联网产业等。

第三，合作伙伴之间的信息共享、风险共担和利益共享。在标准化、模块化的条件下，信息共享具有独特的含义，其本质上就是共享标准。只要按照共同的标准进行产品设计，就能确保各个模块之间可以兼容。因此，标准设计就变得十分重要。所谓信息共享是指合作伙伴间的标准共享，而并非任何信息都可以共享。风险共担也是在标准设计时就已经规定的，各方要承担各自模块的风险。一旦某个模块出现问题，模块生产者要承担其风险。如果项目整体失败了，本质上也是损失了与模块相关的利益。利益共享也是如此，当项目成功时，所有参与者通过自己所承担的模块分享利润。对于这种基于标准化的合作伙伴模式，许多人常常基于企业内部合作或者投资共建的逻辑进行理解，但这并不符合伙伴关系的含义。

第四，合作伙伴关系是一种长期的相互承诺。如前所述，供应商合作伙伴关系是基于技术分工形成的采购关系。在此基础上，合作伙伴扮演着不同的专业角色。为了扮好这个角色，每个合作伙伴需要进行相应的投资，包括技术研发和管理流程建设。因此，这种合作伙伴关系应是一种长期的承诺。这种承诺并没有互相的担保，而是自愿承担风险的。这种无担保的风险承担唯一可依托的是合作伙伴之间的信任。这种基于信任的合作正是供应商合作伙伴关系与传统竞争关系的最大不同，也是许多企业难以理解的地方。实际上，在任何时候，任何国家、任何企业，信任本身就是风险。信任关系能否长久，从根本上取决于合作者对风险态度的好坏。当一个合作伙伴关系建立后，风险也随之而来，所有合作伙伴都可能因为各种原因而失去履行承诺的能力，或者由于不可控因素导致项目失败。在这种情况下，供应商合作伙伴之间的信任往往来源于项目本身的吸引力，即对项目的信任。在供应链创新的过程中，失败在所难免，但只要对项目的信任存在，这种长期的合作伙伴关系就能持续。如果没有这种信任，即使目标明确、标准完善、信息畅通，实现项目的成功合作也是很困难的。

第五，供应商的互相创新激励机制。在标准化、模块化的供应商合作中，每一个模块在技术上都是独立的。因此，这种供应商合作伙伴关系鼓励技术创新。当某个模块开发使用新的技术时，会促进供应链整体标准的改进，同时激励其他模块的技术创新，进而提升合作伙伴网络的整体效率，促进供应链的整体发展。在此过程中，整个供应链并非由单一供应商控制，而是由不同环节的技术创新主体共同推动。这种动态的、不断优化的产业供应链才是供应链的真正价值所在。这个不断优化的过程本身是对创新的激励，与传统供应商竞争理论中的供应商奖励机制完全不同。传统模式中，受奖供应商是被动的，被要求服从指令。而在供应商合作伙伴关系中，只有供应商的创新成果获得认可、实现价值，才是最大的激励。

供应商合作伙伴关系理论的提出和运用是现代企业管理理论的重大创新。它促使企业竞争变成供应链竞争，促使所有企业加入供应链中，参与技术创新，并成为供应链价值的贡献者。在这样的环境下，供应商自身的能力就变得很重要。供应商只有具备了相应的能力，才有条件参与供应链。因此，随着供应商合作伙伴关系的兴起，供应商能力理论应运而生。

（三）供应商能力理论

对供应链的重视必然要求对供应商重视。供应商关系网络是由一群有能力的供应商构成的。因此，在选择供应商合作伙伴时，必须重点关注供应商的能力。在工业化发展的不同阶段，尤其在工业化向信息化转变的过程中，市场对供应商能力的要求大不相同。认识这种转变，对于我们正确理解供应商能力理论十分重要。

1. 第一个阶段：生产能力阶段

工业化的过程首先是建构大规模生产能力的过程。20 世纪是人类生产能力快速发展的时期。由于大规模标准化生产的产品质量主要是由生产技术决定的，因此，生产能力主要体现在生产规模上，而生产规模又创造了规模经济。规模化使得生产成本大大降低，进而推动价格下降，从而总体上促进了人民生活水平的普遍提高。我国从 20 世纪 90 年代开始引进国外成熟的生产设备和生产线，到 21 世纪初，基本上完成了工业化进程。钢铁、水泥、建筑材料、石油化工、电力能源等工业品供应商主要依靠生产能力在市场上竞争。在此阶段，判断一个供应商的能力，主要考察其生产技术和生产能力。供应商的生产能力主要取决于固定资产投资的生产设施的技术先进性、完备性和规模化程度。可以说，企业的初始固定资产投资已经决定了供应商的供应能力，投资越大，生产能力越强，则供应商的供应能力越强。在某些领域，供应商之间的竞争成为技术和设备投资的竞争。工业化先发的欧美，中间发展的日本、韩国等，以及后发的中国，都经历了设备投资竞争的过程。在这个过程中，供给短缺是主流。竞争的过程是由短缺向过剩的转化过程。随着这一过程的推进，供应市场逐渐由卖方市场转向买方市场。到了 20 世纪末，全球生产过剩，由生产过剩引发的经济危机频繁发生，使得买方逐渐成为主流，需求方成为决定性力量。

2. 第二个阶段：质量管理能力阶段

现代生产管理证明，企业的生产能力主要取决于设备能力，而这种能力本质上是由整个生产体系保障的。就不同的产品来说，其都有一套独特的生产系统。生产系统生产出来的产品的质量，要通过每一种产品独特的质量指标进行检验。在工业化初期，产品合格率对企业效率的影响很大。当时，一般企业都对产品进行百分之百检验。虽然这种方法可以保证质量，但在经济上很不合算。20世纪40年代初至80年代，基于数理统计，管理学家提出了抽样检验的概念，这大大提高了质量检验的效率和经济性，但这种方法很难实现产品零缺陷。缺陷产品很容易被传递到下一个工序，导致最终产品的缺陷。因此，在供应商关系中，质量问题变得尤其突出。

许多管理学家注意到，传统的抽样检验并不能保证产品质量。要解决质量问题，必须从生产过程的每一个环节进行质量控制。20世纪60年代，美国管理学家提出了全面质量管理的概念；在70年代，日本企业实践了"全面质量管理"，推动产品零缺陷管理。此举大大提高了日本产品的质量，使日本产品在国际上逐渐获得了良好的质量声誉。日本企业将全面质量管理定义为：企业所有部门和全体人员综合运用多种方法对生产全过程中影响质量的各种因素进行控制，以最经济的办法生产顾客满意的产品。

全面质量管理的提出和实践，把质量管理和控制从生产过程中剥离出来，使质量保证成为供应商的一种能力。如果说生产是一个技术过程，则质量保证也是与生产技术一样的过程，只不过这个过程是通过多种管理方法和流程来实施的。这些管理方法和流程保障了供应商所生产产品的质量。

质量管理由产品检测转变为过程管理，使得供应链上的不同供应商可以依据同一标准来衡量质量能力，对供应链管理具有重大意义。

全面质量管理理论经过20多年的探索和实践，在1987年由国际标准化组织（ISO）开发为ISO9000质量管理体系标准并在全球推广。ISO9000是一系列设计、开发、生产、安装和服务管理及质量保证标准，其建立在以下八项质量管理原则的基础上。

原则1——关注客户。要求供应商了解客户现在与将来的需求，满足客户需求并努力超越客户预期。

原则2——领导作用。要求供应商建立总体目标和方向，创造和维护良好的组织内部环境，使员工全身心投入目标实现的工作中。

原则3——全员参与。要求员工全面参与企业运作，尽其所能创造效益。

原则4——流程化。供应商要将公司的活动和总目标当成一个流程来管理，以高效获得预期结果。

原则5——管理系统化。将相关流程的识别、理解及有效管理作为一个系统来运作，以最终达成目标。

原则6——持续改进。把整体绩效的指标改进作为永恒目标。

原则7——基于事实的决策制定。有效的决策是基于数据与信息分析产生的。

原则8——互利的供应商合作伙伴关系。互相依赖、互相信任的供应商合作伙伴关系可以强化价值创造力。

在上述八项原则的指导下，ISO9000质量标准从质量管理的质量方针、组织结构、工作程序、过程管理，以及资源和人员等方面提出了具体要求。具体来说，在组织结构方面，要求企业在全部管理工作中建立与质量体系相适应的组织机构，并明确各机构的隶属关系和联系方法。在工作程序方面，要求建立以质量体系文件为基础的流程，质量文件包括质量手册、工作标准和管理标准、质量计划，以及各种工艺、试验、检验规程等。在过程管理方面，要贯彻质量环，使质量环贯穿于质量管理的全过程。在资源和人员方面，要求企业配备相应的人力资源、设备和软件。

ISO9000系列标准是基于组织、程序、过程和资源而建构的标准，从企业能力过程控制的角度进行质量管理，因而适用于各行各业，成为相关企业选择供应商的基础标准，同时也成为供应商改进质量管理的指南。1992年，欧盟提议将ISO9000作为第三方认证的标准，进一步调动了供应商参与ISO9000认证的积极性。在此之后，ISO9000认证就成了全球供应商参与供应链的基础标准，大大促进了供应商质量的提升，推动了全球供应链的建设。

从以上过程可以看出，从全面质量管理到ISO9000，本质上在于把质量管理从生产过程中独立出来，使质量控制变成一个规范的管理程序，形成一种管理能力。进入21世纪以后，随着数字化技术的发展，供应商的个性化要求日益增加，企业的经营过程日益复杂，原有的单一管理能力已不能满足要求，需要结合当前实际情况和实践经验，对供应商能力进行更深入的研究。这方面的研究成果就是本书要详细介绍的供应商服务。

3. 第三个阶段：供应商服务能力阶段

自 1995 年互联网商业化以来，虽然经历了 21 世纪初的互联网泡沫破裂，但互联网产业在最近 20 年突飞猛进，产生了一大批以互联网为基础的大型企业。世界 500 强企业的结构也发生了巨大变化：500 强的头部企业已经由传统的能源建筑企业转变为互联网企业。这种变化背后的逻辑是社会生产方式的转变——社会生产方式正在从以生产为中心的工业化结构向以交易为中心的平台化结构转变。在以生产为中心的工业化结构中，整个供产销的链条是推动式的，即以工厂的大规模生产能力为基础，推动销售和物流，生产决定消费。在这种供应链中，对供应商的要求相对简单，供应产品和服务的质量居核心地位，其他因素都是可变的。质量管理正是在这种情况下成为一种普遍规则，为大规模生产的全球分工供应链打下了基础。而到了以交易为中心的平台化结构阶段，交易决定生产，实际上是消费决定生产，消费的多样性和个性化在互联网平台上可以得到充分表达，这迫切要求生产和流通符合消费者的个性化要求。在信息技术和互联网的支持下，这种新的消费诉求把基于平台的各种支持力分解成了相对独立的服务。从业务上来说，以往作为工厂或企业管理的许多功能从一般企业管理的职能中独立出来，变成了基于互联网平台的服务。从这个意义上讲，工业化时代的质量管理功能就变成了质量控制服务，以质量保证为主要目的的质量管理体系首先独立为第三方服务。紧接着，由于风险管理的普适性，风险管理也成为一种独立的第三方服务。为此，国际标准化组织制定了 ISO31000 风险管理体系。

在许多行业，尤其是制造业，服务化已经成为潮流。制造业在产品基础上附加各种服务，已经成为制造业发展的新方向，可以说制造业在向服务业转型。与此同时，在技术领域也相应地催生了服务化技术。计算机软件技术体系把信息系统的不同功能都看成一项服务，从而形成了 SOA（面向服务架构）技术。软件技术服务架构与业务的服务化趋势相互促进、相得益彰，使以交易为中心的平台化生产方式得以落地生根，成为不同于工业化时代的新的生产方式。在此基础上，企业的供应链结构也发生了变化。企业供应链呈现出两种形态，一种是业务形态，一种是数字形态，业务形态映射在数据空间，成为数字形态，由此形成了数字化供应链。企业供应链上的每一项功能也变成了数字化服务，每一项数字化服务对应着一项供应操作。在这种情况下，必然要求供应商也要完成数字化转型，建立自己的数字化供应链，并提供与供应链相适应的数字化服务。由此，供应商的各种管理功能也必然要服务化，每一项业务模块经过服务化改造，成为供应商的一项服务。这些服务的总和统称为供应商服务。在这个体系下，供应商之间的竞争也由产品竞争变成服务竞争。

从订单确定开始，供应商服务就出现了，一直到供应商交付完毕，供应商服务至少包括以下5项服务活动。一是订单管理。主要是订单计划管理，负责安排整个订单实施计划，协调相关资源，优化运输、交货以及售后服务。二是交付过程管理。在互联网条件下，一般要求供应商送货到门。在出厂价基础上，供应商的物流和配送服务独立出来，形成了交付过程服务，包括出厂物流、到货检验以及交易前的仓储服务等。三是售后服务。售后服务与质量保证有相关性。四是风险控制。对从标的物生产到交付全过程中可能出现的风险进行评估和管理。五是业务协同。协调与网上商城和采购企业的关系，包括计划协同、业务协同、售后服务和数据关系等。以上5项服务活动构成了供应商的基础服务。对于一些特殊行业还有一些专业服务，可以根据行业和专业特性进行定义。由此，供应商本质上就成为一个在交易平台上提供各种服务的实体。供应商通过交易平台上的服务操作指导实体空间的生产、管理、质量控制、物流运输和验收支付。实体空间的活动数据返回到数据空间，形成供应商的整体能力以及供应商与客户的关联关系。

供应商服务的细分和平台化操作依赖于供应商服务流程要素的培育和完善。从供应商服务的观点看，在供应商能力发展的第一阶段，供应商的能力要素主要是生产能力，包括生产技术和生产规模。到了第二阶段，供应商的能力要素就转移到了生产和管理两个方面，其中质量管理是管理的核心部分。在供应商服务阶段，供应商能力要素围绕着服务过程构建。此时，供应商把自己的所有能力都看作服务能力，因而都遵循服务构建逻辑。在这种条件下，供应商能力进行了重新构建。经过对相关企业的经验总结和理论提炼，本书把供应商服务能力总结为两个维度：供应商服务活动维度和流程规范要素维度。供应商服务活动包括5项流程要素，即组织制度、工作程序、资源匹配、数据记录和系统支持。这 5 项要素贯穿于所有的供应商服务活动中，是构建供应商服务的基础。

三、供应商服务能力矩阵

供应商服务能力矩阵包括行向量和列向量。行向量表示供应商服务活动，由 5 行构成；列向量表示供应商流程规范要素，由 5 列构成。这样，供应商服务矩阵就是一个 5×5 的方阵。

（一）行向量

从交易完成、订单确认开始，供应商服务就出现了，到供应商交付完毕，供应商服务活动包括如下 5 个环节。一是订单计划管理。负责安排整个订单实施计划，协调相关资源，优化运输、交货以及售后服务。二是交付过程管理。在互联网条件下，一般要求供应商送货到门。在出厂价基础上，供应商的物流和配送服务独立出来，形成了交付过程服务，包括出厂物流、到货检验以及交易前的仓储服务等。三是质量与售后服务。包括建立售后服务体系，提供产品和服务全生命周期服务。四是风险控制。对从标的物生产到交付全过程中可能出现的风险进行评估和管理。五是供需协同与数据管理。交易数据记录建立供需协同，包括计划协同、业务协同、售后服务和数据关系等。

（二）列向量

经过对相关企业调研的经验总结和理论提炼，本书将供应商服务流程规范要素总结为 5 项，即组织制度、工作程序、资源匹配、数据记录和系统支持。这 5 项要素贯穿于所有的供应商服务环节，是构建供应商服务能力的基础。

1. 组织制度要素

对于特定服务环节，要界定目标，建立相应的组织机构和管理制度。目标界定也可称为目标定义，主要是对服务项目的选择。当供应商决定对一项职能进行服务化时，必须对该服务项目进行总体筹划。服务目标界定能力，实际上就是对项目的总体筹划能力。

如前所述，在现代供应链管理的条件下，采购方大多已经具备了数字化平台。尽管每家企业的数字化平台的设计有所不同，但总的来说，其设计都是模块化的。供应商参与这些平台的采购，实际上是在采购平台上完成一系列操作。这些操作在供应商一方就具体化为供应商服务。供应商通过操作窗口展示出其与其他供应商的不同之处及自身的独特优势，是在数字化平台条件下出现的新形势。网上商城中的供应商基本上有两类：一类是平台型供应商，一类是独立型供应商。对于平台型供应商来说，它们往往经营着几十万、上百万品类，这些品类大部分会淹没在众多平台供应的商品中；对于独立型供应商来说，在与网上商城对接后，实际上建立了一种单一产品或少量产品的平台对接关系，主要靠单项产品规格参与竞争。在当前同质化竞争的环境下，无论是平台型供应商还是独立型供应商，都面临着在海量供应中的独特性问题。很显然，在产品同质化的条件下，独特性只能来自服务的独特性，而所谓的服务目标界定能力实际上就是独特性服务的设计能力。

服务独特性设计实际上是供应商创建服务稀缺性的过程。根据经济学原理，物以稀为贵，稀缺性是价值增长的源泉。就网上商城的实际情况来说，每个网上商城在行业特性、产品结构、服务对象上都有很大不同。但无论是平台型供应商还是独立型供应商，都倾向于以标准化产品和服务提供给不同的网上商城。这导致一方面网上商城的独特性要求被忽视，另一方面供应商之间的低水平竞争和内卷，使得供应商的总体价值逐渐降低。供应商的这种内卷实际上偏离了平台经济的本质，将自己等同于农贸市场中的交易者。供应商的平台化是现代供应商与传统供应商的根本不同。供应商服务的独特性也应当从平台效应中产生。以平台服务的独特性应对网上商城和需求的独特性，才是供应商服务的真正价值所在。基于这种认识，供应商服务独特性设计实际上是一种基于供应商平台为客户量身打造的产品品类和服务的集成。这种集成使供应商的服务对客户来说具有唯一性和稀缺性，从而实现其价值。显然，对于大部分供应商来说，这种目标界定是一种巨大的挑战。然而，正是这种挑战，体现了供应商之间的差异。

2. 工作程序要素

基于服务环节的任务和组织制度，设立工作岗位，建立工作程序。工作程序要素是把目标转化为实现目标的行动的能力，即供应商把一项服务目标转变为现实服务的过程和路径的能力。

（1）程序化是一项过程设计。

在目标确定的基础上，以目标为导向，设计出实现目标的最优步骤和程序。就一个具体的供应商服务环节来说，虽然都有明确的客户要求，但达成客户目标的路径各不相同。供应商正是由于其程序性能力的不同，进而产生了效率的不同。

回顾人类生产力提高的过程，我们可以发现，技术创新对生产力的提高具体体现在程序化水平的提高上。以汽车制造为例，虽然许多企业可以制造汽车，但福特首先发明了汽车生产线，实现了汽车生产的程序化，从而真正提升了汽车的生产效率，大大降低了成本。在钢铁、冶金、电力、化工等行业，自动化的程序设计是生产力的主要来源。前述的 ISO9000 质量管理体系标准也将流程化引入了质量管理领域，通过对不同企业的不同生产过程进行质量管理的程序设计，确保产品质量。对于供应商服务来说，要针对每一项具体的服务，制订明确的、最优的实现步骤；要对实现目标的每一个步骤进行分解，搞清楚每个环节的输入输出以及协同关系，计算出目标参数和检验指标。

（2）程序化是一项制度设计。

程序化是指在每个环节建立岗位职责、操作规程、数据记录、控制指标以及评价标准。ISO9000 质量管理体系标准把这些制度设计称为"文件控制程序"。通过文件控制程序，服务流程实现实体化，以便对照监测。流程化的制度设计充分考虑了服务过程的每一个细节的处理方法或原则，使得一项服务经过这个流程后能够达到其目标。就如同工厂的流水线一样，原料经过流水线就一定能制成符合要求的产品。对于不同的服务应当制订不同的工作流程。对于供应商服务来说，工作流程的终点是客户输出的服务结果，达成客户的要求。

（3）程序化是一系列操作。

程序化的制度规定和操作规程最终要落实到工作人员具体的操作行为上。

操作行为与工作人员的个人特点和习惯有关，因此操作行为与流程设计的制度要求必然存在偏差。如同工业化生产线中的零件加工允许有一定的偏差一样，流程化操作也应允许偏差的存在。因此，流程化的一个核心要求是对流程进行过程管理和控制，使流程中的偏差在允许范围之内。随着互联网和信息技术的发展，这个操作控制过程逐渐得到了许多技术的支持，越来越精细化，从而使操作与设计的偏差越来越小。

（4）程序化是一个迭代优化过程。

对于产品生产流程来说，流程决定了一个固定的技术过程。而对于服务来说，流程化不可能一劳永逸。由于人员的更替、用户要求的变化，以及相关技术和产品的变化，都需要持续对服务过程进行优化。流程持续优化的最有效方法就是建立 PDCA 循环，即计划（Plan）、实施（Do）、检查（Check）、处理（Action）四个环节的循环。流程设计阶段就是计划阶段，流程操作是实施阶段。在实施过程中要进行检查，通过检查发现问题、总结经验，并对原有设计进行调整。如此持续循环，不断优化流程。PDCA 循环发展到数字化时代，在计算机系统中体现为系统的持续迭代。在供应商服务中，流程化是一项核心能力。没有流程化，供应商服务就缺乏基本的规则和控制，很难保持服务的质量和持续性。

3. 资源匹配要素

根据程序安排，匹配相应资源。程序化方案的落实要靠资源匹配，缺乏资源匹配能力，程序化方案就是纸上谈兵，无法形成服务。供应商资源匹配能力主要包括以下几个方面。

（1）人力资源的匹配。

供应商应根据程序设计的要求，针对规定的岗位配备有相应技能的人员。同时，要对相关人员按流程要求进行培训，使相关人员胜任相应职务和工作。一些供应商服务并不要求全职，但要求相应岗位人员熟悉业务、熟悉流程，确保能胜任工作。

（2）服务基础设施匹配。

供应商服务需要相应的基础设施。基础设施包括三种：一是流程基础设施，包括完成流程所需的设备、建筑物和构筑物，车辆及相应的软件等。基于这些设施，流程得以运行。二是信息基础设施，包括相应的数据感知、数据记录和数据处理设备，以及通信设备等。三是支持性基础设施，包括支持与外部供应商和用户进行产品交互、检测、运输、仓储等相关的设备和软件。

这些基础设施可以是与企业其他部门共同使用的，也可以是专门为某类供应商服务单独建立的。但总的来说，这些基础设施本身要构成一项完备的服务支持，一旦基础设施中断，会大大降低服务运行效率。

（3）资金匹配。

供应商服务从职能部门转变为独立运营单元，需要相应的资金匹配。虽然在大多数情况下，这些供应商服务并非独立的法人机构，但作为一种服务输出时，总要涉及相应的配套产品和服务的采购，尤其是涉及资金的长期周转。因此，供应商服务运营资金的匹配是很重要的。这也是供应商服务化以后与传统企业管理的不同之处。资金匹配能力是供应商服务活力的来源。在供应商履约过程中，交付过程服务、业务协同服务、风险控制服务是资金匹配的重点，这些服务中的资金匹配能力是保证供应商良好服务的关键。

（4）信息资源的匹配。

对于流程化的实施，企业内部信息资源的匹配至关重要。供应商内部要对相关服务开放相应的信息资源，以便对内部运行情况有充分的了解，并基于内部信息制定和调整供应商服务流程，从而确保完美履约。

4. 数据记录要素

在 21 世纪之前，供应商能力主要体现在前述三项能力上，这三项能力足以构建一项服务。然而，今天看来，这种能力构建的服务效率相对较低。主要问题在于，服务每个阶段的信息测定和信息传递存在迟滞，纸质文件确定的操作要求与实际操作之间存在差异，服务改进和优化的周期较长。随着互联网、物联网、大数据以及人工智能技术的发展，通过对流程的实时监测和基于数据的实时分析，可以有效解决上述问题，从而大大提高服务效率。在这种背景下，数据化能力就成为数字化条件下供应商的必备能力。

对供应商服务来说，数据化能力主要表现在以下几个方面。

（1）流程感知数字化。

要建立对服务全流程各重要节点的感知系统，尽可能客观地感知服务状态和进程，并将感知信息以数据形式表达。通常，感知系统依赖于各种传感器，包括视频、影音以及各种电子文档，用于记录整个服务过程。感知的过程表现为对服务过程的全面监测，其结果是生成各种数字化文件。

（2）测度能力。

测度是对感知到的信息进行即时判断。为了进行这种判断，必须建立一系列数字化的判断标准，这就是人工智能中的"标签"。所谓数据化能力，主要就是指这种能力。目前，许多供应商已建立了不少信息系统，感知并记录了许多信息，但这些信息大多处于闲置状态，根本原因在于不能对这些信息进行即时测度。只有经过测度，才能赋予信息特别的意义，使信息成为有价值的数据，这个过程就是数据化的过程。传统上，信息系统一般依靠结构化数据库，而数据库结构化的过程实际上就是一个测度过程，它预先把许多信息筛选掉了。因此，数据库中保留的信息是有限的，仅仅是数据库设计者主观需要的东西。在当今人工智能快速发展的时代，传统的关系数据库逐渐被各种不同类型的数据库取代，即时测度能力成为新的数据化能力。基于这种能力，供应商可以构建自己的数据空间，形成独特的数据化能力。

（3）数据处理和知识发现。

服务数据中蕴含着具体的操作改进知识，这是传统关系数据库中所不具备的。流程数据化之后，关键在于发现新知识，这也是数据化的目的。

（4）改进流程是数据化的价值。

通过发现的新知识来改进和优化流程，形成了一个数据化的 PDCA 循环。具体来说，原有的流程是计划过程；系统运行过程是计划实施过程；运行过程中的数字化感知、测度和知识发现，是 PDCA 中的检查过程；改进流程是处理过程。数据化的 PDCA 与传统的 PDCA 的不同之处在于，数字化的 PDCA 循环是快速迭代的，因此其效率比之前基于纸质流程的传统 PDCA 循环有了大大提升。

5. 系统支持要素

系统支持能力是相关服务的整合能力。供应商理论从简单的产品制造到质量管理能力的形成，再到供应商服务阶段，生产、质量、交付、交互等都变得更加复杂。每项供应商服务解决一个问题，本质上是一个模块。要将这些服务进行整合，必须依靠系统支持能力。因此，供应商必须拥有一个专业的系统或平台，具体表现为以下 3 个方面。

（1）连接能力。

供应商要能够通过互联网在纵向把供应商各个服务能力连接起来，形成具有特定目标的供应商服务，即实现以流程为中心的服务整合；在横向，要能够将多个服务连接起来，形成综合服务。同时，要通过平台，与企业内部相关部门如生产部门、财务部门连接起来，建立协同关系，从整体上构建供应商服务平台。

（2）与网上商城及客户的数字化协同能力。

供应商服务通过供应商服务平台输出到网上商城和采购方，并与网上商城和采购方保持协同，即时对网上商城和采购方的要求做出响应。因此，供应商服务平台承担着服务集成和服务输出的双重功能。在数字化条件下，这种能力是必备的。

（3）系统支持能力还表现在通过平台建立数字空间与实体空间的交互。

供应商服务平台对实体服务进行监测，在数据空间进行监测优化，并及时将优化结果传导至实体服务，保持供应商服务的持续改进。

因此，供应商服务系统或供应商履约信息系统是供应商服务以及与各方协同关系的集大成者，是供应商服务能力的综合体现。

以上 5 种能力要素是供应商的必备能力。但在实际中，对于具体的供应商来说，这些能力会有很大不同，从而导致效率不大小。正是这些能力要素的强度不同，区分出了供应商服务能力的大小。网上商城和采购方可以根据这些能力要素识别和评价供应商的类型和等级。

案例一：安徽优质采的供应商履约信息系统

安徽省优质采科技发展有限责任公司成立于 2017 年，是一家专注于数智化采购的国家高新技术企业，是招标采购数智化转型的探索者和引领者，拥有数字化招标采购、智慧供应链采购、商城采购、智慧交易四大核心业务。在采购系统建设经验的基础上，积极探索供应商履约信息系统开发和建设，取得了很好的成绩。他们的经验可供参考。

在电子商务和电商采购快速发展的背景下，为了适应数字化转型的趋势，提高采购效率和透明度，确保采购活动的合规性，国有企业需要一个统一的平台来规范网上商城的采购交易操作，这其中包括供应商的订单履约、风险控制和数据管理等。《国有企业网上商城采购交易操作规范》和《国有企业网上商城供应商服务规范》的发布，为国有企业提供了标准化的操作流程，旨在实现"阳光、高效、安全"的采购目标，推动企业数字化转型和智慧供应链建设。网上商城供应商履约信息系统作为这两部规范的技术支持，通过集成化的管理工具，帮助企业优化供应商管理，提升供应链效率，降低采购成本，提高供应链的透明度和风险控制能力。

国有企业网上商城是依据国家和企业的采购管理制度、行业指导性规范，建立并提供给供应商和采购人达成交易和订单履约使用的平台。网上商城供应商，不管是平台型供应商还是独立型供应商，基本上是通过技术平台搭建的企业内部电子商城，为采购人提供相应的商品及服务，并将网上商城作为其履约信息系统，依托供应商相关功能模块，对其履约全过程的数据进行记录，并按网上商城要求提供和交互数据。

（一）性能要求

供应商履约信息系统作为国有企业网上商城的核心组成部分，其运行的合规性、高效性、顺畅性、稳定性、可靠性和安全性是确保整个网上商城顺利运作的关键因素。这些系统通常依托强大的技术平台，以实现对供应商履约全过程的监控和管理。

合规性意味着系统运行遵循相关法律法规和行业标准，如《国有企业网上商城采购交易操作规范》和《国有企业网上商城供应商服务规范》等，确保所有交易和履约活动都在合法框架内进行。

高效性则体现在系统能够快速响应市场变化和用户需求上，优化采购流程，减少不必要的延误。

顺畅性指的是系统在处理订单、物流、支付等环节时能够实现无缝对接，提供流畅的用户体验。

稳定性是系统能够持续稳定运行，不受外界干扰，保证服务的连续性。

可靠性是指系统在处理数据和执行任务时的准确性和一致性，以确保供应商信息的准确无误。

安全性是保护系统免受外部威胁，如网络攻击和数据泄露等，确保所有敏感信息的安全。

这些性能的实现，依赖于技术平台的实力，包括但不限于先进的算法、大数据分析、云计算和人工智能等技术的应用。通过这些技术，供应商履约信息系统能够实现自动化的数据分析、风险预警、决策支持和优化供应链管理，从而提高整个网上商城的运营效率和服务质量。

（二）服务要求

《国有企业网上商城供应商服务规范》的基本要求中提到"供应商服务内容应包括制订履约计划、交付、售后服务、风险控制、数据管理、评价与改进"，具体要求内容如下。

（1）履约计划：平台型供应商确认的网上商城集成订单，应由其统一制订履约计划。

（2）交付既包括备货、发货、物流、安装与调试、交货与确认在内的线下交付，也包括以数据电文方式将商品送达指定系统，并取得确认交付文件的线上交付。

（3）售后服务包含退货、换货和投诉响应。

（4）风险控制注重风险防范、风险提示、风险告知和风险处理。

（5）数据管理要求网上商城供应商对履约服务相关的订单数据、履约计划数据、交付数据、售后服务数据和风险控制数据进行记录和管理。

（6）评价与改进：针对网上商城供应商来说，既有采购人对供应商的服务评价，也有服务改进方面的相关反馈。

网上商城供应商建立的履约信息系统应能通过相应的功能模块应用和业务流程设计，满足以上基本要求。

（三）建设平台

如上所述，为确保国有企业网上商城供应商履约信息系统运行的合规性、高效性、顺畅性、稳定性、可靠性和安全性，同时满足《国有企业网上商城供应商服务规范》中的相关服务要求，系统建设和运维需要技术实力雄厚且熟悉企业采购规则的技术平台。作为国内首屈一指的网上商城技术平台，安徽省优质采科技发展有限责任公司（以下简称"优质采"）一直致力于网上商城供应商履约信息系统的建设，为网上商城供应商高效、优质地服务采购人提供强有力的支撑和保障。

优质采成立于 2017 年，是一家专注于数智化采购的国家高新技术企业，是招标采购数智化转型的探索者和引领者，拥有数字化招标采购、智慧供应链采购、商城采购、智慧交易四大核心业务，以及可灵活配置的智能产品矩阵，业务辐射全国，为各类用户提供数字化供应链采购整体解决方案及数据咨询服务。

优质采拥有国家电子招投标系统交易平台三星认证、ISO9001 质量管理体系认证、公安部信息系统安全等级保护三级认证、ITSS（信息技术服务标准）三级资质认证、多项软件著作权和自主研发专利技术，满足国有企业网上商城供应商履约信息系统建设和运维相关要求和需求。通过多年积累的企业电子商城平台建设、运行、运营和运维的经验，优质采深刻理解企业建设和运营电子商城的诉求和目标、网上商城供应商在线履约管理以及数据记录和交互的基本要求。

凭借多年的技术创新和优势沉淀，优质采先后为包括制造、化工、能源、汽车、畜牧业、港口、运输、金融、地产、农资和物流等行业在内的大型国有企业和集团型民营企业，建设和运维网上商城。这些企业包括但不限于淮北矿业集团、淮河能源集团、皖北煤电集团、铜陵化学集团、安徽皖维集团、铜陵有色集团、安徽省港口运营集团、江淮汽车集团和现代牧业集团等。同时，合作的供应链上游供应商既有生产厂商和品牌代理商这样的独立型供应商，也有京东、苏宁、西域、震坤行、鑫方盛、领先未来、得力、晨光、齐心、欧菲斯、咸亨国际和史泰博等全国主流平台型供应商。

（四）功能模块

优质采为网上商城供应商建立的履约信息系统，作为集成化的管理工具，关键功能模块包括商品管理、订单管理、物流跟踪、配送管理、售后中心、对账报表、开票中心、数据报表、数据分析、消息管理、意见反馈等，这样既可以确保订单从下单到交付的每个环节都能高效、准确地执行，又可以确保网上商城供应商在履约过程中的相关数据在线留痕，实现数据的可视可溯。

优质采通过网上商城供应商履约信息系统关键功能模块在采购人实际采购场景中的应用，能最大限度地满足《国有企业网上商城供应商服务规范》的相关基本要求。

（1）通过订单管理模块，既可以实现与平台型供应商的标准对接，通过预占订单及数据交互等措施，确保供应商按计划履约，又可以帮助独立型供应商通过此模块接收订单和按固定合同或框架协议开展订单履约活动。

（2）通过配送管理模块，设置运费模板，实现商品售价、运费与不同收货地区的关联，电商平台通过与快递100平台在线对接互通，在物流跟踪模块中上传和展示其发货和物流状态。对于商城下单人员提出的设备物资安装调试的需求，网上商城供应商可以第一时间获悉并进行相应的准备与实施。订单商品到达采购人指定的地点后，采购人可通过网上商城进行验收和在线确认收货。

（3）通过售后中心模块，供应商为采购人提供高效协同的售后服务，既能符合国家相关商品售后政策规定要求，又能结合企业关于退换货的个性化需求，设置退换货审批流程和采供沟通机制。在售后过程中强化内部流程管控，增强风险防范，减少因售后采供双方意见分歧而产生的不必要纠纷。

（4）通过商品管理、价格管控、订单管理及意见反馈模块，确保网上商城供应商从商品推送或上架商城到订单履约整个在线业务流程合理、合规，降低流程中可能存在的风险，全力确保供应商履约信息系统运转有利于网上商城采购业务的整体开展。网上商城供应商凭借系统汇集和统计相关商品的销量、价格、发货、物流、收货、验收、售后、对账、开票、结算、评价、投诉、服务等信息和数据，根据网上商城或采购人的要求，建立相应的风险快速反应机制，以便防范潜在风险和应对突发状况。

（5）通过商品管理、订单管理、数据报表和数据分析等模块的协同应用，网上商城供应商对其履约服务相关的商品数据、订单数据、交付数据、售后服务数据等数据进行记录和管理。同时通过优质采商城规定的数据接口规范、数据集和数据项内容以及数据交互要求，电商平台与网上商城进行常态化的数据交互管理。对于供应商履约信息系统的安全性，网上商城具备相应的数据安全管理制度和数据安全机制，保障网上供应商服务数据安全，相应的履约服务数据保存期不少于10年。

（6）通过订单管理、意见反馈、价高反馈、在线客服与咨询热线、消息管理等模块，供应商能第一时间了解和掌握采购人对于其订单履约和各项服务的意见、建议、投诉或需求等情况，并根据反馈检查其服务中存在的问题，提出改进措施，进而建立改进机制，持续提升服务水平。

履约信息系统的核心在于通过相关网上商城功能模块的协同应用，实现订单的实时处理和跟踪，以及供应链各方之间的有效沟通和协同。通过这样的系统，供应商可以及时响应订单变化，优化库存管理，减少缺货或产品过剩的风险，并提高物流配送效率。此外，履约信息系统还能够收集和分析履约过程中产生的数据，帮助供应商更好地理解市场和客户需求，从而不断改进服务和产品。

（五）应用案例

上文中提到，独立型供应商和平台型供应商大部分是依托技术平台搭建的网上商城，为采购人提供商品及其服务，将网上商城作为其供应商履约信息系统。优质采在为采购人建设网上商城的过程中，充分考虑到了网上商城供应商类型的差异，所以针对供应商履约信息系统的建设，全力满足了《国有企业网上商城供应商服务规范》中的基本要求。

某供应商作为世达、实耐宝等知名五金工具品牌的省级代理商，是一家以生产制造业为主的省属国有企业的网上商城独立型供应商，与采购人签订了年度固定单价合同，入驻网上商城并上架了合同商品。该供应商将优质采为企业搭建的网上商城作为其履约信息系统，记录其为采购人履约全过程的数据。

供应商入驻网上商城时，需要将包括营业执照、联系人信息、资质证件信息以及年度固定单价合同商品的授权品牌等在内的基础信息上传至网上商城平台。经过入驻审核后，形成供应商履约信息系统最基本的信息，供采购人、网上商城相关人员查看和了解，从而提高业务工作效率。

通过商品管理模块，供应商将年度固定单价合同商品按采购人指定要求批量上传至网上商城，其中商品信息包括但不限于企业物资编码、商品名称、规格型号、品牌、计量单位、税率以及价格。以上信息经过上架审核后，最终形成供应商履约信息系统中的商品数据。同时，合同商品的上下架、库存调整等数据和信息，都会通过系统完整、清晰地记录下来。若供应商单方面异常变动合同商品指定的规格型号和固定价格等信息，网上商城将及时提示采购人，以此降低商品管理风险，确保商品上下架、信息变更等过程合规可控。

采购人通过网上商城选品下单后，供应商会在系统中查看订单，确定订单相关信息后，结合商品实际库存情况和客户备注要求（如设备需要安装调试），制订履约计划，按照订单要求的质量和数量准备商品，并核验商品销售所需的质量合格证、销售许可证等证书或文件。供应商可按网上商城提供的物流配送类型，选择快递、物流或自配送，录入发货和物流信息和数据，并在线跟进到货情况。

订单商品到货后，采供双方通过网上商城进行交互，完成订单到货确认和订单验收工作。订单履约过程中待订单完成后，若采购人需要退换货，可通过系统发起申请。供应商在收到售后服务请求后及时响应，响应时间在实际业务操作中一般不超过 24 小时。除了满足国家法律法规对售后服务的要求外，供应商还会按照订单约定和网上商城管理制度进行退换货。

订单完成后，采购人依据相关管理规定，对供应商履约行为及服务进行评价，从商品质量、物流速度、服务情况等多个维度打分，并给出相应的意见、建议、投诉或需求等反馈信息。供应商通过系统查收采购人反馈的信息，按需进行线上或线下互动，第一时间解决采购人反馈的问题。在实际业务操作中，供应商根据评价结果，检查服务中存在的问题，提出改进措施，建立改进机制，持续提升服务水平。

网上商城作为该供应商的履约信息系统，全程记录履约服务相关的订单数据、履约计划数据、交付数据、售后服务数据和风险控制数据。网上商城在对商品进行价格监测和履约过程监测时，供应商提供相关解释、说明及必要的商城操作，以此配合网上商城更好、更合规地协同服务采购人。

网上商城上采供双方相关履约服务过程中的风险，都会被系统完整地记录下来，以多种方式告知相关方，为风险防范和处理提供坚实的保障。

以上是独立型供应商借助优质采建设的网上商城，作为其供应商履约信息系统的案例阐述。平台型供应商如京东、苏宁、西域、震坤行和鑫方盛等，运用系统为采购人提供相关服务，与独立型供应商的业务流程基本相同。区别在于平台型供应商一般通过 API 与网上商城进行对接实现互联互通，主要体现在商品管理、订单管理、售后服务等方面，通过平台间的数据推送、响应、处理和反馈，及时满足履约服务的需求。

（案例作者：周云飞，安徽省优质采科技发展有限责任公司商城业务咨询服务专家）

案例二：商越供应商管理系统

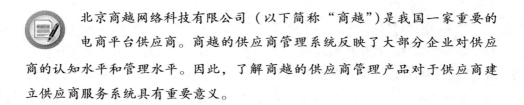

北京商越网络科技有限公司（以下简称"商越"）是我国一家重要的电商平台供应商。商越的供应商管理系统反映了大部分企业对供应商的认知水平和管理水平。因此，了解商越的供应商管理产品对于供应商建立供应商服务系统具有重要意义。

商越供应商全生命周期管理涵盖供应商注册、认证、准入、选择、发展、绩效评价、淘汰、风险监控预警等功能，供应商门户可配置。商越的供应商管理产品设计和解决方案强调提升企业的数字化管理能力，帮助企业基于数据决策，优化供应商管理策略、整合供应商资源、提升供应商能力。

（一）商越数字化供应商管理产品功能概述

1. 供应商门户

供应商门户提供询报价商机信息、注册登录和信息修改的入口，并可向供应商发布公告。商机信息包括企业端发布的询报价、自主招投标信息等。

2. 供应商注册

提供针对供应商用户的管理功能，主要包括供应商注册、在系统中维护供应商信息、对接企查查和启信宝等第三方征信平台进行供应商征信。

3. 供应商准入认证

结合采购组织和供应商供货品类，按供应商分类和企业管理策略对供应商准入进行管理。确保供应商准入过程的规范性和完整性，从而更好地控制供应商风险。

4. 供应商分类分级管理

建立明确的供应商分类管理规则，如潜在供应商、合格供应商、淘汰供应商、黑名单供应商等，具体分级方式按企业业务规则制定。通过供应商的分类帮助供应商管理策略落地。

5. 供应商绩效管理

（1）按照周期引用多个问卷进行绩效评价。用户可以先开展周期绩效评价项目，在每个周期发布独立的绩效调查问卷用于收集绩效评价。同时，结合系统自动生成的绩效数据进行绩效评价。

（2）发送多个问卷，创建绩效项目进行评分。用户可以先利用绩效调查问卷收集绩效评价，在年终或某一特定时间发布绩效评价项目，并进行绩效评价汇总。

（3）基于系统自动生成的绩效数据进行周期绩效评分。用户可以预先发布周期性评分问卷，每一评价周期系统自动根据 KPI（关键绩效指标）汇总系统自动生成的绩效评价分数。

（4）创建绩效评分项目，计算和展现绩效评分。供应商绩效评分项目可以基于采购品类创建，并支持多个采购品类。可设置评分周期、评分模板，可选择绩效评分项目的供应商范围（选择方式有两种：手动获取和按品类自动获取），可展示评分项目详情界面，可图表化展示评分结果。

（5）预先定义绩效评分卡模板，用于带入绩效评分项目中进行绩效分数计算。用户可以根据需求自己创建评分卡模板，增加绩效评分维度，设置评分维度权重，增加或删除评分维度下的 KPI，选择在指标库中定义的绩效指标，设置评分规则、阈值范围以及分数。

（6）提供绩效指标库，用于绩效指标的管理。用户可以添加、启用、禁用相关的绩效指标。系统可默认定义一部分 KPI，对应基于交易（订单、收货等）的绩效数据汇总。用户可以手工添加 KPI，并且指定数据来源及关联数据。

（7）预置调查问卷模板。调查问卷模板可以基于采购品类创建，并支持适用于多个采购品类。选择模板后，如有需要，用户可以继续修改问卷内容。

（8）绩效调查问卷可以基于采购品类创建，并支持多个采购品类。用户可以上传附件，作为问卷调查的信息支撑。调查问卷模板按照采购品类和采购组织自动带出。如选择了多个采购品类，则所有被选择的采购品类模板都会被带出。选择模板后，如有需要，用户可以继续修改问卷内容。邀请评分人后，评分供应商默认为全部，用户可以自行修改并重新选择。

6. 供应商淘汰

在实际的业务交易当中，对于供货质量、服务行为、公司运营状况等因素而导致需要暂停或者终止跟供应商合作的情况，应对有问题的供应商采取冻结措施。待问题改进并通过验收后，再恢复其供货状态；针对后续无法合作的供应商，则进行供应商淘汰管理。

7. 供应商黑名单管理

在实际的业务交易当中，对于各种原因导致需要把合作供应商列入黑名单的情况，由采购部门发起黑名单审批流程。审批通过后，该供应商将永久终止与企业的业务关系。

（二）商越数字化供应商管理产品设计理念

供应商数据的安全问题是企业采购与供应链管理的生命线。除了数据安全，商越供应商管理从设计之初就致力于通过数字化与链接为大中型企业提供高效的供应商数字化管理解决方案，让供应商管理变得更简单。在这个理念下，商越供应商管理产品 1.0 发布，全面支撑供应商生命周期管理业务，为企业和供应商管理保驾护航。

商越供应商管理产品 2.0 版本中，推出了数据驱动的新一代供应商绩效管理产品，极大地提升了系统的用户体验，让"简单好用"成为商越供应商管理的代名词。今天，商越全新升级的供应商管理产品 3.0，不仅将生命周期管理和绩效管理两个子产品进行全新升级，还引入了供应商 360 概览功能。这一次，商越将供应商数字化管理提升到了一个全新的高度，将为用户带来极致的场景化体验。在过去的一年中，来自 12 个行业的 40 多家头部企业成为商越供应商管理产品的客户。商越在为这些客户提供服务的同时，也在不断地吸收他们的反馈和经验。商越一直在总结和思考应该如何为采购用户设计一款既能进行供应商管理、实现业务落地，又能带来良好用户体验的产品。

接下来，我们将跟大家分享商越的思考和设计理念。

在商越供应商管理产品 3.0 版本中，商越主要做了以下 4 个方面的升级。

（1）更深度的业务场景化设计。

（2）更强大的自定义能力。

（3）更强大的业务控制能力。

（4）更直观的数据展示。

第一项升级是业务场景化设计。什么是业务场景化设计呢？简单来说就是根据实际业务场景和流程进行系统设计，让用户可以流畅地完成系统操作。而不是像传统系统一样，用户为了完成一个业务操作，需要在系统中点击一个又一个菜单，跳转一张又一张单据。完成了这次业务场景化升级后，商越与传统 SRM 系统进行了对比，同样一个 4 个步骤的供应商认证流程，用户在传统 SRM 系统中需要跨越 4 个菜单，进入 4 个页面，一个流程在菜单和页面的频繁跳转中被割裂。最麻烦的是用户需要熟记整个认证流程，否则无法操作下去。而在商越，用户只需要找到这个供应商，点击申请认证，系统就可以自动基于品类生成认证任务，一个页面承载全部流程，简单清晰，一目了然。此外，商越还简单地做了一个效率的对比，排除实际线下业务操作的时间，商越产品的系统操作效率是传统 SRM 系统的 5 倍，这才是数字化时代应有的供应商管理产品。

第二项升级是自定义能力。短短几个月的时间，商越已经将原有的 15 项自定义能力扩展到了 36 项，这背后是商越基于满足客户需求和提供解决方案的总结和思考。商越将这些业务最佳实践进行了通用性的抽象，形成了系统中的可配置性参数，这 36 项参数覆盖了从底层的业务规则、业务流程到顶层的业务对象和字段四个层级。经过这次升级，商越产品的自定义能力已经满足所有大中型企业 90% 以上的供应商管理需求。这 36 项配置能力中，有一项是关于第三方数据应用的，在介绍这个功能之前，先来跟大家分享一个案例。几年前某咨询公司给一家客户做采购系统实施。在需求收集阶段，客户要求引入第三方数据来进行供应商风险校验，于是找来了启信宝、企查查、天眼查等第三方数据提供商。从调研、供应商定标到签订合同，一共花费了 2 个月的时间，这时项目周期已经过去了一半。这还不算完，确定解决方案、确定合适的 API、投入开发对接系统，又花了 2 个月的时间。好不容易系统上线了，数据展示仍然没有达到客户的预期。仅仅为了使用十几项数据，投入了 3 个人 4 个月的时间，客户花费了几十万元的实施成本。更让人遗憾的是，几年过去了，如今很多系统实施项目仍然在走几年前的老路。鉴于此，商越决心在新版本中为客户解决这个问题。商越经过数据整合、颗粒度配置、流程嵌入以及数据展示的处理，为客户带来了包括工商信息带入、风险校验在内的 10 多个第三方数据应用场景，可以应用于供应商邀请、注册和认证等场景，让用户不再操心第三方数据该如何应用。此外，商越还推出了基础解决方案，包括 17 项工商数据、7 项基础风险校验，即开即用，一步到位。新客户不再需要浪费 4 个月的时间去找第三方数据提供商签订合同、了解接口，也不再需要花费几十万元的实施成本。一键开启第三方数据应用再也不是难题，这就是商越给客户带来的价值。

第三项升级是业务控制能力。供应商生命周期管理的核心意义，除了对供应商资源的全面掌控，还有一个层面就是要对业务进行有效的控制。商越提供了基于供应商状态、等级等条件进行业务控制的可配置适应能力。比如，在采购申请阶段，按照合格状态和合作关系进行供应商推荐；在订单阶段，按照合格状态进行可选供应商控制。这种业务控制能力在多家客户那里得到了深入的应用。

第四项升级是更直观的数据展示。商越希望用户在使用系统的同时，也能随时查看自己常用的数据。于是，商越设计了供应商生命周期数据仪表盘、供应商引入趋势、供应商分状态查询等采购人员常用的供应商管理功能，各种数据一目了然。这一设计的推出得到了商越试点用户的一致好评，这就是全新的供应商生命周期管理产品深度的场景化设计，它涵盖强大的自定义能力、丰富的业务控制能力以及更直观的数据展示功能，完全适用于大中型企业复杂的供应商管理场景。

除此之外，商越还发明了革命性的 Right Time Performance（实时评价）绩效收集引擎。对于采购管理者或执行者来说，收集供应商绩效往往令人困扰，需要花费一周设计调查问卷，再花费两周甚至更多的时间收集绩效反馈。而评分人收到问卷以后可能早已忘了与供应商的合作细节，绩效评价低效且失真。而商越的 Right Time Performance 绩效收集引擎将改变这一现状。商越基于已支持的绩效收集方式，在业务的各个节点进行了埋点，无论是在寻源合同阶段还是收货阶段，都可以基于业务需要进行评价，实现绩效数据的随时收集。这些数据通过大数据平台进行沉淀，在年终绩效评价时可以进行调用，实时计算形成绩效评分，让绩效评价更加高效。

同时，商越还推出了供应商 360 概览功能。在当今强调采购供应链管理可视性、实时发现和深度洞察的背景下，供应商的数据可视化产品不可或缺。供应商 360 概览产品能够帮助采购人随时查看供应商的生命周期情况、交易数据、绩效表现、风险状况，并进行必要的事件记录。

针对需求最高的交易数据查看功能，商越预置了与寻源、合同和订单相关的 10 组数据卡片。得益于商越的大数据沉淀能力及缓冲缓存处理技术，供应商的所有数据可以实时地展示在用户面前。更为人性化的是，这些数据卡片可以根据用户自己的需求自由配置在 360 看板上。同时，商越还提供了数据穿透功能，让用户可以随时查看数据背后的相关单据，从而实现深度洞察。

（案例作者：孟令智，北京商越网络科技有限公司副总裁）

第五章

订单计划管理

供应商在确认订单后，首先要制订履约计划。制订履约计划的能力，是供应商生产质量管理、交付管理、协同能力和风险控制能力的综合体现。

一、关于订单计划管理的要求

订单计划管理的核心是制订履约计划。网上商城采购交易与传统实物交易的不同之处在于，采购人本质上是根据供应商的承诺来进行采购决策的。在实时价模式下，供应商在网上商城上展示的产品的图片、技术参数、交付条件构成了供应商对采购人的公开承诺。采购人实际上是通过比较不同厂商的承诺来决定采购哪个供应商的产品的。在固定价模式和定制化模式下，采购人往往通过招标或询价谈判的方式决定供应商。然而，招标和询价谈判的依据仍然是潜在供应商提交的方案中的承诺。履约计划实际上是供应商落实承诺的一整套实施方案。履约计划与履约结果相衔接，与交互过程相关联。履约计划做得好坏，直接关系到采购人的供应安排，最终关系到供应商的长远利益。

在实践中，不同类型的商品和服务的履约过程差别很大，我们很难详细规定不同类型的履约计划要求。但鉴于履约计划对供应商服务的重要性，我们采取了一般要求与重点要求相结合的方法对制订履约计划提出要求。

《国有企业网上商城供应商服务规范》第5章的履约计划要求：

5 制订履约计划

5.1 供应商在确认订单后，应制订履约计划。履约计划应包括发货批次计划以及每批次的履约计划。每批次的履约计划内容应包括：发货计划、物流计划、交货计划。

5.2 供应商制订发货批次计划和每批次履约计划时，应与采购人进行沟通，宜考虑采购人的仓储条件、运输条件和生产计划，确定履约计划的可实施性。

5.3　平台型供应商的履约计划应以平台内供应商在平台上承诺的交付计划作为履约计划。平台型供应商确认的集成订单，应由平台型供应商统一制订履约计划。

5.4　固定总价合同或固定单价合同的订单，以及框架协议项下的订单，履约计划内容应符合合同或协议的约定。

以上要求的要点解释如下。

（一）一般要求

一般要求是对所有供应商履约计划的要求。无论是平台型供应商还是独立型供应商，无论订单是由哪种业务模式产生的，都必须满足如下要求。

1. 要制订书面履约计划

履约计划是供应商内部各部门在确定任务后协同的结果。客观地说，供应商在参与交易获得订单时，采购人的招标文件或采购文件仅提供了一个总体目标。供应商在响应这些文件时，只要总体目标达成采购人的要求即可做出承诺。然而，到了履约计划阶段则不同，需要与各部门落实实现承诺的细节，计算不同部门的成本，并具体核算项目的效益。因此，从供应商内部来看，履约计划实际上是一份不同部门实现分目标的任务书。只有各部门都按照履约计划完成了任务，供应商才能达成交付目标。因此，履约计划必须是以书面形式呈现。

书面的履约计划并不意味着流程烦琐。实际上，许多供应商根据企业内部的分工情况，制定了明确的履约计划表格，可以按照订单即时填写。同时，许多企业的管理信息系统中也设有固定的履约流程。但是对一些小微供应商来说，由于其没有相应的信息系统，也没有规范的履约流程，按照规范要求制订书面的履约计划就更为重要。履约计划除了作为内部的任务书之外，更重要的是与采购人的交付安排相衔接。从采购人的角度看，后者更为重要。

2. 履约计划的内容要统一要求

作为内部任务书的履约计划一般是内部工作文件，而作为交付安排的履约计划则需对采购人公开。因此，作为网上商城供应商服务规范，则有必要对交付安排的履约计划内容提出统一要求。

履约计划可分为两个层次：第一个层次为发货批次计划，第二个层次为每批次的履约计划。

发货批次计划是指分批次交付的安排。一次订货、分批交付在企业采购中非常普遍。对于网上商城供应商来说，由于网上商城具备快速协同供需双方采购与生产的能力，因此可以根据需求方的最佳库存和用户分布来确定供应批次。这种安排对供应商和采购人都是有益的。特别是在制造业服务化和产品个性化的双重压力下，最优批次的确定是供应商与采购人必须考虑的问题。双方确定共同认可的批次计划是履约计划协同的核心。

每批次的履约计划是指每批货物具体的交付计划。《国有企业网上商城供应商服务规范》要求至少包括发货计划、物流计划和交货计划三个方面的内容。所谓发货计划，是指确认订单后，供应商要告知采购人发货时间、货物名称、货物数量、发货人、计划发货的地点以及发货联系人信息。所谓物流计划，是指供应商要告知采购人货物承运人信息，包括运输方式、主要转运节点、预计到货时间及承运人联系信息。所谓交货计划，是指供应商要告知采购人计划交货的地点、交货日期、发货单以及确定的收货人信息。

3. 制订履约计划要与采购人沟通

在网上商城条件下，工业品的履约与消费品履约差别很大，主要在于供应商履约与采购人的生产计划和安排相关联。供应商在制订履约计划后，要与采购人沟通，请采购人根据其仓储条件、内部运输条件和生产计划，对履约计划进行调整，然后供应商再最终确定履约计划。这样既可以增强供应商与采购人的协同性，又可以增强供需双方的理解和交互性，有利于供需双方的长期稳定合作，从而实现双赢。

（二）重点要求

除了一般要求以外，《国有企业网上商城供应商服务规范》还注意到网上商城供应商主体和订单结构有一些特殊情况，在实际工作中容易引发混乱，因此需要做出一些特别规定，以解决制订履约计划中的一些实际问题。

1. 关于不同主体的履约计划

平台型供应商实际上存在两种主体。一种是平台内供应商，即在平台上独立经营、直接接收采购人订单并对订单履约负责的厂商；另外一种是平台自身作为供应商接收采购人订单。在前一种情况下，平台内供应商是履约主体，因此，履约计划应当由平台内供应商制订。在后一种情况下，平台本身作为履约主体，自然应由平台制订履约计划。对平台型供应商来说，还有一种特殊情况，即平台作为履约主体，接收以多个平台内供应商为供货单位形成的集成订单。在这种情况下，平台型供应商实际上是作为组织者和集成者统一供货的。《国有企业网上商城供应商服务规范》规定，这种情况下的履约计划应由平台型供应商统一制订履约计划，即由平台型供应商对履约负责。

2. 关于不同订单结构的履约计划

尽管网上商城的交易结果都以订单表现，但订单结构存在差异。第一种是单项订单，即采购人逐件购买商品并下单；第二种是集合订单，即采购人同时下单多件商品，但每件商品间没有关联；第三种是集成订单，即以确定的目标为基础，由供应商选择多件商品达成标的，其中不同产品之间有交互联动关系。在个人消费品采购中，较常见的是第一种订单；而在企业采购中，较常见的是第二种和第三种。第二种订单的具体表现形式是集中采购和框架协议采购，而第三种的具体表现形式是定制化采购。

在国有企业网上商城采购交易模式中，第二种情况的交易一般通过电子招标平台进行，而履约则在网上商城进行。由于一个订单包括多种产品、多个交付地，交期差别也较大，往往需要在采购合同中规定履约计划安排。为落实合同规定而制订的具体详细的履约计划应符合合同规定，与合同一致。

第三种情况即定制化订单，表现为总价合同，往往涉及新的技术和产品创新，情况更为复杂。因此，履约计划就需要做得更加详细，并适时与采购方进行沟通协调，但合同仍是履约计划的基本依据。

二、履约计划管理的基本问题：供需分离

对网上商城供应商来说，供应商服务实际上是围绕着交易和履约两个内

容展开的。网上商城交易的特点是先交易后供货，而非先供货后交易。这个特点在一定程度上造成了交易与履约的分离。

传统的工业品供应商是生产驱动的，供应商往往是持货销售，买方一手交钱，一手提货。因此，供需之间的交易与履约几乎是同时进行的，前提是供应商要做需求预测。随着数字化的发展，特别是电子招标投标的普及，供需之间交易与履约的这种同时性逐渐被打破。无论是电子招标还是网上商城采购，实质上都是先订货后交货。特别是在平台型供应商进入网上商城以后，平台型供应商实际上处于集货商的地位。这种集货商在一定程度上把国有企业的零星小额采购变成了一项基于网上商城的集中采购工程，而集货是通过平台型供应商完成的。因此，采购人不再需要直接与商品生产厂商打交道，而是与平台型供应商打交道。在这种情况下，平台型供应商就必然存在一个收集产品、送货到户的过程。这样，采购人在网上商城的采购就是一个预定采购的过程。由此，采购交易与供应商供货就分离成交易承诺与履约交付两个过程。

在交易承诺阶段，采购人处于主动地位，选择什么产品，采购人说了算。但采购人的这种主动行为也有很大局限性。在数字化环境下，无论是通过网上商城采购还是电子招标，采购人的决策主要是基于文本的，包括产品的文字、图片、视频、音频等。这种情况下，往往存在实物与文本的差别。即使不考虑弄虚作假的情况，不同的表达能力和表达方式对采购人的选择也会产生影响。如果考虑到文本弄虚作假的情况，则实物与文本的差别就会更大。因此，可以说数字化带来的效率的提高在一定程度上隐含着采购人在信息完整性上的缺失，这种缺失应当在履约计划阶段进行弥补。

当订单确立或合同签订以后，供应商要承担履约责任。但是，在大部分情况下，供应商并非有货在先，而需要备货，随后完成交付。如果供应商能力不足，就有可能出现备货风险，包括找不到合格的货物、以次充好、不能按时交付等，给采购人造成生产损失。因此，网上商城采购人必须在订单确立的基础上，强化供应商供应能力的透明性，以弥补在交易阶段的信息缺失。具体来说，方法有两种：一是要求供应商提供详细的履约计划；二是对不合格产品要求退货及给予相应的赔偿。前者是积极措施，促进供应商按订单履约；后者是消极措施，对违约供应商进行惩罚。《国有企业网上商城供应商服务规范》提倡采取积极措施，把供应商履约计划放在重要地位。

通过以上分析我们看到，供应商在确立订单后，履约计划实际上开启了一个履约循环，即计划—实施—评价—改进。供应商的履约计划是落实订单的详细计划，要具备实际可操作性，才能指导相关部门的具体业务。这些部门按计划实施，包括完成备货、运输、交付、售后服务全过程。履约计划实施后，要对每一项业务进行评估，找出差距，并制订改进计划。如此循环，即可提升供应商服务水平。因此，履约计划管理是供应商的一项核心能力。

三、不同业务模式下的履约计划

如前所述，履约计划实际上是一个大的概念，它主要解决两个问题：一是落实交易承诺，二是消除供需双方的信息不对称。前者需要结合不同业务场景制订工作方案，后者需要与采购人进行沟通交流。

交易业务模式的不同，对履约计划的要求有决定性影响。因为不同的业务模式下所确定的订单履约计划有不同的要求。

1. 实时价业务模式下的履约计划

实时价业务模式下，供应商主体是平台型供应商，也就是电商。在这种情况下，平台型供应商通过公开招标方式与网上商城签订协议，以集货商的身份进入网上商城。在大部分情况下，平台型供应商以自营方式进行经营，自行承担交付责任。不管采购人采购的是什么品牌的产品，通过网上商城统一与平台型供应商结算。在这种业务架构下，履约计划的主体自然是平台型供应商。由于具有消费品平台的特点，经过多年的发展，许多大型平台型供应商已经形成了一套完整的履约计划与实施体系，其要点如下。

（1）平台型供应商本身作为交易平台和接单中心，其核心任务是与各企业的网上商城对接，形成稳定客户群。平台型供应商以自营为主，负责订单管理和交付。由于业务量较大，大型平台型供应商往往自建物流体系，自主管理交付过程和控制风险，形成自主业务循环。

（2）平台上的商品主要选择名品名牌，利用名品名牌保证质量。平台型供应商与名品名牌建立代理关系，成为名品名牌的合作伙伴，这些合作伙伴称为品牌商。

（3）为了保障售后服务，平台型供应商往往在靠近客户的地方发展服务商，就近为用户提供相关服务。

基于以上三点，平台型供应商可以建立一套完整的交易—履约架构，形成从交易承诺到履约交付的完整循环。当具备这种架构的平台型供应商与国有企业网上商城对接时，就可以将这种完整的能力输送到网上商城。网上商城的合规能力与平台型供应商的履约交付能力完美结合，迅速使网上商城具备了服务采购人的能力。这就是近年来国有企业网上商城采购模式迅速发展的根本原因。

很显然，这种平台型供应商的履约计划是依托其完备的交易—履约架构的。具体来说，其计划内容包括：在备货方面，由平台型供应商下单给品牌商，或直接由平台型供应商的库存出货。由于前期对品牌商的产品质量进行过认证，不需要特别关注质量问题。在运输与交货验收阶段，平台供应商由自建的物流体系将货物送达并交付给用户，确保按约交付。售后服务交由服务商负责，涵盖现场处理和产品全生命周期维保。这样，基于交易—履约架构，平台型供应商能够针对其供货清单上的任何产品，根据用户场景迅速制订明确可行的履约计划，其内容包括以下几点：①备货计划，包括货物种类和数量；②交付计划，包括发货、运输和交货；③售后服务计划，包括即时服务和全生命周期服务；④风险控制计划，包括风险控制预案和处置机制。

以平台型供应商的交易—履约架构为基础的履约计划，具有高度的可实施性和可信性，这在实践中得到了充分验证，并受到网上商城和采购人的信任，从而奠定了网上商城采购模式的基础。因而，实时价业务模式下的履约计划成为其他业务模式的样板。

此外，平台型供应商履约计划的样板性还在于其公开性。由于履约全过程的可管理性，平台型供应商就可以实现履约全过程对采购人的全透明化。采购人可实时掌握履约进程，从而安排相应的工作。这样，网上商城、供应商和采购人就以标的物为中心形成了一个共同体，确保了交易和履约的完成，最终实现供应商、采购人和网上商城三方共赢。因此，评价一个供应商时，首先要考察其交易—履约架构的完备性。正是这个架构支撑着履约计划的可实施性，而履约计划则是交易—履约架构在具体项目上的文本表达形式。

需要说明的是，不同的平台型供应商的交易—履约架构的差别很大。不同的平台型供应商在上述交易领域的框架下出现了许多变体，其变化主要表现在以下几个方面。

（1）备货体系的变体。

随着平台上商品品类的增多，难免有一些非名牌商品进入。这使得平台型供应商对海量商品的质量管理面临重要挑战。

平台自营品牌。平台型供应商与厂商是代理关系，利润有限。为追求更高利润，平台型供应商通常对畅销商品进行委托加工，自创品牌。此时，平台型供应商逐渐由采购商转变成生产商，这对平台型供应商的综合管理能力提出了更高要求。

在某些情况下，自营为主的平台引入撮合交易。这使平台上单主体备货体系演变为多主体备货体系。特别是非名牌的撮合交易主体的大量出现，使以自营为主的平台逐渐变成撮合平台，这对交易—履约架构的完整性构成挑战。

（2）交付体系的变体。

发货管理。部分商品由于平台订货量等，平台型供应商无法在品牌商的客户群体中处于优先地位，导致品牌商发货时间难以保证。

物流体系。当平台型供应商规模较小时，无法构建自有物流体系，因此只能依靠第三方物流。在许多情况下，由于发货量和价格等因素，平台型供应商对物流的控制力较弱，以致无法对物流过程进行管理和监控。

交货的不确定性。当平台型供应商失去对发货和物流的监测和控制时，交货就处于不确定状态，这意味着平台型供应商难以承担交货责任。

（3）售后服务的变体。

平台型供应商自营产品一旦被打破，非品牌商品和售后服务体系不全的商品则会进入，导致售后服务关系变得复杂，平台自营的售后服务商作用难以覆盖，售后服务得不到保证，进而影响平台的长远发展。

平台型供应商自身服务体系建设不足，业务面覆盖不全，管理不善。

（4）风险控制的变体。

以上履约过程中任何一种情况的出现，都会使原来基于自建的交易—履约架构的风险管理机制削弱或失效。

基于以上情况，每个平台型供应商在制订履约计划时，都应当充分考虑各自平台与理想架构的差距，有重点地在履约计划中采取相应的措施，以确保按合同履约交付。

对网上商城采购人来说，供应商履约计划尤为重要，要与供应商就备货、交付、售后服务以及风险控制的细节进行充分沟通后确认履约计划，同时计划确认后要严格执行，不宜无故变更。

当平台型供应商的自营商品减少至一个临界点时，平台型供应商的性质就会发生变化，即从自营供应商转变为纯平台服务商。在这种平台上，采购人从品牌商处直接下单，品牌商负责制订履约计划。这时，平台型供应商成为一个平台服务商，负责与网上商城对接，提供平台服务并制订平台服务履约计划。

2. 固定价业务模式下的履约计划

固定价业务模式与实时价业务模式大不相同。如果说实时价模式的重点在交易，则固定价模式的重点在履约。固定价模式本质上是履约模式。

固定价模式的业务范围主要包括两类：一类是通过大宗物资招标形成固定价，定价后在网上商城履约；一类是通过框架协议确定固定价，定价后在网上商城履约。在固定价模式下，交易一般不在网上商城进行，只是履约在网上商城进行。在这种模式下，网上商城变成了一个大宗物资和框架协议采购的履约平台。

对于供应商来说，固定价模式下的供应往往是长期的，是采购人主供应链的一部分。固定价模式下的交易和履约对供应商的经营具有决定性意义。同样，对采购人来说，由于供应商的长期性、稳定性和可靠性，其供应直接影响采购人的持续生产和经营；此外，采购人对固定价模式下的供应商关系也特别重视。对于大部分大中型国有企业来说，大宗物资招标和框架协议采购都由专门物资采购部门进行集中采购，而合同履约则往往是分期分区的，需要供应商将采购人确定的物资在不同时间交付到不同地区的分支机构。因此，履约计划中的交付过程管理就变得更为重要。

在《国有企业网上商城采购交易操作规范》中，把上述这类供应商称作独立型供应商。独立型供应商具有与平台型供应商不同的交易—履约架构。独立型供应商不是集货商，而是依靠自有的大规模标准化生产的产品，独特产品与采购人进行交易。独立型供应商所供产品往往是采购人所需的原料或零部件，因此，独立型供应商与采购人本质上是长期协同关系。

独立型供应商与采购人构成了采购供应链。因此，独立型供应商的履约计划是一个长期的、持续的、稳定的过程。供应商履约计划不仅要保证每一批次的完美履约，还要保证长期的完美履约，因此，独立型供应商一般拥有自主的物流、交付和售后服务体系。

独立型供应商将履约计划过程加入网上商城以后，履约状况发生了很大变化，具体表现在以下几个方面。

（1）当采购人要求供应商的履约过程在网上商城进行时，供应商的履约系统就必须与网上商城对接，由此形成了一个对供需双方透明可视的全过程数字化体系。尽管独立型供应商与平台型供应商相比，不一定有一个交易平台，但必定拥有自己的履约管理系统。供应商履约管理系统与网上商城相连接，网上商城再与采购人的收货系统相连接，一个全过程的数字化采购供应链就形成了。

（2）尽管双方形成了数字化供应环境，但履约仍是供应商主导的，供应商仍需根据合同约定和供应商的实际情况制订履约计划。履约计划包括发货批次计划和每批次的履约计划，这些计划在双方协商一致后，在网上商城向双方公开，由此构成供应商履约的基准。

（3）供应商依据计划完成履约全过程，各阶段的主要节点如下。

①备货计划：由于此类供应商主要生产自有产品，其质量保证取决于生产过程的质量管理，其数量保证取决于产能。因此，在有限产能下的供应优先排列是采购人主要关注的问题，也是供应商能否保证备货供货的关键。

②交付计划：在供应商送货阶段，由供应商按计划分批分时将货品直接送到采购人指定地点，完成交付。

③售后服务计划：供应商售后服务团队按要求进行即时服务和全生命周期服务。

④风险控制计划：由于供应商与采购人为长期合作关系，其交付体系具有相对稳定性，风险发生概率大大减小，但外部风险控制变得尤为重要。风险管理应由供应商企业统一进行。

（4）网上商城赋能服务。国有企业的大部分供应商履约过程在网上商城进行，为网上商城利用供应数据为供应商赋能创造了条件。网上商城可以监控供应商交付过程，为供应商进行预警。同时，当供应商在交付过程中遇到风险时，网上商城可以提供相应的解决方案，最终达到为采购人保供的目的。

这样，固定价业务模式下的供应商的交易—履约架构就变得更加完整了。我们已在《网上商城采购理论与实践》一书中对这个架构做过阐述，这个架构可以表达为准入—交易—履约—赋能。供应商按照这个架构构建履约系统和制订履约计划，即可实现完美交付。

理想和现实往往存在差距，固定价模式在实际的计划与实施过程中，由于各种情况的变化也会产生变体。这些变体构成了供应商之间的差异，是采购人在考察供应商时需特别注意的。

①备货体系的变体。

固定价模式的本质是基于稳定价格的长期供货。然而，对于大宗商品，市场价格的波动却是常态。在固定价格下，当市场价格变低时，对买方不利；反之，当市场价格变高时，对卖方不利。也就是说当市场价格变化时，买卖双方都有改变固定价的内在冲动。但限于合同的约定，无法改变价格，只能在供货的优先顺序上进行调整。这在备货计划上就会体现出来。所以说，实时价模式下的供应商关注的是质量管理，而固定价模式下的供应商关注的是价格。对于备货计划，在固定价模式下如何平衡价格波动，是供需双方长期合作中面临的重要问题。

备货体系面临的第二个问题是供应商强势问题。除了价格波动因素，供应商所供产品的重要性也是一个变化因素。在固定价业务模式下，实际上假定的是供方弱势，只有在这种情况下，才存在供应商之间的竞争。因此，采购人可以通过招标或框架协议选定供应商，供应商也会按需方要求制订履约计划。如果实际情况是供应商强势，且供应商所供产品是需求供应链的重要环节，情况就会发生重大变化。此时，供方的计划变得刚性化，需方只能按供方的刚性计划调整自己的生产计划。这些情况是采购人和网上商城必须重视的。

②交付体系的变体。

固定价业务模式下的交付体系基础在于供应商送货上门。这种设计的变体主要体现在运输上。对于大的供应商来说，传统上有一套物流与分销体系，可以实现送货上门。但对于许多中小型供应商来说，它们往往仅仅是生产商，并不具备常设的物流体系。因此，在制订履约计划时，就不得不依赖第三方物流，或者要求需方自行提货，这自然会引起交付成本的增加。

物流成本是推动产业集聚的重要因素。大宗商品物流成本的降低，可以大大提升生产效率和效益。在此驱动下，供应商会尽量向物流成本最低的生产地集聚。例如，坑口电站的产生和生产厂商周围的零部件供应商集聚。供应商的交付体系也应该考虑这种集聚效应，通过这种集聚，可以提高供应商供货的稳定性和及时性。

许多网上商城建立了智慧物流体系，要求供应商接入网上商城智慧物流体系。这种接入对供应商来说是有利的，应当积极支持。它可以大大缩短供应商交付流程，减少物流成本。

在大宗商品交付的履约计划中，最重要的一个问题是国际长途运输中的风险。随着国际营商环境的恶化，国际运输行程中如果涉及战争、自然灾害等因素，应在履约计划中制定防范措施以及相应的保险等救济措施。

在企业完成信息化以后，许多采购人可以基于与供应商的长期合同以及验收免检，实现供应商与车间的无缝对接，自动交付。这种机制对供应商交付提出了新的要求，供应商必须建立相应的自动交付机制。在数字化向智能化发展的过程中，自动交付是制造业的一个重要趋势，供应商要有所准备。

在结算时，有些强势的需方可能无法按时结算，会严重影响供应商的积极性。如果结算问题长期得不到解决，供应商就会根据结算条件对采购人进行排序，最终影响需方生产。

③售后服务的变体。

对于固定价业务模式下的供应商来说，售后服务计划分两类。对原材料类产品，由于其生命周期截止到生产过程，售后服务相对简单。而对于设备和系统等固定资产，其售后服务比较复杂，因此固定资产的长期维护、更新等全生命周期服务应纳入售后服务计划。

④风险控制的变体。

固定价模式下的业务情形变化带来了新的风险，包括价格风险、运输风险、结算风险等，这些风险都会导致预防措施的调整。因此，在履约计划中要有充分考虑。

固定价业务模式下的供应商在履约过程中如果遇到要素变化，就会呈现出不同的特点。供应商应当与采购人进行深入沟通，充分考虑各种不同情况，制订切实可行的计划。

3. 定制化业务模式下的履约计划

定制化业务模式下的供应商在获得订单后制订履约计划尤为重要。从长远看，随着社会的进步，定制能更好地满足人们的需求，最终用户的定制将成为提升生活水平和质量的重要途径。相应地，定制生产也必然导致采购的定制。定制化生产本质上是单件的或是小批量的，其交易—履约架构具有特殊性，主要特点如下。

（1）由于是用户定制，在大多数情况下，用户往往只能描述一个概念性需求，很少能够描述产品细节，更无法提供具体的实现方法。供应商需要与用户多次沟通后才能确定需求方案，进而确定价格，最终确定订单。

（2）伴随着用户对需求以及相关技术的深入了解，用户往往会修改定制方案，由此带来交付的困难和障碍。

（3）定制产品尤其是设备的定制，必然伴随着售后服务的高成本和生产、交付过程中的高风险，但也带来了定制产品的高价值。用户价值提升最终变成供应商的高收益，由此在用户和供应商之间形成良性循环。这正是定制化模式随着人们生活水平的提高而快速发展的原因。消费者愿意为个性化产品和服务支付更高的价格，从而促使厂商将大规模生产设施转化为个性化生产设施，进一步推动供应商成为定制化供应商。这样一个新的生产循环，从根本上打破了大规模生产的原有逻辑。近年来，随着人工智能技术的迅速发展，工厂制造体系日益机器人化，生产线变得柔性化，可以适应更多的个性化产品的生产需求。

对于网上商城供应商来说，定制化业务模式主要发生在以下三种情况：一是特殊的零部件。当下游厂商接收定制化产品时，需要上游供应商提供零部件配合生产。二是个性化工程。工程本质上都是个性化的，包括为企业提供特殊的生产线、独特的建筑物，以及独特的软件系统。三是个性化服务，如方案设计、产品规划、工程咨询等。可以说，目前列入国有企业非招标项目中的采购品类，除了原材料和公用服务外，大部分都属于定制化采购。定制化采购要求供应商也应具有定制化能力。因此，项目采购的主要环节是不同供应商的方案比选。如前所述，由于用户无法提供需求细节，在采购交易时方案比选所依据的需求标准弹性较大，最终选定的方案往往只是一个框架性方案，无法判定是不是用户真正需要的。因此，最终的方案只能通过履约计划来解决。

如果我们将履约计划的备货计划进行广义解释，定制化履约计划的重点就在于备货计划。这里的备货计划包括方案确定、生产质量保证以及合格出厂。

方案确定：在这个阶段，供应商要与用户共同明确方案的细节，包括定制产品的功能、所用材料、加工方法、精度以及验收标准。许多供应商在这方面缺乏经验，在方案确定阶段比较马虎，不注重细节，与用户需求产生歧义，最终导致交付困难。

生产质量保证：由于是单件定制，生产过程往往缺乏质量控制体系，容易出现生产质量问题，导致供应商前功尽弃。

合格出厂：定制化供应商在方案确定阶段要与用户明确无歧义的验收标准，以避免产生验收问题。

当定制化产品得到较广泛的认可时，定制化产品就转化为大规模生产的产品。这是大多数创新产品的路径，并最终纳入固定价业务模式。

四、供应商履约计划能力建设

供应商履约计划能力是一项核心竞争力。良好的履约计划不仅基于供应商的供应链能力，还依赖于其履约计划能力。在供应商履约计划能力建设方面，以本书提出的供应商服务能力矩阵的流程规范要素为依据，供应商应抓好以下五个方面的工作。

（一）组织制度建设

供应商应当设立专门的履约计划部门，负责履约计划的安排。该部门与企业的计划管理部门不同，是负责履约计划安排的业务部门，专门负责对每一项订单的实施进行统筹管理，确保供应商依据订单要求按时、按质、按量交付。在制度建设方面，供应商要把履约计划作为供应商的核心竞争力进行管理，因为履约计划能力是供应商服务能力的综合体现。

（二）工作流程建设

工作流程指的是履约计划部门制订履约计划的程序。这套程序的输入是订单数据项，输出是履约计划安排。供应商应当针对不同的业务模式，制订相应的工作流程。输出的订单执行计划的要素应当符合《国有企业网上商城供应商服务规范》的规定。

（三）资源匹配

履约计划所需的资源主要包括人力资源和系统资源。供应商应当统筹协调采购部门、生产部门、质检部门和仓储部门，统一按照履约计划部门的要求完成相应工作。

（四）数据记录

履约计划数据是供应商服务能力的基础数据。履约计划的数据记录应包括两类：一类是工作流程输出的履约计划安排，另一类是工作过程记录。前者是工作成果，指导业务部门执行；后者是对履约计划部门本身工作的记录，用于自身工作的评价和监督。

（五）系统支持

很多供应商建立了专门的履约计划管理系统。从广义上说，履约计划管理系统是履约信息系统的一部分。无论是否建立履约计划管理系统，履约计划管理都是履约信息系统的基础，后续的交付过程管理、售后服务管理、风险管理、协同管理都以履约计划的数据为基础。

从技术上看，履约计划管理系统应当具备内部协调功能。当用户发出订单或者产生订单意向时，系统应当迅速生成履约计划。从这个意义上说，履约计划管理系统也是供应商的投标支持系统和销售支持系统。因此，建立专门的履约计划管理系统是必要的。

案例：西域智慧供应链（上海）股份公司的交付计划管理

西域智慧供应链（上海）股份公司（以下简称"西域"），作为 MRO（维护、维修与运行，即非生产性物料）数字化供应链专家，始终专注于数字化采购方案的技术创新和 MRO 供应链的服务创新。西域大力发展"五张网"（数字网、产品网、物流网、服务网、人才网）的核心竞争力，全方位提升服务能力，帮助客户实现非生产性物料的数字化采购及管理，缩短供应链货期，确保正品行货，降低采购成本。西域在长期的供应链实践中，形成了一整套基于需求预测的交付计划管理经验。

西域成立于 2002 年，是我国较早为国有企业提供 MRO 服务的平台型供应商。西域计划管理系统（PMS）基于历史销量数据及库存数据，进行需求预测，建立补货模型，管控交付过程。

（一）需求预测管理

1. 需求预测

MRO 行业具有品类繁多、需求零散、复购率低等典型特点，导致业内长期以来存在效率低下、预测准确率差、库存居高不下等业务痛点。针对这一行业现状，西域历时数月的项目论证和技术开发，自研了PMS，借助人工智能算法与大数据挖掘技术感知客户未来需求，提升预测准确率。对于高频物料的预测准确率可达到95%，低频物料的预测准确率可提升20%左右。

其中的"需求预测"功能模块主要是通过抓取需求侧历史交易明细对未来需求做预测。用户可通过"系统拉取"方式获取系统已有的交易明细数据，或者通过"用户导入"的方式手动导入线下交易明细数据。以这些历史交易明细数据为基础，用户可以根据业务场景需要自定义算法预测维度，比如"SKU"维度、"SKU+仓库"维度、"SKU+省"维度、"SKU+市"维度。依托大数据平台，系统可提供多种时序预测算法及机器学习算法驱动，完成高效预测并输出当月及未来6个月的预测值，以供用户使用。PMS预测替代了人工"拍脑袋"数据决策，让需求预测变得更简单高效。对供应端可以缩短货期，释放库存资金，提高交付时效；对用户端可以提前感知未来需求，实现精准备货。

为了便于用户对预测结果的使用，系统还可以支持通过不同数据来源，以"系统拉取"或"用户导入"的方式查看预测任务不同维度的预测准确率分布情况。比如，可以查看"预测准确率分布（SKU种类数维度）"BI（商业智能），直观了解在不同预测准确率区间SKU种类数的分布；通过查看"预测准确率分布（金额维度）"BI，直观看到本次预测任务的所有SKU在各个预测准确率区间的理论预测金额汇总分布；也可以通过查看"预测准确率分布（下单行数维度）"BI，直观查看本次预测的所有SKU在各个准确率区间的下单行数汇总。

为助力供应商谈判，推进数字库存业务发展，从长远来看，缩短货期，提高交付时效，降低库存周转天数，释放库存资金是供应链建设价值所在。西域通过PMS整合其历史需求，从品牌、产线等三个维度进行供应端需求预测。系统直接对"SKU"维度、"产线"维度、"品牌"维度做数据聚合统计，并通过多种时序预测算法及机器学习算法驱动，预测不同维度的未来需求。预测值将通过SRM系统触达供应商，联合供应商推进前置备货，从而极大地降低了交付周期，提高了客户满意度。

2. 销售备货

MRO行业单纯依靠系统算法从历史数据维度做未来需求预测，存在较大的不确定性。为此，PMS 结合 MRO 行业特性，设计了"销售备货"功能模块，可由销售人员基于客户最真实的未来需求提交销售备货申请，经过业务部门层层审核，最终进行前置的计划备货。销售备货将客户较为真实的未来诉求作为需求预测的数据源，且和大数据算法预测相结合实现智能计划备货，从而达到更为精准的需求预测。"数据"+"人为决策"使需求预测更加精准。

（二）补货管理

1. 备货清单数智化

由系统对 SKU 进行是否可备货的逻辑判断，可提升备货清单的准确性，降低人工统计出错的风险；清单可实现当月计算，降低备货清单输出的时间差，方便用户根据最新产品数据及时调整补货策略，从而更好地完成业务指标；同时，通过系统自动化梳理现货 SKU，实现现货池分类可溯源与可视化，助力现货拓展业务，反向推动现货 SKU 商品主数据的数据治理，促进 PMS 数智化进程，提升业务部门人效。

此模块分为全国备货清单及分仓备货清单两部分。全国备货清单报表基于全国范围内历史销量数据，将满足动销及数字库存条件的 SKU 筛选出来，并进行 SKU 相关主数据的校验。判断主数据是否可用的所有逻辑均展示在报表内，用户可以逐一进行筛选查看，最终展示备货 SKU 清单及各校验条件的结果。对于主数据不可用的 SKU，可反向推动商品数据治理工作，对不同备货类型及筛选条件的 SKU 进行后续分仓备货清单划分。

分仓备货清单报表基于全国备货清单，将全国备货清单内备货类型是"正常备货"且在各仓有过销量的 SKU 筛选出来并划分到各分仓，进行备货类型判断并形成各分仓备货清单。同时，分仓备货清单增加了 SS、ROP、MAX 等字段，进行仓库补货策略及参数的配置后可自动计算。用户可基于此清单对各分仓进行后续实际的备货操作。

2. 补货策略分析

（1）业务指标报表。

用户使用 PMS 进行智能补货时，不同分级标准下 SKU 的补货策略及参数是用户根据自身经验进行设定的，标准差异较大。基于此，PMS 设计了"业务指标报表"模块，可在每一次补货前，基于目前配置的补货策略及参数，对当前补货后未来一定周期内的补货情况做业务指标（预测订单满足率、库存周转天数、库存成本）正向测算，直观展示当前库存和补货策略配置对未来一定周期的指标的影响情况。用户可根据输出的指标计算结果辅助判断是否需调整当前的补货策略和补货计划并及时校准。

（2）补货策略模拟。

由于用户设置补货策略及参数的经验丰富程度有所差别，为了让用户更快上手业务，PMS 同时设计了"补货策略模拟"模块。用户只需对仓库下SKU 划分分级，PMS 可基于 SKU 分级做逆向模拟仿真，自动模拟优于当前业务指标的最优补货策略及参数。用户可直接将模拟结果应用到实际补货场景，并结合正向指标计算情况，确保业务指标达到最优，以便更好地完成业务指标，实现精准备货。

（3）补货策略配置。

用户可自定义配置仓库 SKU 分级标准，可依据仓库维度做差异化分级划分，实现对仓库 SKU 的精细化分级管理。

基于分级配置，用户可以直接将 PMS"补货策略模拟"模块的结果带入补货模块的仓库补货策略及参数页面；PMS 也支持用户根据经验，自定义配置仓库补货策略及参数，根据实际业务对不同仓库分级标准匹配差异化补货策略并对参数进行灵活调整，从而高效应对业务场景的变动。

3. 智能补货

结合备货清单数智化中分仓备货清单及各仓销量源配置，PMS 将自动输出补货 SKU 池。采用多维度 SKU 分级标准，以需求预测为基础，考虑库存、周转、SKU 属性及特殊业务等情况，利用配置好的多样化补货策略模型，最终输出补货建议。

用户可基于补货建议结合自身经验和当前实际情况进行补货操作。同时，对于部分 SKU，PMS 也支持系统自动补货，有效提高人效。

PMS 利用差异化补货策略进行精细化补货，加快补货进度，有货率预估达到 95%，全面提升计划备货能力；库存周转天数平均降低 20 天，结合"狮行驿站"，库存资金节省约 90%，实现降低库存周转天数与库存资金的目标。

（三）备货交付管理

1. 备货提前期稳定性分析

人工维护的备货货期可能存在不及时更新维护的情况，且与实际交货货期存在差异，影响安全库存计算和库存周转天数数据，进而导致备货数据不准确。为此，备货提前期稳定性分析功能集成了关键节点信息，通过数据分析，可反向监控管理相关维护产品主数据人员的处理及时性与准确性。同时实现供应链端到端可视跟踪，提高供应链的主动性。通过跟踪供应链内、外部处理各个环节的人员及处理时间，提前预知交付风险，从而创造规避风险的机会，预留应对风险的时间。

备货节点耗时分析：可及时跟进备货各个节点的处理情况和分析耗时，反向进行内部工作效率管理，找出关键瓶颈。

备货需求池：可直观查看全量未处理备货需求以及内部各环节未处理异常情况，便于及时跟进处理。

货期稳定性分析：可全面了解交付货期变化频次和幅度，通过对公司内部节点稳定性、供应商外部稳定性分析，为选择合作供应商做决策性指导，针对交付达成情况触发相应改善计划。

货期准确率指标：对内可以反向管理相关维护产品主数据人员的处理及时性与准确性，对外可以全面了解供应商交付情况。

2. 现货交付全流程

通过整合分析现货交付各流程指标，直观展示各指标数据和趋势，实现站在供应链全局的维度对各节点进行统一管理，增加多项监控指标和 BI 图表管理当月数据并进行历史趋势分析，帮助用户快速定位当前交付流程中存在的问题节点，有效提升人效，降低人工手动处理数据的耗时。通过周度邮件推送指标和问题明细，相关业务部门可以快速解决问题并制定后续改善方案，增强各部门协同能力，促进后续改善方案的推进。

3. 数字库存谈判池

基于 SKU 历史销量明细数据和动销数据，结合业务判断逻辑，智能化输出数字库存谈判清单，并展示总谈判品牌数据和总谈判 SKU 数据情况。可依据清单辅助提升谈判效率，实现针对性精准谈判，加速数字库存全流程的数字化进程，提升人效及数据准确性。同时，通过 SKU 和品牌维度的数据统计与分析，为数字库存 GAP 过程管理提供数据支持，推动数字库存建设。

4. 现货 SKU 池

基于备货产品清单和当前库存情况，整合公司现货 SKU 数据，实现线上集中管理，并自动输出现货 SKU 清单，直观展示现货 SKU 的数据情况。基于清单数据，可触达对应行业销售，推动行业上架及公司现货业务发展。

（四）库存控制管理

1. 库存平衡度

可视化展示仓库库存健康情况，实现全局管控及平衡不同价值 SKU 的库存分布。跟进需要重点关注的补货在途库存数据，并精准定位需要补货或催单的 SKU，高效完成客户交付，提升客户体验。

2. 库存活跃度

可视化展示仓库不同动销频次分级下的库存在各个库龄区间的 SKU 数量及库存价值的分布情况，便于用户实时监控仓库库存活跃度情况。对于库龄较大的，及时跟进做库存处理，避免呆滞风险。同时，结合活跃度分布情况做好备货联动，确保库存活跃度水平，高效精准地进行库存活跃度的管理。

3. 库存时间轴

常规的库存管理多为结果化管理，仅支持查看库存量，但是无法查看库存的全生命周期流程，如何时因为何种业务场景进入仓库、何时出库等。这导致无法及时定位交付过程中的异常并及时介入处理。此外，如果想要快速查看库存的交付全流程及监控库存，用户需要多层联表匹配，操作烦琐且人效较低。

快递行业有物流轨迹，供应链行业也可以有库存轨迹可循。基于此，PMS 设计开发了库存及现货交付时间轴管理报表，将 ODoo、PMS、OA 等相关系统的数据进行整合汇总，记录需求从创建到出库全流程时间节点，并对关键节点的异常进行高亮展示，在一个报表内实现库存和交付全流程的跟踪，达到了提高人效、降低库存非活跃风险以及促进库存定责项目进度的目标。

（五）非活跃库存管理

基于每日库存情况，按照客户衰退、售后、库存与预测销量对比、库龄的维度，PMS 可判断并输出非活跃库存清单，并对可退货 SKU 进行标记。帮助用户对非活跃库存进行多维度分析，精确定位异常。针对不同分类协同相应部门进行后续处理，实现库存闭环管理。此外，用户可直接导出系统计算的应退货 SKU 清单，实现非活跃退货清单线上化，从而提升退货 SKU 清单处理的及时性。

〔案例作者：林永建、汤婷玉，西域智慧供应链（上海）股份公司〕

第六章

交付过程管理

交付就是供应商将产品或服务实质性地转移给买方并得到买方接收确认的活动或过程。这个过程主要涉及物流和信息流两类问题。在第五章，我们已经探讨了履约计划过程，本章我们主要探讨网上商城供应商的实际交付过程。

一、网上商城供应商交付的特点

网上商城供应商与一般供应商最大的不同是，网上商城供应商与采购人有一条基于网上商城的常设信息通道。

网上商城供应商从其准入网上商城时起，就与网上商城技术平台建立了一体化联系。同时，由于供应商履约系统与网上商城相对接，就形成了完整的数字化交付通道。因此，网上商城供应商交付的物流与信息流是完全统一的。在此基础上，《国有企业网上商城供应商服务规范》对线下交付和线上交付两种交付方式做出了规定。

6 交付

6.1 线下交付

6.1.1 备货

供应商应按照订单要求的质量和数量准备商品，并核验商品销售所需的质量合格证、销售许可证等证书或文件。

6.1.2 发货

供应商应按履约计划发货并出具发货单。

6.1.3 物流

6.1.3.1 供应商负责物流时，供应商应组织和实施商品物流服务，并将物流状态等信息通过数据接口实时推送至网上商城。

6.1.3.2　采购人负责物流时，供应商应对采购人提货提供支持和协助。

6.1.3.3　供应商与网上商城约定使用网上商城物流服务时，应按签署的物流协议执行。

6.1.4　安装调试

需要安装调试才能达到交付要求的设备，供应商应按照订单约定完成相应的安装调试服务。

6.1.5　交货与确认

商品送达采购人指定地点后，供应商应与采购人履行商品交接程序，取得采购人确认交付完成的文件或签收证明。

6.2　线上交付

适合线上交付的数字产品，供应商应按照合同和订单要求，以数据电文方式将商品送达指定系统，并取得确认交付的文件。

区分线下交付和线上交付，是《国有企业网上商城供应商服务规范》的重要特点。线下交付指的是实物交付的过程，而线上交付指的是与实物交付相一致的数据交付过程。只有这两者同时交付完毕，供应商所供应的标的物的交付才算完成。这是网上商城交付与传统交付的重大差别。

传统意义上，供应商采购的物品主要是实物，实物交付了，符合要求就算交付完成。21世纪以来，随着数字技术的快速发展，许多企业已经完成了数字化转型。数字化企业的一个重要标志就是，企业所完成的每一件产品都有一个数字孪生体。也就是说，数字化企业的每件产品都有两种形态，一种是实物形态，一种是数字形态。从交付的角度看，只有同时交付了两种形态的产品，供应商的交付工作才算完成。

这种双形态交付，将会是数字经济下的交付常态。但客观地说，在目前大多数情况下还做不到。特别是对于一些标准化、大批量产品来说，其必要性也存有疑问。但是，对于许多定制化、个性化产品和数字化要求较高的产品，双形态交付就成为必然。可以说《国有企业网上商城供应商服务规范》的这项要求是面向未来、面向先进供应商的。在网上商城三种采购模式中，实时价模式主要是面向小额的标准化传统产品的，对双形态交付的要求不迫切。固定价模式中的一部分设备，伴随着大量的售后服务以及培训需求，对双形态交付的要求就比较高。针对定制化模式中的个性化产品，双形态支付就显得十分必要。最近几年，网上商城交易中定制化产品的增多，必将引起对双形态交付的大量需求。双形态交付能力，将成为供应商核心竞争力。

二、线下实物交付过程

如前文所述，网上商城交付有严格的计划性。这种计划性有利于采购人减少库存，提高效率。同时，也给供应商交付提出了更高要求，对交付的时间要求也更加严格。因此，供应商必须对交付过程有全面的管理控制能力。

从实物商品的制造、检验，再到产品的出厂、运输，最终按时按质按量交到用户手中，就是一个完美交付的过程。在履约计划确定的情况下，完美交付就是按计划交付。从实践上看，要实现完美交付，必须对交付过程中的关键点进行控制，保证不出偏差。《国有企业网上商城供应商服务规范》明确了交付的 5 个关键点，即备货、发货、物流、安装调试，以及交货与确认，并对这些关键点提出了要求。

（一）备货

备货指的是按照订单要求的商品的质量和数量，准备好相应的商品，完成打包，具备发运条件。它看起来简单，实际操作却十分烦琐，是最容易出问题的一个环节。

备货涉及供应商所供商品的质量保证。《国有企业网上商城采购交易操作规范》和《国有企业网上商城供应商服务规范》都有一个预设，即供应商所供商品的质量是合格的，是满足采购人技术和质量要求的。之所以这样预设，是因为在网上商城标准体系中有两个重要环节，可以保证供应商提供质量合格的商品。这两个环节分别是供应商准入环节和交付备货环节。在供应商准入环节，主要解决的是供应商的产品质量保证问题。特别是对网上商城的平台型供应商来说，由于平台上的厂商众多，如何保障所供商品质量是最重要的问题，也是网上商城评价供应商的重要指标。就当前情况来看，供应商准入大多通过招标投标方式。这实际上要求在网上商城准入阶段，应对供应商提出最基本的质量保证要求，即把对供应商的商品质量要求放在第一位。

对商品质量保证的第二个环节是交付备货环节。实际上，交付备货环节是对商品质量的核验。如果说供应商准入环节所要求的是基本质量保证要求，而交付备货环节则是对具体订单的质量要求的核检。这一步对供应商实现完美交付十分重要，供应商要基于订单的质量要求，逐一查验其实物与订单要求的一致性。这项工作对于独立型供应商来说相对简单，而对于平台型供应商来说则较为复杂。这是因为在实际操作过程中，平台型供应商与供货厂商一般都是分离的，这种分离导致不同厂商的服务质量差异很大，容易产生不合格产品。由此，平台型供应商的发货质量问题就转化为平台型供应商的厂商管理问题。由于存在这种情况，网上商城对平台型供应商的质量管理能力的考察就转化为平台型供应商对厂商管理控制能力的考察。如果平台型供应商对厂商控制能力弱，无法控制厂商质量，则平台型供应商的备货能力就存疑。

在质量问题解决之后，数量管理是较为容易的，通过确定的流程基本可以避免数量差错。

（二）发货

发货是确保交期的关键环节。就具体的一个交付过程来讲，供应商服务的主要任务就是保证交期。客观地说，在网上商城采购模式中，商品的价格由交易平台上的交易竞争决定，商品的质量由厂商的生产质量管理体系决定，而供应商的履约服务体系则主要保证交期。发货则是保证交期的重要环节。在发货时，要精确计算客户的收货时间，因为对于许多客户来说，其仓储空间是有限的，只有在计划确定的时间到货，才能保证有相应的仓储空间。因此，越是管理先进的客户，对供应商的发货管理就越精细，既不能迟发，也不能早发，由此供应商发货计划性变得十分重要。随着数字技术的推进，大量客户的生产体系逐步走向工业互联网。这种新的数字化生产体系与供应商供应服务实现一体化运行，上下游之间实现无缝连接，逐步实现了无仓运行，甚至实现了自动交付。基于此，供应商按照履约计划交付就更为重要。在全球电子商务环境下，自动交付已逐渐成为潮流。我国也已出现大量的自动化工厂和黑灯工厂，这必然要求供应商的交付技术跟进，实现无缝自动交付。

对交期的严格计划要求，促使许多供应商优化交付体系。具体表现在根据客户分布情况调整运输配送体系，着重解决从配送中心到用户的"最后一公里"问题。近几年，平台型供应商在这方面进行了有益探索，大大促进了供应商交付能力的提升，提高了产业的运营效率。

（三）物流

物流是交付过程中最大的不确定性因素。物流的不确定性主要来自以下几个方面。一是货物运输过程中装卸的不确定性。供应商在发运后对其运输过程不可控。野蛮装卸可能造成货物损坏，装卸过程可能造成货物丢失、缺损等，这些问题最终会导致交付困难。二是货物运输过程中，道路、交通状况的不确定性。交通堵塞、道路损坏、航运受阻等都会造成交付延期。三是信息不畅。当委托第三方运输时，由于处于不同的信息系统，若运输中出现问题不能及时获得信息，也难以介入处理过程。因此，对物流过程进行监测和控制，成为供应商实现完美交付必须解决的问题。

目前，供应商在交付过程中的物流服务主要有三种情况。第一种情况是供应商自建物流体系。自建物流体系的好处是供应商对运输和配货过程完全可控，尽可能地掌握物流的主动权，可以调动内部组织力量，最大限度减少物流风险。存在的问题是自建物流体系投入大且管理困难。因此，自建物流体系更适合大型供应商，特别是大型平台型供应商，如京东、阿里巴巴都建立了自有物流体系。物流已经成为这些平台型供应商的核心竞争力。第二种情况是需方物流。这种情况在网上商城很少。特别是在实时价模式下，需方一般不负责运输和配送。但在个别情况下，特别是一些大宗原材料的采购，企业为了保证生产稳定性，会自建物流体系。即使在这种情况下，也有部分需方需要第三方物流的支持。第三种情况是第三方物流。实际上，第三方物流是由供应商或需方选择的。在网上商城的条件下，物流不确定性产生的责任仍由供应商承担。为了履行保证交付的责任，一些网上商城创建了智慧物流体系。智慧物流实际上是一个物流调度和监控系统，其依托数字化技术，对供应商交付过程中的物流进行协同和监控，以确保运输安全和信息透明。智慧物流能够及时向供应商和采购人通报物流信息，帮助处理运输风险。可以说，网上商城推动的智慧物流很好地解决了物流过程中存在的问题，减少了物流的不确定性。《国有企业网上商城供应商服务规范》对网上商城智慧物流持支持态度。

（四）安装调试

安装调试是供应商交付的保障。网上商城供应商是一个广义的概念，根据网上商城的三种业务模式，我们可以区分不同类别的供应商。在实时价模式下，供应商主要是指通用小额产品供应商。这些供应商在工业品供应领域，借鉴了消费品供应模式。实时价模式下的平台型供应商实际上是集货商，即把大量商品集中在一个平台供采购人选择。从品类上来看，这些商品一般是低值易耗品和不需要维护的工具、五金以及办公用品，使用较为简单，一般不需要供应商安装调试即可使用和运行。由于这些平台型供应商所供应商品的技术含量不高，后续工作量小，进入门槛较低，竞争也较为激烈。

固定价模式下，供应商成了采购供应链的主体。这类供应商所供产品一般与采购人的生产过程密切相关，采购人对这些产品提出许多专业化要求。从所供产品品类上来看，一般包括以下三种。第一类是材料类。这些材料一般作为采购人的原材料或燃料，不同生产过程对其有不同的要求。在大部分情况下，这类产品需要供应商预先进行加工，以达到相应的配比、热值等。比如，炼钢用的矿砂，其粒度、含铁量等都必须达到相应的要求。第二类是零部件。供应商所供产品必须达到一定的精度，满足相应的公差要求。一些重要零部件可能决定最终产品的性能，需要满足多方面的要求。第三类是生产设备，包括单台设备和生产线。供应商必须到现场进行安装调试，确保设备达到生产要求。从交付的角度看，在以上三类产品的生产过程中供应商与采购人处于强相关状态。采购人必然会对产品供应商提出交付保证的要求，即要求所供产品在生产过程的使用、运行中处于良好状态。这是我们在网上商城采购模式中对供应商交付保证要求的具体落实。也就是说，供应商的交付保证是采购供应链的运行保证。在实践中，许多网上商城承担着保证供应商完美交付的责任。而确保重要设备顺利运行，是交付保证的重要一环。

在定制化模式下，采购人定制设备的安装调试对于供应商交付保证更为重要。在采购人与供应商签订定制化合同时，定制化设备的安装运行状态和各种运行参数指标都应在合同中明确规定。作为基础的供应商服务规范，《国有企业网上商城供应商服务规范》不可能提出具体的安装调试要求，但无论是供应商还是采购人，都必须在合同中重视安装调试条款。

（五）交货与确认

交货与确认是支付保证的核心环节。供应商与采购人的关系本质上是一种交易关系。从订单确认到交货确认，是供应商完整的履约过程。网上商城本质上是一个交易保障中心，即在网上商城达成的协议，网上商城应当承诺交付保证和支付保证。这样的网上商城才是有生命力的。完美交付是供应商的责任，及时支付是采购人的责任。在这个双边关系中，要实现及时支付，供应商需实现完美交付的最后一步，即交货确认。

《国有企业网上商城供应商服务规范》把交货与确认视为两个过程，它们对货款支付十分重要。第一个过程是交货。交货过程实际上是确定交货的质量、数量和时间。为了确保交货质量，供应商与采购人需要进行一个检验过程。双方应当按照合同确定的检验方法进行质量检验并确定合格品数量。第二个过程是确认。确认过程的参与主体是采购人，确认文件由采购人出具，确认交付完成的文件是采购人支付的依据。因此，交付与确认是支付保证的核心环节。

落实了以上 5 个关键点，就实现了网上商城采购交易的质量保证、交付保证和支付保证三要素，履约计划得以完美实现，交易风险得以排除，采购人、供应商和网上商城实现三赢。

在现代数字化条件下，交付自动化发展迅速，特别是在许多流程化产业中，采购过程通常是根据 ERP 系统自动下单的。因此，供应商的供货过程是持续不断且无缝对接的过程。相应地，交货过程的检验和核验也必须实现自动化。与之相适应的是支付的自动化。当支付条件具备时，采购人自动付款，这是交付过程的理想状态，供应商服务应当向这个方向努力。

三、线上交付过程

在双形态交付的情况下，线下实物形态的交付必然伴随着线上数字形态的交付。线上交付过程相对简单，但仍需注意以下三个问题。

（一）产品数字形态的类型

目前，产品数字形态包括以下三种类型。

1. 数字文件

对于简单的产品、标准化产品以及大部分工业品，产品的数字形态主要表现为各种数字化文件和记录。例如，Word 文档、PDF 文档等形式的使用说明书，这是传统的数字化表现形式。更高的要求则表现为产品的设计文件、设计图、施工图、安装图等。

2. 数字孪生产品

数字孪生产品是伴随着工业 4.0 而出现的新兴数字化表现形式。数字孪生产品是实物产品的数字化形态。这种数字化产品一般来说是三维的、动态的、与实物伴生的。数字孪生产品的三维性，表明其和实物产品是完全一致的，用户可以在其基础上进一步与其他数字产品相结合或相融合，形成新的产品。数字孪生产品的动态性，表现在可变性上，其可以模拟全生命周期的变化。数字孪生产品的伴生性，表明其与实物产品的变化相一致，会跟随实物产品的变化而变化。数字孪生产品的出现具有重要意义，它使得我们可以基于数字孪生产品构建一个与实体世界完全一致的数字世界。许多事情我们可以先在数字世界中模拟实现，然后再在物理世界中实现。这样，我们就可以大大提高其成功率，减少实施成本。在某种程度上，这实现了《孙子兵法》中所言的"先胜而后求战"。

3. AI 代理

AI 代理是随着大模型技术而产生的新型产品数字形态。在大模型的加持下，每一件产品，特别是一些较为复杂的生产系统，其生产商可以生成一个代表该产品的数字化代理。这种数字化代理的表现形式可以是一个独立软件，也可以是一个小程序，具备一定的对话功能，可以回答关于该设备或系统的任何问题。这实现了设备与操作人员间的直接交流，使设备在一定程度上具备了智能。AI 代理使传统意义上的实体变成了主体，具有了能动性。可以预见，随着大模型技术的进一步发展，AI 代理的应用会越来越普遍，将加速推进各类供应商产品的智能化水平。未来，供应商的竞争将主要集中在智能化方面，而网上商城的智能化水平也将同步提高。

（二）产品数字形态的数据责任

产品的数字形态是供应商交付的一部分，产品数字形态与实物产品应当是完全一致的。因此，供应商对实物产品的责任必然延伸至产品的数字形态，即供应商应对产品数字形态与实物产品的一致性以及产品数字形态本身的真实性、可靠性负责。这就涉及产品数字形态的数据责任问题。

2004 年 8 月，第十届全国人大常委会第十一次会议通过了《中华人民共和国电子签名法》，为数据责任的确立提供了法律依据。该法除了对电子签名的合法性做了规定外，还确立了电子原件的不可篡改性和合法性依据。这里讨论的产品数字形态的数据责任，具体表现在供应商提供的产品数字形态原件的真实性和可靠性方面。供应商为了保证其真实性和可靠性，防止产品数字形态被篡改，应当对其数字形态进行电子签名保护。供应商只对未经篡改的产品数字形态负有数据责任。

（三）数据责任和数据资产

当供应商将产品卖给采购人、用户后，产品的所有权就发生了转移。供应商的交付过程，实际上就是产品所有权转移的过程。经过转移的实际上是两类资产，即实物资产和数据资产。传统意义上，国有企业的采购主要是实物资产的转移，而未来要特别注意数据资产的转移。2023 年 8 月，财政部发布了《企业数据资源相关会计处理暂行规定》，使数据资源的会计处理有法可依。

数据资产的转移并没有免除供应商的数据责任，如同实物资产的转移并没有免除供应商的质量保证责任一样。随着数字经济的发展，我国在全球范围内首先推动数据要素化，把数据作为与土地、劳动、资本一样的生产要素看待，并以此构建数字经济的理论基础。数据是网上商城大量交易沉淀下来的唯一资源，供应商和采购人是这些资源的原始创建者。交易过程和履约过程的数据具有重要价值。如何处理好网上商城与供应商和采购人的数据关系，是我们面临的重要问题。

四、供应商交付过程管理能力建设

交付过程管理是网上商城供应商服务的核心能力。传统上，在采购的三大要素——价格、质量、交期中，一般对价格较为重视。我国的《招标投标法》以及电子采购的相关规定，主要侧重于对交易过程的管理，这实际上体现了对价格的重视。在供应商自身的管理中，对质量的高度重视是有目共睹的。许多供应商都积极参与 ISO 质量认证，建设质量保证体系，但对交期的重视程度远不如对价格和质量的重视。交期延误对采购人造成的损失是很大的。因此，在重视价格和质量的同时，重视交期更为重要。交付是交易的最终结果，交付管理也是质量管理和企业管理的对外体现。

根据本书确定的供应商服务能力矩阵，结合网上商城供应商的实际情况，供应商交付管理的流程规范应当在以下五个方面展开。

（一）制度和组织

供应商的订单交付制度是供应商交付管理的基础。具体来说，交付制度是供应商落实履约计划、实现供应商完美交付的制度。交付制度包括以下主要内容。

（1）关于产品交付的实物形态和数字形态的规定，明确双形态交付目录。

（2）关于实物形态交付的全过程管理的规定，包括备货工作流程、产品发货流程、物流监测、交付条件以及结算管理。

（3）关于数字形态交付的全过程管理的规定，包括产品数字化规范、电子签名以及相关责任的落实。

（4）组织制度。制度的落实要靠组织。供应商应当建立交付中心，统一交付流程，统一考核。

交付制度和组织建设情况是网上商城考察供应商交付能力的基础指标。一些小型供应商由于产品单一，很难建立专门的交付制度和交付中心，这类小型企业的交付应当依托平台。作为平台型供应商的厂商，应按照平台型供应商的交付制度进行交付管理。而对于大型独立型供应商，则应建立完善的交付制度和组织，推动交付流程化，保证交付过程的确定性。

（二）交付工作流程管理

管人靠制度，管事靠流程。流程设计是落实制度、确保各项事务顺利完成的保证。流程设计的基本原则是：当一件事情走完全部流程，就意味着取得了满意结果。因此，流程设计十分重要。就交付流程来说，一套完美交付的流程应包括以下几个重要环节。

（1）订单分析。除单项订单外，所有复合订单都要分解成单项订单，并对每个单项订单制订交付流程。

（2）合并订单。基于供应商的全部订单安排物流计划，会涉及供应商的物流成本问题，而合并订单能成倍地减少物流成本。

（3）基于供应商合并订单设立地区仓，并建立相应冗余。

（4）配送流程。配送要解决"最后一公里"问题和用户符合订单恢复问题，确保用户一次性收到全部订单产品。

（5）订单验收与结算流程。

（6）订单承诺反馈。根据供应商流程运行情况，改善对用户的交付承诺，由此形成交付流程的良性循环。

从以上流程分析可知，供应商交付流程的成本和效率实际上取决于三个节点：工厂、地区仓和配送。首先，对工厂的质量管理是基础。工厂往往不是直接供应商，因此供应商对工厂的质量保证主要是监控，防止不合格产品流出。所以，供应商应制定严格的工厂质量监督流程。其次，地区仓对交付的主要影响体现在仓储成本控制方面。根据地区订单汇集情况预测地区仓冗余，仓储冗余大，交货能力就强，但必然会提高仓储成本。所以，保持最优仓储是供应商的重要竞争力，对于平台型供应商更是如此。最后，配送机制和配送成本。这涉及配送半径和配送效率，配送半径过大，配送风险就大，效率就低；配送半径过小，则必然要求地区仓分布密，导致仓储成本增加。这是一对矛盾，为了解决这一矛盾，交付流程设计就尤为重要。

对于一个具体的供应商来说，交付流程实际上就是供应商的交付服务链。这个问题至今没有引起大部分供应商的重视。在采购人已经把采购供应链视为企业重要竞争力的情况下，供应商的交付服务链是供应商的重要竞争力。供应商的交付服务链要与采购人的采购供应链建立匹配关系。这种匹配关系成为交付流程设计的优化边界，也是处理交付过程中各种矛盾的依据。

（三）交付资源配置

交付资源是支持交付中心运行的物质条件，主要包括人力资源、组织资源、实物资源、信息资源和经济资源。

（1）人力资源，指的是交付中心的人力配置，包括各种专业人才的配置。例如，备货阶段的检验专业人员，发货环节需要的计划管理人才，物流专业人才，以及客户关系管理人才等。

（2）组织资源，涉及交付流程中与相关组织机构的协同关系，如检测机构、物流公司、仓储和配送等。供应商要与这些组织资源建立长期稳定的关系，形成确定的交付供应链关系。

（3）实物资源，包括交付中心所需的各种设备，如计量设备、检验设备等，以及仓库设施、运输设备等。

（4）信息资源涵盖交付过程中所需的产品质量信息、检测信息、物流信息、用户信息、验收信息以及计算机系统。

（5）经济资源，是指为保证交付中心运营的预算以及相应设备采购、工程建设所支持的资金。

交付资源配置构成了供应商的交付基础设施，是交付供应链的实体依托，也是交付流程顺利运转的物质保证。

（四）交付过程数据管理

交付过程是一个实际发生的过程。交付过程数据管理是对这个实际发生的过程进行记录。过程记录经历了三个重要阶段。第一个阶段是结果记录。受记录条件的限制，人们往往只能对一段时期的经济活动结果进行记录并据此进行测算，这就是会计记录。第二个阶段是对节点进行记录。这是有了互联网以后实现的。传统的信息管理系统、企业资源计划系统等都是对经济活动的重要节点进行记录。如今对节点进行记录可以大大提高企业内部经济活动过程的管理能力以及生产效率，是经济进步的重要动力之一。第三个阶段是大数据记录。进入 21 世纪以来，随着互联网技术的发展，人们的记录能力发生了重大变化。一方面，人们有能力记录事物发展过程的细节。也就是说，通过互联网人们可以感知和记录事物发展过程的细微变化，进而从这些细微变化中发现事物的实质，揭示问题的本质。另一方面，借助互联网，可以捕捉相关事物的细节，这样人类就有能力获得事物发展变化的连续不断的、范围广泛的海量数据，即所谓的大数据记录。通过对大数据的分析，人们对任何一个过程的理解更加深刻，由此形成的管理决策也就更加符合实际。

网上商城实际上构建了一个大数据的环境，供应商都是在这个大数据环境中进行交易和履约的。因此，对于网上商城供应商来说，基于大数据进行数据管理就变得十分必要。供应商的数据管理能力和水平成为考查其能力的重要指标。交付过程是履约过程的重要环节，交付数据综合反映了供应商的交付能力。

供应商交付过程数据可以分为两类：一类是供应商履约信息系统的数据，另一类是供应商与网上商城交互的数据。

1. 供应商履约信息系统的数据

《国有企业网上商城供应商服务规范》明确要求供应商建立履约信息系统，这个系统可以根据供应商的实际情况进行设计和建设。从理论上来说，供应商履约信息系统收集的数据粒度可粗可细：粗则可按节点收集，细则可按大数据的要求进行收集。从当前技术发展的趋势和企业管理的要求看，企业的信息系统本身正在大数据的冲击下发生巨大变革。传统的信息系统在人工智能时代已不具优势，尽可能收集详细、广泛、多维度、多模态的数据已成为企业竞争力的核心。因此，供应商在开发履约信息系统时，应按大数据的要求进行，具体收集数据的范围和模态可根据企业实际情况确定。

2. 供应商与网上商城交互的数据

根据目前网上商城的实际情况，不同网上商城与供应商交互要求的数据差别较大。《国有企业网上商城采购交易操作规范》和《国有企业网上商城供应商服务规范》都给出了一个数据清单，该清单是供应商与网上商城交互的最小范围的数据。

（五）系统支持

这里的系统支持指的是供应商履约信息系统对交付行为的支持。供应商履约信息系统要把供应商的交付制度、交付流程固化在系统中，全面记录交付中心所有成员的所有交付订单的交付过程。同时，按照网上商城的要求，供应商履约信息系统与网上商城技术平台建立数据交互关系。这种交互关系建立后，供应商履约信息系统将在以下三个方面支持供应商的交付行为：一是对交付行为进行监测，对可能发生的过程违规行为和交付延误提出警示；二是接受网上商城的指导，优化交付过程；三是支持数据分析。通过数据分析，完善交付制度和交付流程，确保交付过程持续优化。

案例一：欧菲斯集团股份有限公司的交付过程管理

欧菲斯集团股份有限公司（以下简称"欧菲斯"）是我国著名的平台型供应商，公司业务包括办公物资、MRO、员工福利三大业务板块，在交付管理上具有成熟的经验。欧菲斯的项目集成平台（POP）是一个供应商交付管理的范例，可以对接大型政企客户，自动接收来自多渠道的订单，并对订单确认、发货、物流跟踪、售后服务等进行管理。

欧菲斯是一家全国性集团公司，1993年以文化用品经营开启创业，下属46家全资子公司，在职员工超过2000人。欧菲斯通过重塑全新政企采购数字化供应链生态链，以办公物资采购为服务入口，构建"办公物资+MRO+员工福利"三大业务板块，持续为各级政府、军队、企事业单位等B端用户提供数字化采购一站式解决方案，拥有4000多个覆盖全国的供应链网络，产品涵盖 6 大品类，拥有近 40 个商品类别的商品库，连续 4 年荣获"中国服务业企业 500 强"称号，致力于打造成为全国领先的数字化采购服务供应商。

同时，欧菲斯是一家以数字化手段为大型政企客户提供办公物资集采服务的供应商。基于订单数据量大、业务遍布全国等特征，欧菲斯以数字化信息技术赋能传统商贸行业，从而实现降本增效。

与传统商贸业务模式的相同点在于：总体业务环节仍是获客与销售、采购、交付商品、对账收款，主要业务内容仍是利用自身的供应链渠道和运营管理，连接上游供应商与下游客户。不同之处在于：主要业务环节由信息系统嵌入。通过信息化体系管理，确保每一个订单都能快速、准确无误地送达客户手中。信息化建设可以实现高效运营、优化管理流程、提升产品质量和客户满意度，从而增强市场竞争力。

欧菲斯通过长达近十年的自主研发，不断升级迭代项目集成平台。平台对接大型政企客户平台，自动接收来自多渠道的订单，实现 7×24 小时不间断服务，支持迅速审核订单基础信息、验证客户身份等功能，减少人工干预，提高效率。

项目集成平台是欧菲斯跟客户签署专属的云 SaaS 采购平台，可实现企业多员工协同采购、在线智能选购商品、在线对账开票、企业采购数据报表统计等，全面为企业提供高性价比办公物资集中采购服务。与传统的采购方式相比，项目集成平台能够为企业节省采购成本，提高采购效率，实现采购管理的高效与便捷。

（一）订单接收与传递

订单传递：项目集成平台在接收订单后，系统将会自动根据智能分配逻辑将订单准确高效地推送至服务商，确保服务商能在第一时间接收到订单，这一步骤对于提高订单交付时效尤为重要。

智能分配算法：这是欧菲斯自主研发的一套基于商品类型、客户地理位置、物流成本以及历史订单处理效率等多维度规则的算法，意味着系统能够灵活地适应各种不同的业务场景和项目需求，为客户提供个性化、定制化的服务。

（二）订单确认

服务商接收到订单后，可以通过合作商集成平台（OSP）处理订单的后续环节并实时跟踪订单的处理状态，包括拣货、打包、发货等。这有助于及时发现并解决问题，确保订单按时交付。这一步骤确保了订单数据从前端平台无缝过渡到后端处理阶段。

合作商集成平台是欧菲斯重点打造的 B2B 电商服务平台，覆盖商品、销售、采购、供需资源、签收、发票、对账、结算、合同 9 大环节，为服务商提供业务全生命周期管理，致力于打造成为服务商自身的业务管理平台；旨在确保数据信息流通共享，实现一站式处理业务，提高订单处理的效率和准确性。

服务商接收到订单后进行订单确认，包括但不限于商品明细、收货地址等主要信息。如果存在任何问题（如库存不足、地址错误等），需及时反馈至欧菲斯，由欧菲斯与客户沟通调整订单信息。

（三）订单发货

（1）服务商根据订单中的配送地址和客户要求进行任务调度与执行。

（2）仓库管理系统接收到任务后，会进一步细化为操作员的拣货清单或采购部门的采购订单。

供应商协同平台（SCS）是欧菲斯为了优化供应链管理，将各个供应商的信息系统与自身内部系统进行整合的数字化平台。能够实现采购、订单管理、库存监控、物流跟踪等流程的自动化和透明化，从而提升效率，降低成本；旨在帮助欧菲斯与其供应商建立紧密的合作关系，并提高供应链的效率和可持续性。供应商协同平台为欧菲斯和供应商提供了统一的从寻源到采购结算全链路的数字化采购服务平台，以促进信息共享、协作和协调。通过该平台，欧菲斯可以与供应商即时在线进行合同签署、货源确定、订单处理、账单结算、发票管理，减少了传统的纸质文档和电子邮件沟通带来的错误和延迟。

此外，供应商协同平台还提供了一些其他功能，包括供应商评级、库存管理和供应链可视化等。通过这些功能，欧菲斯可以更好地监控供应链的运作，并与供应商共同努力实现更高的效率、更好的产品质量和更可持续的供应链。

（3）出库与打包：完成拣选后，商品进入打包环节。在系统中可选择合适的运输方式和路线，确认包裹状态，系统同步更新库存状态。

（4）生成运单：系统根据包裹信息及收件人地址自动生成运单，并与预先设定的物流公司系统对接，完成电子运单的提交。

（5）物流揽收：物流公司收到电子运单后，安排快递员前往仓库或指定地点进行包裹揽收。快递员会扫描包裹上的条形码或二维码，完成揽收确认，系统随即更新订单状态为"已揽收"，并同步更新订单状态为"已发货"。

（6）配送方式：物流管理人员及配送人员在揽收货物之后，可根据实际情况分为自配送和三方物流公司配送两种方式进行订单的配送。

自配送方式：在揽收到客户订单货物之后，物流管理人员在运输管理系统（TMS）管理端后台，通过找到或者扫描货物箱码查询到该单据信息，再进行派件操作处理。在派件时，需要选择对应的派送人员或送货司机完成派件操作。派件成功后，派送人或送货司机把货物送到客户指定的收货地址，并通过登录移动端完成妥投签收。需要注意的是，只有派送人才能看到派件任务数据，非派送人不允许进行妥投签收。

三方物流公司配送：当客户指定收货地址比较远、自配送无法送达时，可以选择使用三方物流公司进行派送。目前运输管理系统接入了市面上常用的物流公司（顺丰、京东、"三通一达"、德邦等）。在货物运单处于"已揽收"状态时，可在系统内选择对应的三方物流公司进行配送。三方物流公司在收到配送任务之后，会上门取货，录入物流信息，并将物流轨迹实时同步至欧菲斯各系统中。当物流公司将货物送到客户手中后，需由三方物流公司的配送员在客户收货之后完成签收，签收结果将自动同步至运输管理系统，并将订单状态更新为"已签收"。

（四）订单物流智能追踪

（1）物流途中追踪：一旦包裹被物流公司揽收，如果是通过线下转三方物流公司的，用户可以在运输管理系统内进行手动转代理操作，选择三方物流公司名称并输入物流单号。同时，用户也可以在线上直接向三方物流公司下单。下单成功之后，三方物流公司会自动生成物流单号并通知运输管理系统。系统将通过三方物流公司提供的 API 实时获取并更新包裹的运输动态，包括出发、中转、在途及预计到达时间，以及是否签收等信息。

（2）配送与签收：自配送业务中，系统会把所有的任务数据隔离，只有被派送任务的人员才能看到及操作妥投签收。系统会把签收关联的签收人、签收时间、签收经纬度都保存下来，并且自配送的单子必须在客户指定的地理位置经纬度距离范围以内才允许执行妥投任务。

三方物流公司配送的包裹到达客户所在地后，由当地快递员负责配送至客户指定地址。客户签收后，快递员在手持设备上完成签收确认，系统即刻更新订单状态为"已完成"。一旦签收完成，则不允许修改，以确保数据的真实性、可靠性和可溯源性。

整个订单派送过程紧密衔接，借助信息化手段确保效率与透明度，让客户随时掌握订单动态，提升购物体验。同时，客户可以在电商平台或物流公司的网站上查询到订单的物流信息，实时了解订单的配送进度。

（五）售后支持

在激烈的市场竞争下，人们的消费观念不断变化，不再只关注产品本身，售后服务的优劣直接影响客户的满意程度。欧菲斯提供的售后支持是确保客户满意度和建立长期客户关系的关键环节，主要涵盖以下几个重要步骤。

（1）售后响应时效：客户售后需求 1 小时内响应，当天回应，并提供解决方案。

（2）售后服务范围：提供清晰、合理的退换货政策，确保客户了解其权益。

如为常规商品，客户在约定时间内发起订单售后需求，进行无偿赔付；如客户未在约定时间内提出售后需求，或客户售后的订单商品为定制产品，则按照实际产生的费用进行有偿赔付。

如商品在保质期内出现质量问题（符合国家"三包法"规定的退/换货条例），或因欧菲斯过错因素导致需要退换货、维修的，应免费为客户进行服务。

如商品非质量问题需要退换货、维修的，超出承诺包换期时间的，或者影响商品销售的，与客户沟通后进行有偿售后服务。

如客户购买了定期维保服务，则应建立单独的客户档案。在维保日期截止前，客服人员将主动联系客户，预约上门提供相关维保服务。根据商品的品类和性质不同，3~6 个月为一个维保周期，维保内容包括硬件保养、老化配件更换、驱动升级、设备清洁、性能检测等。

凡需安装方能使用的商品，由自有安装人员或者安排厂家安装人员负责上门安装以及调试工作。安装服务分为免费安装和有偿安装，是否收费根据产品属性、行业规则决定。

凡设备类的商品，安装人员在安装后，将告知客户设备使用的基本操作，此操作培训为免费培训。如客户需要更加详细的专业培训，包括设备检查、故障排查等方面，则可下单购买相应的培训服务。

（3）售后流程便捷性：简化操作流程，减少客户等待时间。客户可以通过客户平台或联系客服提交售后请求。

（4）跟踪与反馈：所有售后服务请求都会被系统跟踪，确保每一步都能及时响应。处理完毕后，欧菲斯会主动征求客户对服务的反馈，用于后续改进。

（5）补偿与关怀：对于因欧菲斯失误造成的不便，会根据情况提供补偿措施，如优惠券、积分补偿等，同时表达诚挚歉意，加强客户关系的维护。

①制定补偿标准：根据不同错误的严重程度和客户受影响的大小，分级制定补偿措施。例如，轻微延误可提供小额优惠券，而重大错误则考虑更高价值的补偿如积分补偿、下次消费折扣等。

②建立补偿快速通道：制定一套内部流程，快速定位交付网点，确保一旦因我方失误给客户带来不便，能够迅速启动补偿程序，减少客户等待时间。

③个性化关怀信息：准备多种道歉信模板，内容既表达诚挚歉意，又不失专业风范。根据客户的过往购买记录或偏好，个性化调整关怀信息，增加感情联结。

④收集补偿效果反馈：实施补偿后，通过电话回访调查的方式，收集客户对于补偿措施的满意程度及改进建议，不断优化补偿策略。

欧菲斯致力于打造一个高效、贴心的售后支持体系，确保每一位客户的合理诉求得到妥善解决，持续提升客户忠诚度和品牌信誉。

（六）客户服务

关于客户服务，欧菲斯致力于为客户提供全方位、高效的服务体验，包括但不限于以下几个方面。

（1）多渠道接入：通过电话、电子邮件、在线聊天软件以及社交媒体等多个平台，确保客户可以选择最方便的方式联系我们。

（2）快速响应：建立快速响应机制，确保客户咨询能在最短时间内得到初步回应，减少等待时间。

（3）专业咨询：客服团队经过严格培训，具备丰富的专业知识，能为客户提供准确的解答和解决方案。

（4）个性化服务：利用工单系统记录客户互动历史，提供个性化的服务建议和产品推荐，增强用户体验。

（5）投诉处理：设立专门的投诉通道，对客户的意见和建议进行有效记录和快速跟进，直至问题得到妥善解决。

（6）自助服务：提供在线帮助中心及智能客服机器人，使客户能在任何时间自主查找信息，解决问题。

（7）持续跟进：订单完成后，主动收集客户反馈，用于服务质量的持续改进，并保持与客户的良好关系。

（8）个性化推荐：运用数据分析，向客户提供个性化商品推荐及服务，增强客户黏性。

（9）快速响应机制：组建 AI 辅助客服团队，快速解决客户咨询与投诉问题，确保客户声音被听见并及时处理。

（七）持续优化与反馈循环

（1）数据分析反馈：收集订单执行全链路的数据，定义关键性能指标，如订单处理时间、库存周转率、准时送达率等，以量化评估。每周/月生成数据分析报告，突出显示趋势、异常和潜在的改进区域。

（2）客户反馈系统：建立完善的客户反馈机制，确保客户可以通过 App、网站、短信等多种渠道轻松提交反馈。建立反馈处理流程，确保每一条反馈都有跟进记录直至问题解决，并向客户提供反馈处理结果。

（3）总结复盘：组织跨部门会议，回顾客户反馈，从中提炼出产品与服务的改进方向。鼓励用户评价，不断迭代优化流程，贴近客户需求。

通过上述流程，欧菲斯实现了订单交付的全程智能化、高效化，不仅大幅提升了运营效率，更以卓越的服务体验赢得了广大客户的信赖与支持。未来，欧菲斯将继续探索创新，深化智能化应用，致力于为每一位客户提供更加便捷、贴心的服务体验。

（案例作者：张若鸿，欧菲斯集团股份有限公司副总经理）

案例二：狮行物流解决"最后一公里"交付问题

狮行智慧物流有限公司（以下简称"狮行物流"）是西域智慧供应链（上海）股份公司旗下全资子公司，专注于B2B"最后一公里"定制化交付服务，狮行物流在全国自建近百个服务网点，投入各类型车辆140余辆，保障西域客户交付服务。

为保障西域订单高质量极速交付，狮行物流搭建了覆盖全国的仓配网络，围绕重点客户工厂、产业聚集区，在全国建设超过100个物流节点。狮行物流拥有九大区域中心仓，分别位于嘉兴、东莞、成都、武汉、乌鲁木齐、西安、沈阳、天津、太仓（油品仓），仓储面积超过20万平方米，区域交付运营中心仓根据区域客户需求特点进行备货、运营，以保障区域运营交付。超过100个配送站、驿站基本覆盖全国省会城市及主要地级市，为客户提供定制化配送服务，狮行驿站的植入式交付运营解决方案，为客户提供优质、全面的定制化仓储和配送服务。此外，狮行物流还与主流物流企业合作，针对部分区域实行共享仓策略，保障订单交付服务质量。

为了更加高效地匹配狮行物流在仓网上的投入，提升狮行物流网点的使用效率，并保证客户享受到及时、高效、稳定、高质量的订单配送服务，狮行物流通过购买、租赁车辆及协议车队、个体司机的方式组建了自己的末端交付运力。充足、多层次的运力组成在保障运营交付质量的同时，也可以灵活应对客户的需求变化。狮行物流在中心仓周边重点卫星城市以"狮行干线+狮行城配"方式进行运输，以保证订单妥投时效性和服务质量；在其他配送站采用固定专车的方式进行交付。狮行驿站根据客户需求场景制订专属交付方案，为客户提供现货实时交付服务。

（一）狮行城配

MRO 行业"最后一公里"配送一直是电商企业交付的痛点。西域供应链将 B2B 企业"最后一公里"配送服务作为订单交付的核心能力去打造，专门成立全资子公司狮行物流，依托自营云仓、配送站和狮行驿站，为客户提供高品质的定制化专业交付服务，满足客户对于线上订单的物流差异化交付需求。狮行物流在第三方承运商筛选上，严格把关，以满足客户服务要求为导向，杜绝任何送货不到指定地点或不配合现场收货要求的情况发生。狮行物流定期对自营车辆司机、合同车司机、三方承运企业项目负责人及一线实操人员进行培训和宣导，并制订相应奖惩措施，以保障"最后一公里"服务质量。同时，西域依托分布在全国各区域的客户服务人员，能够对现场交付的突发情况及时介入，进行现场协调，确保订单按时交付。此外，在信息化建设方面，西域总结了行业二十多年的经验，通过自研和联研，开发了 PMS、WMS、TMS 等系统，为"最后一公里"交付赋能，从而更好地解决交付痛点，提升客户满意度。

1. 偏远地区专车配送

狮行物流针对偏远地区提供专车配送服务，保障订单时效性和末端交付体验。围绕客户主要项目区域，尤其是偏远地区建立配送站，通过"集货预约+专车配送"的方式，为"最后一公里"提供配送服务。针对前置网点未覆盖区域，狮行物流承诺通过联合运营的方式，为偏远区域配送提供定制化专车配送服务，确保交付质量，减少交付差异，提升客户交付体验。

偏远地区专车配送流程如下。

（1）系统配置客户白名单，所有订单进入前置网点配送明细；

（2）根据系统订单提前联系准备车辆；

（3）订单入站后，由前置网点仓管提前按客户需求分拣需要配送的商品；

（4）司机和车辆提前向客户成员单位进行报备；

（5）司机在规定时间内进行核单和装车；

（6）根据客户需求，核对产品的品种、数量、质量，并将货物放置在指定位置；

（7）现场通过 App 签收，回单由司机拍照上传，并将原件交回网点；若未成功签收，进行复核后安排下一次送货。

2. 精准的末端交付服务画像

西域已为超过 5 万家客户提供专业的 MRO 产品服务，在"最后一公里"交付服务方面积累了丰富、全面的数据信息，包括行业特点、客户收货习惯、末端收货流程、路况信息等，已逐步形成了客户收货画像。在具体业务开始前，可以提前对末端网点人员培训，同时在末端司机进行配送前，系统将自动按照客户收货标准流程在配送员 PDA（手持终端）或手机上进行提示，以便为客户提供定制化的交付服务，保证交付质量。

狮行物流在运单管理上一直严格按照三单匹配要求执行订单流程，确保订单的真实性。狮行物流要求所有送货单必须由客户签单，并回传至管理系统。同时，留存物流和快递单号信息，截取承运方发货的路由备份存档，以此形成完整的订单管理闭环，使货物流的真实性可供验证。针对狮行物流的配送订单，TMS 会根据订单地址配载电子围栏，通过 App 实时定位司机方位，将签收限制在电子围栏内，电子围栏外则不可签收，以此杜绝虚假签收。此外，对于所有签收回单，系统会进行光学字符识别（OCR），与订单不匹配的，系统将限制上传和签收。光学字符识别无误上传至系统后，狮行物流会再次进行人工审核，以确保签收标准符合公司及客户要求。同时，系统设置白名单，在司机/承运商上传回单后，统一将回单推送至后台进行人工审核，以确保回单符合公司及客户要求。

（二）狮行驿站

狮行驿站是依托西域强大的数字化信息系统和覆盖全国的仓配网络，为客户解决 MRO 零星采购、过程不透明、交付不及时、难计划难预测的痛点而建设的终端服务场景，其实现的物理载体是通过植入客户工厂的驿站服务的方式，为客户提供一站式的 MRO 交付服务解决方案，助力客户实现 MRO 采购流程和仓储数字化系统升级。服务内容包括定制化的 SaaS 平台（线上选品下单、采购审批流程、仓库库存展示）、联合计划备货、品牌替代、产线标准化建设等。

1. MRO 需求诊断，优化供应结构

"管理采购的最好方法就是拥有尽可能多的供应商，以便于压价。"这种传统的思维已经不再适用于现代供应链管理模式。只有将更多的业务或职能（不仅限于 MRO 采购）借助专业化公司，企业才能更好地专注于自身核心能力的提升。西域深耕 MRO 行业 20 余年，对 MRO 采购服务有着深刻的理解，帮助企业进行 MRO 需求诊断，借助自身强大的供应链资源，为客户提供选品推荐，有效降低供应商管理难度，优化采购流程，提升采购效率。

2. PMS（计划管理系统）赋能 MRO 采购需求预测

西域自主研发的基于拉动式的销售预测系统，帮助客户提前梳理备货计划，缩短产品交期，同时避免产品呆滞。在 PMS 中，也会基于历史采购清单，通过推动式的补货需求预测，根据采购频次、稳定度、有效库存、备货类型、交期等进行备货预测。通过前端拉动与后端推动相结合的供应链供给方式，实现精准备货、极速交付。

3. 定制化的 SaaS 开放平台

所有供应商均可以通过该平台接口进行产品的上架。西域通过 SaaS 开放平台赋能，实现产品线上化，改变了原有线下寻源的模式，提升了采购寻源效率。由于所有上线的产品都是经过联合计划备货进行确认的商品，其现货交付的比例高达 98%，能够有效满足客户对极速交付的需求。在开放平台的主页展示上，客户工程师和采购人员可以通过专区清晰查看当前驿站的可用库存。此外，针对 MRO 产品采购，平台设置了审批流程，支持按照配置审批和指定人员审批，包括邮件审批、短信审批等。线上审批加快了信息流转速度，提升了采购效率。

4. WMS 仓储管理

完成线上审批的采购需求，会直接下传至 WMS，完成订单分配、拣选、复核、包装和出库。狮行驿站部署的 WMS 是一个开放的云系统，支持按照不同的货主进行管理，为所有通过驿站进行备货的供应商提供仓储代运营和末端交付服务。

5. 定制化交付服务

狮行驿站的植入式服务能够有效解决使用人无法及时抽身领料的痛点。通过定时、定点的交付约定，能够为客户提供配送至工位的服务，节约工程师在途领料时间。

狮行驿站的推广，能够有效释放企业采购精力，助力企业实现 MRO 采购的数字化升级，让整个 MRO 采购过程更加高效便捷、阳光透明；实现企业库存资金的轻量化、业务过程的数字化和管理流程的规范化。

（三）企业定制化服务场景介绍

MRO 行业涉及品类多，需求场景差异大，很多客户对于订单交付有定制化需求。西域一直将满足客户需求视为第一要义，针对客户个性化需求制订相应的操作流程，并针对性地开发了一整套完善的支持系统。根据西域在 MRO 行业多年的积累经验，按照订单交付流程，订单需求划分为单据需求、产品材料需求、打包需求、运输需求、交付需求等几类。针对不同的需求，狮行物流根据职能拆分定责到最佳责任部门，并对系统进行优化升级，利用系统工具减少对标准化作业的影响并提升效率。针对客户有定制化单据或者标签需求的，通过销售人员确认订单时上传对应单据，仓库人员可通过 WMS 识别到附件并自动打印。产品材料需求主要集中在合格证、材质报告、报关证明等，下单时，会要求供应商通过系统上传相关电子档材料，同时系统根据客户实际需求情况进行打标，并流转到指定工作台进行识别、检查或者打印。对于打包需求，狮行物流联合开发的 TMS 支持定制包装提示。

（四）狮行物流智能无人仓服务

1. 智能驿站

MRO 物料品种数的增长，以及精细化数字化管理的需要，对物资仓库的管理提高出了更高的要求。数字化仓库管理要求仓库管理员具备系统操作的能力，提高了人才素质门槛。对于 24 小时生产的企业，仓库需要满足全天候领用的需求，这都对企业用人提出了更高要求，增加了企业用工成本。

为更好地满足企业即时领用需求，同时实现平稳的数字化、智能化物资管理升级，狮行物流推出了智能驿站的服务方案，包含智能柜和无人仓两种解决方案。这些方案最大限度地降低了系统操作难度，助力企业智能化快速落地，同时满足全天候物料领用的诉求。

2. 智能柜场景及功能

与狮行驿站满足整个园区的物料需求不同，智能柜更聚焦于微观层面，可精准满足单个车间内百米范围内的即时需求。在硬件设计上，智能柜展现出高度的灵活性与多样性，包括格子柜的精巧分类、称重柜的精准计量，以及螺旋柜的高效存取，这些创新形式无缝适配各类物料的独特形态与使用人的领用习惯。智能柜的部署简便快捷，运营成本显著低于传统模式，同时极大地缩短了物料领用的物理距离，让便捷触手可及。智能柜实现全天候不间断服务，确保车间在高强度生产节奏下，高频次物料的领用需求也能得到即时、无阻碍的满足。这一创新解决方案不仅优化了车间作业流程，提升了生产效率，更以科技赋能，推动了工业 4.0 时代下车间管理的智能化转型。

3. 无人仓场景及功能

无人仓是指通过 RFID（无线射频识别）、图像识别、传感器等技术手段，实现仓库领用的"随拿随走、自动结算"模式。相对于智能柜，无人仓可以满足更多件型、更多品类的存储领用需求。无人仓的操作流程智慧且便捷，从入仓到出场，全程智能化管理。门禁系统集刷卡与人脸识别于一体，确保人员可快速便捷地进入仓库。进入仓库后，智能摄像头运用骨骼图像技术，精准捕捉全场人员行动轨迹与细节动作，实现全面监控。智能货架则通过先进技术，精准识别人员拿放动作，并实时更新货架商品数量，确保库存信息准确无误。离场时，系统自动绑定人员与货品领用信息，或无缝对接第三方系统，自动推送订单，极大提升了仓储管理的效率与准确性，树立了智能化仓储新标杆。

［案例作者：林永建、陈超，西域智慧供应链（上海）股份公司］

第七章

售后服务

售后服务是供应商服务的重要内容。在供应商服务的全部活动中，交易活动主要包括价格竞争、订单管理和交付活动。这几项活动，供应商与客户之间具有一定的区隔，用户仅能通过产品来了解供应商。而到了售后服务阶段，供应商和用户之间发生了界面交叉，用户和供应商的相关人员直接打交道。对供应商来说，这是重要的与客户建立长期稳定关系的机会。供应商售后服务的效果，直接体现在供应商与客户的关系上，对供应商的长期订单产生一定影响。

随着新技术的不断发展，特别是社会生产的个性化趋势的深化，售后服务在供应商商品交付中所占的比重越来越大。售后服务在采购人的供应商选择中的重要性越来越高。售后服务不仅影响供应商的短期利益，更是其长期发展的重要领域。售后服务的内容、形式、深度、广度也在不断变化。可以说，对供应商来说，售后服务就是客户关系；对采购人来说，售后服务就是供应商关系。客户关系和供应商关系在售后服务阶段融为一体。本章将介绍《国有企业网上商城供应商服务规范》中售后服务的相关内容，同时进一步研究售后服务的专业化问题和售后服务管理。

一、关于售后服务的规定

《国有企业网上商城供应商服务规范》总结了大量的供应商售后服务的经验和做法，针对网上商城的特点，提出了7点要求。

7 售后服务

7.1 供应商在收到售后服务请求后应及时响应。响应时间应不超过24h。

7.2 供应商应对采购人在商品使用过程中遇到的问题提供技术咨询。

7.3 供应商宜对所提供商品持续提供备品备件服务。

7.4　供应商所提供商品升级换代时，宜及时通知采购人。

7.5　按照国家法律法规供应商应承担退换货义务的商品，供应商应按照订单约定和网上商城管理制度进行退换货。

7.6　供应商应在网上商城设立投诉渠道，在 24h 内响应投诉，并按网上商城规定的时间反馈投诉结果。

7.7　供应商宜提供商品回收和以旧换新服务。

以上规定可分为两部分：其一为即时服务，其二为全生命周期服务。

（一）即时服务

即时服务是在商品交付之后立即需要提供的服务，是供应商售后服务的首要内容。即时服务做不好，直接影响供应商与采购人之间的合作关系。即时服务主要包括以下 4 个方面。

1. 售后及时响应

供应商在网上商城销售的产品，从售后服务的角度看，可以分为以下三类。第一类是标准化的通用产品。用户在使用时没有困难，在大部分情况下不需要售后服务。第二类是新产品，包括新材料、新设备。这类产品需要供应商对用户进行培训，特别是在初期，供应商售后服务量较大。在用户熟悉了产品之后，服务需求会减少。第三类是专用系统和设备。这类产品结构复杂，专业性强，需要供应商提供长期服务。无论哪类产品，在销售之后供应商都必须建立对用户的服务响应机制。在响应之后，根据用户需求，再决定售后服务的具体事项。

现实中许多供应商对售后响应不重视，售后电话总是不通，信息不畅，用户经常找不到可以解决问题的人。在这种情况下，供应商在用户心中的印象就会越来越差，给后续合作带来不利影响。如果供应商响应迟滞是采购人经常反映的问题，就会影响供应商在采购部门的评级，造成采购部门对该供应商的排斥。

为了处理这类问题，供应商经常采取的办法有两种：一是在供应商内部建立专业团队，处理售后服务问题；二是建立驻厂制度，在产品售出后派人去现场处理问题。特别对许多新产品和专用产品的用户来说，这种做法往往可以取得很好的效果。

2. 技术咨询

技术咨询是一个大的概念。作为特定商品的生产者，供应商是该细分技术领域的专家，具有该商品相关的专业技术知识。特别是对于生产要素供应商来说，供应商所供产品往往是采购人生产中的一个环节，供应商提供的技术咨询、技术服务对采购人的生产经营十分重要。技术咨询可分为售前咨询和售后咨询。

售前咨询的目的在于供应商让采购人了解其技术能力和产品性能，为产品进入采购人供应链创造技术条件。在成熟的市场经济中，重要产品的供应链在产品研发阶段就已经形成。因此，售前咨询主要表现在供应商与客户共同开发新产品方面。这种共同开发往往表现为共同筹划、联合研发、建立标准、协同分工。对于一些重要的产品，供应商与客户应在研发阶段就结成联盟，确定各自技术分工和利益分配关系，建立竞争秩序，保护市场价值。

这种售前的咨询活动，本质上是建立市场利益分配和技术标准的过程。它看起来是一个务虚的过程，但实质上对于供应商和客户来说都是十分重要的供应链建构和价值创造过程。这个过程能否顺利进行、能否得到业界的认同，是一个国家市场经济是否成熟的标志。在当今全球化条件下，供应链通过产业联盟的形式在产品生产销售之前就已形成，一个新兴国家的企业若没有特别的际遇是很难进入的。

就我国来说，在改革开放的40余年间，作为后起者，主要通过低价优势进入国际成熟的产品供应链，使得一些成熟的供应链获得了价格优势，得以延长了寿命。近几年来，工业供应链的局限性日益明显，低价竞争已使工业化的红利基本消失，创新成为重要的价值来源。我国也面临着创新的迫切需要。如何建立创新机制、保护创新利益，成为我国供应链面临的重要问题。但从根本上来说，我国大多数企业仍然没有掌握售前咨询的本质，很难在产品研发阶段形成产业联盟。从这个角度看，对售前咨询的理解不足、运转经验缺乏是我国企业面临的重要问题。

如果说售前咨询是战略性的，售后咨询则是技术性的。售后咨询的价值在于解决用户在实际使用中的问题。售后咨询的核心是技术咨询，目的在于解决产品使用中的技术难点或弥补缺陷。一般越是技术复杂的产品，售后咨询就越重要。

产品使用中的技术难点主要是对用户而言的，对供应商来说并非困难。一般来说，这些技术难点包括以下四类。第一类是由于用户对产品不熟悉而产生的难点，如一些操作复杂的产品。这种情况可以通过用户培训解决。第二类是用户技术难点。对于特定的新产品，涉及新材料、新原理、新技术，需要供应商帮助用户解决在使用过程中出现的技术操作技巧等问题，如涉及原有生产流程的调整、改造等。第三类是用户技术缺陷。它是指供应商的新产品由于用户原有系统的缺陷而导致的最终产品的不合格。这类问题本质上是来自用户自身的，但需要供应商协助解决。第四类是用户管理问题。用户的管理水平对供应商产品效能的发挥至关重要，特别是对于信息技术产品来说，用户的管理能力与供应商产品的匹配关系是供应商提高产品效能的基础。鉴于此，国际上许多知名厂商都引进了咨询公司作为合作伙伴，帮助用户建立管理体系，其支持企业产品的运营。

对于网上商城的独立型供应商来说，由于其提供的产品技术性较强，一般都有强大的售后服务团队，售后服务水平较高。总体上来看，大部分供应商售后服务的机制是存在的，需要强化的是规范运行。网上商城对供应商建立统一的售后咨询服务标准，有利于提升独立型供应商的总体水平。

对于平台型供应商来说，情况则比较复杂。对于撮合型业务来说，平台型供应商的咨询服务由平台内具体的供应厂商负责；但对于自营业务来说，由于供货合同是由平台所签，其咨询服务理应由平台承担。然而，由于平台上供应商数量巨大，业务范围很广，客观上很难具备如此强大的售后咨询能力，所以平台型供应商必然把售后服务追加给平台内的供应厂商。这样，平台本质上就变成了一个中间商。在这种情况下，售后服务就会成为问题。为此，基于平台发展专业的服务机构成为一个课题。平台型供应商的技术平台除了具有交易功能之外，还必须具有售后服务功能，由此产生了一种新型的基于平台的专业售后服务模式，这就是售后服务平台。

3. 退换货

在消费品平台处理售后服务的一个简单有效的办法是，在确定的日期内负责退换货。这个办法本质上是讲究人性的。但对供应商来说，小额日用商品的售后服务沟通成本相较于免费退换货的成本更高。

然而，在工业品领域，这种免费退换货的办法存在一定的问题。一方面，工业品在交付时必然要经过严格的验收程序，不合格产品在验收时就被排除了，无须等到售后使用阶段；另一方面，即使在使用阶段发现了新的问题，也需要弄清楚问题的来源和责任的划分。关于售后问题的解决办法，包括是否需要退货或换货，这些专业性的问题应由交易双方在合同中规定。

与退换货相联系的一个问题是产品召回。应当明确的是，产品召回的法律依据是《中华人民共和国消费者权益保护法》，适用产品召回的法定情形包括出售的商品存在缺陷，有危及人身、财产安全危险的情形等。该法在第十九条和第三十三条做了相关规定。第十九条规定，经营者发现其提供的商品或者服务存在缺陷，有危及人身、财产安全危险的，应当立即向有关行政部门报告和告知消费者，并采取停止销售、警示、召回、无害化处理、销毁、停止生产或者服务等措施。采取召回措施的，经营者应当承担消费者因商品被召回支出的必要费用。第三十三条规定，有关行政部门在各自的职责范围内，应当定期或者不定期对经营者提供的商品和服务进行抽查检验，并及时向社会公布抽查检验结果。有关行政部门发现并认定经营者提供的商品或者服务存在缺陷，有危及人身、财产安全危险的，应当立即责令经营者采取停止销售、警示、召回、无害化处理、销毁、停止生产或者服务等措施。

4. 投诉反馈

当供应商服务不能满足客户要求，又无法通过售后服务改进或解决问题时，客户就可能投诉。网上商城基于交易保证的原则设立投诉渠道，支持采购人和客户反映问题或进行投诉。

当问题发展到投诉时，说明供应商与客户的矛盾已经相当严重。在网上商城环境下，采购人和客户的公开投诉，直接影响到网上商城其他采购人和客户对该供应商的印象，进而影响后续采购。因此，供应商必须即时妥善处理，消除投诉的影响。

我们之所以把及时响应、技术咨询、退换货和投诉与反馈定义为供应商的即时服务，是因为以上四类服务中，时间因素特别重要。对于客户来说，供应商如果不能及时回应、及时处理，将严重影响其生产过程。特别是对于一些流程性作业来说，供应商的即时服务更加重要。为了快速反应，许多供应商建立了服务系统，与客户保持即时联系，这也是《国有企业网上商城供应商服务规范》所推荐的主要服务形式。

（二）全生命周期服务

21 世纪以来，在全球范围内，无论是消费品还是生产资料，都普遍处于生产过剩状态，因此，供应商的竞争越发激烈。在产品同质化日益严重下，供应差异主要体现在服务上。在这种情况下，售后服务由即时服务为主扩大到全生命周期服务，全生命周期服务成为供应商服务的必然选择。

一般来说，供应商提供的全生命周期服务包括从产品交付到产品失效的全过程。但由于产品性质的不同，全生命周期服务的内涵也不同。从全生命周期来看，我们可以把产品分成两大类：一类是在全生命周期形态不变的产品，这类产品的生命周期从购入一直延续到使用失效、报废，如一般生活消费品、工厂易耗品、机器零部件、固定资产设备等；另一类是在全生命周期中形态会发生变化的产品，这类产品变化以后的形态与购入时发生了根本性的改变，如各种原材料、化学品、燃料等，其生命周期为从购入到其形态改变之时。由于后者的生命周期较短，一般讨论全生命周期服务时仅限于第一类。

网上商城供应商服务的三类业务模式，即实时价模式、固定价模式和定制化模式，都涉及全生命周期售后服务问题。《国有企业网上商城供应商服务规范》主要对备品备件服务、绿色回收机制和产品升级换代服务三个方面提出了要求。

1. 备品备件服务

在网上商城供应商中有大量的设备供应商。它们提供的设备寿命短则十几年，多则几十年，还有许多定制化的产品往往是按用户要求专门设计的，具有专用性。其中，专用设备自然而然对供应商的长期服务有了依赖性。供应商如何保证这些设备的易损件长期供应，是采购人和客户关心的问题。如果没有稳定的备品备件作保证，有可能造成客户生产的不确定性，其潜在损失很大。因此，能正确解决这个问题的才是合格的供应商。但是，在经济环境多变的情况下，因企业倒闭造成备品备件供应中断的情况时有发生。这种情况迫使采购人在选择供应商时，必须注意供应商本身的可持续性。很显然，在这种竞争中，大型供应商有较大的优势。另外一个处置方法是，采购人在采购设备时，同时采购足够多的备品备件，但这在一定程度上增加了支出。

当前，随着国际环境的变化，国家鼓励企业尽量采购国内企业的产品，特别是支持国有企业采购国内企业创新的首台（套）产品。即便政策鼓励和支持了国内企业的创新和发展，国家也应当出台相应的政策，避免由国内企业使用首台（套）带来的长期风险。特别要重视产品不成熟造成的备品备件不足而给企业带来的不确定性。只有把供应商和采购人的风险利益均衡了，建立起稳定的售后服务体系，国内的创新企业才能得到采购人和客户的认可。

处理好企业备品备件采购问题，是网上商城转变为产业互联网的关键。同样，网上商城成为产业互联网，就能进一步支持采购方和供应商的长期协同，这两者是相辅相成的。

2. 绿色回收机制

从产品全生命周期服务的角度看，产品寿命终结时完成回收处理，才算完成一个完整的服务过程，供应商从提供产品到回收产品完成一个循环。但实际上，供应商把产品售出就算结束了。现在要求供应商实现全生命周期服务，一方面扩大了供应商服务范围；另一方面，供应商向客户销售的不再主要是产品，而变成了服务，产品或商品仅仅变成了一个服务手段。这种趋势不仅是供应商自身追求利益的结果，更是人类追求绿色低碳的要求。

从20世纪80年代以来，人们已经普遍认识到工业活动对气候和环境造成了很大影响。以二氧化碳为主的温室气体使气候变暖，严重威胁人类的生存。近10年来，在国际社会的共同努力下，绿色低碳的生产方式和生活方式已经成为共识。我国也于2021年向全世界承诺，在2030年实现碳达峰，在2060年实现碳中和。在这种目标之下，约束企业对产品进行全生命周期管理，进行报废产品的回收，就成为必然趋势。国家已明确要求完善废旧产品回收网络，加快"更新+回收"物流体系和新模式发展，支持耐用消费品生产，支持销售企业建设逆向物流体系，有序推进再制造和梯次利用。对采购人来说，绿色采购和绿色供应链必然跟进。因此，回收自己出售的产品是供应商必须考虑的问题。《国有企业网上商城供应商服务规范》也明确要求供应商宜提供商品回收和以旧换新业务。

供应商提供商品回收和以旧换新业务，不是简单地增加了一项售后服务，而是从根本上改变了供应商的销售模式和企业战略，这一点应当引起采购人和供应商的高度重视。这里的问题在于，既然要求供应商对所售产品终身负责，不仅要负责生产和使用期间的服务，还要负责回收，那么为什么要转移商品的所有权呢？直接作为一项服务提供给客户不更好吗？

基于以上问题，许多企业进行了深入探索。探索的结果是催生了许多新的供应商与客户合作模式，如办公用品行业的回收平台模式、航空发动机的租赁模式等。相信随着全球绿色低碳行动的推进，许多新的模式会进一步显现出来。从这个意义上说，新能源汽车由于电池在汽车总价中的占比较大，而且高度依赖网络，可随时定位，有可能在新能源汽车领域中蕴含着新的销售模式和不同于传统企业的新战略。

3. 产品升级换代服务

在企业采购领域，采购人大多追求稳定的生产条件，即最大限度地延长设备使用寿命。只有这样，才能保证生产产品的固定成本最低。然而，对上游供应商来说，激烈的竞争压力迫使供应商必须不断地改进设备，对所供产品升级换代，以领先竞争对手。于是，供应商所追求的产品升级与客户所追求的生产条件的稳定性就构成了一对矛盾。实践证明，解决这一对矛盾，只能通过售后服务机制来实现。

首先，当供应商的设备升级换代时，如何对老客户的老设备提供持续的备品备件和维护服务，这是供应商必须考虑的问题。业界的处理办法一般是向下兼容，即新的设备要能够与老的设备在主要部件和软件上兼容，新设备体现的是功能的扩张和能力的提升，因此不会影响老客户的利益，同时为老客户展现了新的前景。

其次，当供应商进行技术和设备的升级换代时，要给予老客户充分的信息，让老客户有选择权，并同时处理好老设备的售后服务问题。在大部分情况下，供应商的产品升级换代都伴随着巨大的技术革新。在设备制造方面，完全的向下兼容是有困难的。因此，供应商对老设备的持续服务就是必须解决的问题。供应商可以自建团队搞好持续服务，或者将老旧设备的售后服务委托给专业团队。技术的快速更新催生了专业维护机构和平台的发展，这个问题我们将在下一节专门研究。

最后，采用以旧换新策略，这是处理产品升级换代与老客户关系的一种简单方法。以旧换新在数字化和绿色化的经济条件下具有重要意义。随着数字化的发展，供应商可以掌握产品用户信息，跟踪产品的流向，从而对其客户群具有确定知识。在此基础上，供应商就与客户形成了一个密切合作的社群关系，可以深度知晓客户群的需求，计算产品更新换代的价值。同时，由于对产品流向、运行状况有充分了解，也便于制定以旧换新的政策。旧的产品回收后进一步转换成了供应商资源，由此形成了供应商的绿色循环。国务院于 2024 年 3 月发布了《推动大规模设备更新和消费品以旧换新行动方案》，其中的基本逻辑正在于此。

二、售后服务的专业化和平台化

售后服务的发展经历了以下三个阶段。第一阶段，厂商直接进行售后服务。这种形态的售后服务源于一些大型设备具有专业性，厂商为了实现销售，不得不附加一定的产品服务保证。在这些保证措施中，一系列售后服务条款就产生了，但这种保证性的售后服务仅限于大型的高价值的、复杂设备的销售业务。第二阶段，售后服务从大型专业化设备扩展到耐用消费品，如对汽车、家电等产品。由于耐用消费品的用户主要为居民，数量大、分布广，售后服务仅靠生产单位是无法持续的，由此产生了专业的售后服务机构。售后服务专业化带动了制造业服务化，服务成为制造业发展的关键因素。第三阶段，售后服务平台化。售后服务平台利用数字技术和网络技术，在全国或更大范围内布局售后服务体系，使售后服务普遍化。任何一个厂商加入平台，都可获得高质量的售后服务。在这个意义上，制造业与售后服务分离，为制造业的技术创新创造了更大空间。

网上商城供应商的售后服务目前同时存在以下三种形态。从长远看，随着数字经济的发展和制造业的数字化和智能化，售后服务的专业化和平台化是大势所趋。

（一）售后服务专业化

售后服务专业化表现在以下三个层面。第一个层面是企业自建的专业售后服务团队。企业一般设立呼叫中心，随时接收用户售后服务指令，安排售后服务行为。这类企业实现了生产销售与售后服务的分离。售后服务部门对每一种产品制订了具体的售后服务方案和服务费用安排。这种以企业内部专业团队为主的售后服务是大部分企业所采取的模式。对于大部分中小企业来说，客户数量有限、产品专业化强，采取这种方式成本较低，也较为简便。本规范的售后服务要求主要是基于这种情况提出的。

第二个层面表现为在企业外设立专业的售后服务机构。对于许多产量大、覆盖面广的产品，如家用电器、电梯、汽车等，单一厂商的售后服务机构要覆盖全国，运营成本很高，因此专业的售后服务机构应运而生。这些机构可以在各地建立分支机构，专门承接某一类产品的售后服务业务，或者接受供应商的委托，专营某项产品或工程的售后服务，如电厂设备的定期检修、维护，专用设备的清洗保养等，包括市面上专业的汽车保养与维护修理等。这些专业的售后服务已为消费者所接受。实践证明，专业售后服务的规范性更强，服务更周到，对于设备的持续稳定运行具有重要的保障作用。在这个意义上，售后服务产业化的概念就凸显出来了。

第三个层面表现为专业化的服务程度更深，我们称之为制造业服务化。制造业服务化实际上是把制造业的产品当成服务来做。这时候，制造工厂的产品不再是企业出售的主要标的。企业供应的实际上是一项服务，而产品仅是一项服务内容。如近年来流行的，空调生产商不再被认为是空调生产厂商，而是空气服务商；计算机企业不再被定义为电脑设备生产商，而是管理系统方案服务提供商；装修公司被定义为家居环境服务商；电钻生产企业被定义为孔洞服务商；等等。所有都是企业随着售后服务的深入，在发现了其所生产产品的本质以后创造的新的服务形式。这种新的服务形式不仅为企业创造了稳定的产品需求，还进一步拓展了相关厂商和服务，最终使传统厂商由专一功能生产厂商转化成了以场景化综合服务为基础的综合服务商。随着信息技术、人工智能技术、数字化的深入，服务形式将越来越受到用户的欢迎。

（二）售后服务平台化

售后服务平台化是随着互联网和数字化技术的发展而兴起的新的售后服务模式。售后服务平台接受厂商的委托，对所有售后服务标的物进行数字化跟踪，同时建立连接用户的网络，接受用户的售后服务要求，及时为用户服务。这种新型的售后服务模式，既可以通过专业厂商为其产品售后服务建立的专用网络，也可以通过第三方平台，同时为多家厂商提供服务。

售后服务平台化解决了售后服务长期以来面临的三个问题。一是专业厂商产品售后服务需求的不确定性导致的成本增加问题。平台建立的产品跟踪机制，减少了不确定性，提高了售后服务的规范性，从而降低了成本。二是对大量中小企业来说，售后服务平台化产生了统一的售后服务标准，使厂商更注重产品质量和创新。三是售后服务平台化强化了厂商和用户的关系，使双方的联系更加紧密。在一定程度上，售后服务平台已成为厂商推动制造业服务化的重要抓手。

对网上商城供应商来说，供应商售后服务平台化有着更特别的意义。因为网上商城本身就是一个数字化环境，厂商的交易、交付都已经实现了平台化。如果售后服务也平台化，供应商实际上就构建了一个从交易到交付再到售后服务的完整的数字化供应链，可以进一步巩固供应商在网上商城的地位。

三、供应商售后服务能力建设

供应商售后服务能力是区别供应商的重要因素。平台型供应商往往由于经营品类太多，注重集货而疏于售后服务；而许多独立型供应商则习惯于大规模标准化生产，重销售轻服务。这两种倾向，都会导致供应商售后服务能力不强，不能适应商城供应商服务化的趋势和要求，在供应商竞争中失分。

在消费品领域，大部分供应商已经建立了完善的售后服务体系，支持了消费品市场化发展。但在生产资料领域，供应商售后服务能力的建设还很薄弱，是数字化时代供应商发展的瓶颈。为打破这一瓶颈，需努力抓好以下五个方面的工作。

（一）组织制度建设

网上商城供应商的主体是平台型供应商和独立型供应商。两者售后服务的组织制度是完全不同的。平台型供应商的售后服务是依赖厂商的售后服务体系的，因此，其售后服务组织的任务是解决厂商售后服务与客户的协同问题。平台型供应商售后服务的专业性体现在将其服务网络与厂商的服务结合起来，发挥网络优势，提供网上即时服务。在这方面，平台型供应商具有很大的创新空间。对独立型供应商来说，售后服务体系也是独立和专业化的，但在大多数情况下，售后服务的覆盖面不足。因此，应在同行间建立统一的售后服务平台，进行售后服务的行业协同。

（二）工作流程建设

与交付过程相比，售后服务存在较大的不确定性，因此售后服务的工作流程建设较为困难。基本原则是，建立常规流程和特殊流程，前者解决正常情况的售后服务，后者解决特殊情况的售后服务。实践中，应尽可能增加常规服务，减少特殊服务。

（三）资源匹配

售后服务所需资源主要包括人力资源、物资资源和系统资源。供应商应当在经营成本中计入售后服务费用。对于许多产品而言，售后服务费用在总成本中的占比很大，不可忽略。由于供应商竞争越来越激烈，不少供应商在投标中降低了售后服务费用，甚至不计售后费用，中标后再想方设法增加售后服务费用，客观上给采购部门和网上商城造成了很大困扰。这种做法破坏了正常的市场秩序，对供应商和采购人都是不利的。

（四）数据记录

售后服务数据是供应商计算售后服务成本的基础，也是供应商售后服务能力的体现。售后服务记录的数据应包括常规售后服务数据和特殊售后服务数据。

在当前情况下，常规售后服务数据包括例行的培训、技术支持、设备维护等数据。特殊的售后服务数据包括产品报废回收和升级保护等数据。

（五）系统支持

供应商应建立专门的售后服务管理系统，统筹安排不同客户的售后服务。

平台型供应商的售后服务管理系统实际上是平台厂商的售后服务管理系统，重在接受售后服务请求，监督厂商的售后服务行为。独立型供应商的售后服务系统是售后服务业务系统。以上两个系统都应当与网上商城对接，接受网上商城监督。

相关政策：《推动大规模设备更新和消费品以旧换新行动方案》

2024 年 3 月，国务院印发《推动大规模设备更新和消费品以旧换新行动方案》，本质上，无论是大规模设备更新还是以旧换新，都可以认为是厂商的售后服务的延续。从这个角度看，该文件把供应商售后服务的概念进一步扩大了，为供应商开拓市场、与采购方建立长期的战略合作关系创造了条件，指明了方向。以下是该行动方案原文。

推动大规模设备更新和消费品以旧换新行动方案

推动大规模设备更新和消费品以旧换新是加快构建新发展格局、推动高质量发展的重要举措，将有力促进投资和消费，既利当前、更利长远。为贯彻落实党中央决策部署，现就推动新一轮大规模设备更新和消费品以旧换新，制订如下行动方案。

一、总体要求

推动大规模设备更新和消费品以旧换新，要以习近平新时代中国特色社会主义思想为指导，深入贯彻党的二十大精神，贯彻落实中央经济工作会议和中央财经委员会第四次会议部署，统筹扩大内需和深化供给侧结构性改革，实施设备更新、消费品以旧换新、回收循环利用、标准提升四大行动，大力促进先进设备生产应用，推动先进产能比重持续提升，推动高质量耐用消费品更多进入居民生活，畅通资源循环利用链条，大幅提高国民经济循环质量和水平。

——坚持市场为主、政府引导。充分发挥市场配置资源的决定性作用，结合各类设备和消费品更新换代差异化需求，依靠市场提供多样化供给和服务。更好发挥政府作用，加大财税、金融、投资等政策支持力度，打好政策组合拳，引导商家适度让利，形成更新换代规模效应。

——坚持鼓励先进、淘汰落后。建立激励和约束相结合的长效机制，加快淘汰落后产品设备，提升安全可靠水平，促进产业高端化、智能化、绿色化发展。加快建设全国统一大市场，破除地方保护。

——坚持标准引领、有序提升。对标国际先进水平，结合产业发展实际，加快制定修订节能降碳、环保、安全、循环利用等领域标准。统筹考虑企业承受能力和消费者接受程度，有序推动标准落地实施。

到 2027 年，工业、农业、建筑、交通、教育、文旅、医疗等领域设备投资规模较 2023 年增长 25%以上；重点行业主要用能设备能效基本达到节能水平，环保绩效达到 A 级水平的产能比例大幅提升，规模以上工业企业数字化研发设计工具普及率、关键工序数控化率分别超过 90%、75%；报废汽车回收量较 2023 年增加约一倍，二手车交易量较 2023 年增长 45%，废旧家电回收量较 2023 年增长 30%，再生材料在资源供给中的占比进一步提升。

二、实施设备更新行动

（一）推进重点行业设备更新改造。围绕推进新型工业化，以节能降碳、超低排放、安全生产、数字化转型、智能化升级为重要方向，聚焦钢铁、有色、石化、化工、建材、电力、机械、航空、船舶、轻纺、电子等重点行业，大力推动生产设备、用能设备、发输配电设备等更新和技术改造。加快推广能效达到先进水平和节能水平的用能设备，分行业分领域实施节能降碳改造。推广应用智能制造设备和软件，加快工业互联网建设和普及应用，培育数字经济赋智赋能新模式。严格落实能耗、排放、安全等强制性标准和设备淘汰目录要求，依法依规淘汰不达标设备。

（二）加快建筑和市政基础设施领域设备更新。围绕建设新型城镇化，结合推进城市更新、老旧小区改造，以住宅电梯、供水、供热、供气、污水处理、环卫、城市生命线工程、安防等为重点，分类推进更新改造。加快更新不符合现行产品标准、安全风险高的老旧住宅电梯。推进各地自来水厂及加压调蓄供水设施设备升级改造。有序推进供热计量改造，持续推进供热设施设备更新改造。以外墙保温、门窗、供热装置等为重点，推进存量建筑节能改造。持续实施燃气等老化管道更新改造。加快推进城镇生活污水垃圾处理设施设备补短板、强弱项。推动地下管网、桥梁隧道、窨井盖等城市生命线工程配套物联智能感知设备建设。加快重点公共区域和道路视频监控等安防设备改造。

（三）支持交通运输设备和老旧农业机械更新。持续推进城市公交车电动化替代，支持老旧新能源公交车和动力电池更新换代。加快淘汰国三及以下排放标准营运类柴油货车。加强电动、氢能等绿色航空装备产业化能力建设。加快高耗能高排放老旧船舶报废更新，大力支持新能源动力船舶发展，完善新能源动力船舶配套基础设施和标准规范，逐步扩大电动、液化天然气动力、生物柴油动力、绿色甲醇动力等新能源船舶应用范围。持续实施好农业机械报废更新补贴政策，结合农业生产需要和农业机械化发展水平阶段，扎实推进老旧农业机械报废更新，加快农业机械结构调整。

（四）提升教育文旅医疗设备水平。推动符合条件的高校、职业院校（含技工院校）更新置换先进教学及科研技术设备，提升教学科研水平。严格落实学科教学装备配置标准，保质保量配置并及时更新教学仪器设备。推进索道缆车、游乐设备、演艺设备等文旅设备更新提升。加强优质高效医疗卫生服务体系建设，推进医疗卫生机构装备和信息化设施迭代升级，鼓励具备条件的医疗机构加快医学影像、放射治疗、远程诊疗、手术机器人等医疗装备更新改造。推动医疗机构病房改造提升，补齐病房环境与设施短板。

三、实施消费品以旧换新行动

（五）开展汽车以旧换新。加大政策支持力度，畅通流通堵点，促进汽车梯次消费、更新消费。组织开展全国汽车以旧换新促销活动，鼓励汽车生产企业、销售企业开展促销活动，并引导行业有序竞争。严格执行机动车强制报废标准规定和车辆安全环保检验标准，依法依规淘汰符合强制报废标准的老旧汽车。因地制宜优化汽车限购措施，推进汽车使用全生命周期管理信息交互系统建设。

（六）开展家电产品以旧换新。以提升便利性为核心，畅通家电更新消费链条。支持家电销售企业联合生产企业、回收企业开展以旧换新促销活动，开设线上线下家电以旧换新专区，对以旧家电换购节能家电的消费者给予优惠。鼓励有条件的地方对消费者购买绿色智能家电给予补贴。加快实施家电售后服务提升行动。

（七）推动家装消费品换新。通过政府支持、企业让利等多种方式，支持居民开展旧房装修、厨卫等局部改造，持续推进居家适老化改造，积极培育智能家居等新型消费。推动家装样板间进商场、进社区、进平台，鼓励企业打造线上样板间，提供价格实惠的产品和服务，满足多样化消费需求。

四、实施回收循环利用行动

（八）完善废旧产品设备回收网络。加快"换新＋回收"物流体系和新模式发展，支持耐用消费品生产、销售企业建设逆向物流体系或与专业回收企业合作，上门回收废旧消费品。进一步完善再生资源回收网络，支持建设一批集中分拣处理中心。优化报废汽车回收拆解企业布局，推广上门取车服务模式。完善公共机构办公设备回收渠道。支持废旧产品设备线上交易平台发展。

（九）支持二手商品流通交易。持续优化二手车交易登记管理，促进便利交易。大力发展二手车出口业务。推动二手电子产品交易规范化，防范泄露及恶意恢复用户信息。推动二手商品交易平台企业建立健全平台内经销企业、用户的评价机制，加强信用记录、违法失信行为等信息共享。支持电子产品生产企业发展二手交易、翻新维修等业务。

（十）有序推进再制造和梯次利用。鼓励对具备条件的废旧生产设备实施再制造，再制造产品设备质量特性和安全环保性能应不低于原型新品。推广应用无损检测、增材制造、柔性加工等技术工艺，提升再制造加工水平。深入推进汽车零部件、工程机械、机床等传统设备再制造，探索在风电光伏、航空等新兴领域开展高端装备再制造业务。加快风电光伏、动力电池等产品设备残余寿命评估技术研发，有序推进产品设备及关键部件梯次利用。

（十一）推动资源高水平再生利用。推动再生资源加工利用企业集聚化、规模化发展，引导低效产能逐步退出。完善废弃电器电子产品处理支持政策，研究扩大废弃电器电子产品处理制度覆盖范围。支持建设一批废钢铁、废有色金属、废塑料等再生资源精深加工产业集群。积极有序发展以废弃油脂、非粮生物质为主要原料的生物质液体燃料。探索建设符合国际标准的再生塑料、再生金属等再生材料使用情况信息化追溯系统。持续提升废有色金属利用技术水平，加强稀贵金属提取技术研发应用。及时完善退役动力电池、再生材料等进口标准和政策。

五、实施标准提升行动

（十二）加快完善能耗、排放、技术标准。对标国际先进水平，加快制修订一批能耗限额、产品设备能效强制性国家标准，动态更新重点用能产品设备能效先进水平、节能水平和准入水平，加快提升节能指标和市场准入门槛。加快乘用车、重型商用车能量消耗量值相关限制标准升级。加快完善重点行业排放标准，优化提升大气、水污染物等排放控制水平。修订完善清洁生产评价指标体系，制修订重点行业企业碳排放核算标准。完善风力发电机、光伏设备及产品升级与退役等标准。

（十三）强化产品技术标准提升。聚焦汽车、家电、家居产品、消费电子、民用无人机等大宗消费品，加快安全、健康、性能、环保、检测等标准升级。加快完善家电产品质量安全标准体系，大力普及家电安全使用年限和节能知识。加快升级消费品质量标准，制定消费品质量安全监管目录，严格质量安全监管。完善碳标签等标准体系，充分发挥标准引领、绿色认证、高端认证等作用。

（十四）加强资源循环利用标准供给。完善材料和零部件易回收、易拆解、易再生、再制造等绿色设计标准。制修订废弃电器电子产品回收规范等再生资源回收标准。出台手机、平板电脑等电子产品二手交易中信息清除方法国家标准，引导二手电子产品经销企业建立信息安全管理体系和信息技术服务管理体系，研究制定二手电子产品可用程度分级标准。

（十五）强化重点领域国内国际标准衔接。建立完善国际标准一致性跟踪转化机制，开展我国标准与相关国际标准比对分析，转化一批先进适用国际标准，不断提高国际标准转化率。支持国内机构积极参与国际标准制修订，支持新能源汽车等重点行业标准走出去。加强质量标准、检验检疫、认证认可等国内国际衔接。

六、强化政策保障

（十六）加大财政政策支持力度。把符合条件的设备更新、循环利用项目纳入中央预算内投资等资金支持范围。坚持中央财政和地方政府联动支持消费品以旧换新，通过中央财政安排的节能减排补助资金支持符合条件的汽车以旧换新；鼓励有条件的地方统筹使用中央财政安排的现代商贸流通体系相关资金等，支持家电等领域耐用消费品以旧换新。持续实施好老旧营运车船更新补贴，支持老旧船舶、柴油货车等更新。鼓励有条件的地方统筹利用中央财政安排的城市交通发展奖励资金，支持新能源公交车及电池更新。用好用足农业机械报废更新补贴政策。中央财政设立专项资金，支持废弃电器电子产品回收处理工作。进一步完善政府绿色采购政策，加大绿色产品采购力度。严肃财经纪律，强化财政资金全过程、全链条、全方位监管，提高财政资金使用的有效性和精准性。

（十七）完善税收支持政策。加大对节能节水、环境保护、安全生产专用设备税收优惠支持力度，把数字化智能化改造纳入优惠范围。推广资源回收企业向自然人报废产品出售者"反向开票"做法。配合再生资源回收企业增值税简易征收政策，研究完善所得税征管配套措施，优化税收征管标准和方式。

（十八）优化金融支持。运用再贷款政策工具，引导金融机构加强对设备更新和技术改造的支持；中央财政对符合再贷款报销条件的银行贷款给予一定贴息支持。发挥扩大制造业中长期贷款投放工作机制作用。引导银行机构合理增加绿色信贷，加强对绿色智能家电生产、服务和消费的金融支持。鼓励银行机构在依法合规、风险可控前提下，适当降低乘用车贷款首付比例，合理确定汽车贷款期限、信贷额度。

（十九）加强要素保障。加强企业技术改造项目用地、用能等要素保障。对不新增用地、以设备更新为主的技术改造项目，简化前期审批手续。统筹区域内生活垃圾分类收集、中转贮存及再生资源回收设施建设，将其纳入公共基础设施用地范围，保障合理用地需求。

（二十）强化创新支撑。聚焦长期困扰传统产业转型升级的产业基础、重大技术装备"卡脖子"难题，积极开展重大技术装备科技攻关。完善"揭榜挂帅""赛马"和创新产品迭代等机制，强化制造业中试能力支撑，加快创新成果产业化应用。

各地区、各部门要在党中央集中统一领导下，完善工作机制，加强统筹协调，做好政策解读，营造推动大规模设备更新和消费品以旧换新的良好社会氛围。国家发展改革委要会同有关部门建立工作专班，加强协同配合，强化央地联动。各有关部门要按照职责分工制定具体方案和配套政策，落实部门责任，加强跟踪分析，推动各项任务落实落细。重大事项及时按程序请示报告。

（来源：中国政府网）

案例：上海快备网新能源服务平台

随着新能源近20年的发展，我国已累计形成了庞大的新能源存量资产。在碳达峰碳中和的时代背景下，新能源装机依然保持着高速的增长，新能源后市场的重要性愈发凸显。新能源较传统能源较独特，后市场与前市场也有显著差别，本文着重介绍新能源后市场的行业痛点、解决思路和实施方案，并给出案例。

（一）行业痛点

1. 新能源项目的特点

（1）建设周期短，时效要求高。

新能源项目与传统能源项目的第一个显著区别是建设周期短。传统能源项目落地通常需2~3年，新能源项目通常都在1年内完成投产，甚至有的光伏项目工期压缩到 45 天并网。在这样的背景下，从集团到项目单位甚至政府都对项目的投产时间有着很高的期待，同时项目对采购周期的时效性要求比传统能源更严格。

（2）项目规模小，冗余储备少。

新能源项目与传统能源项目的第二个显著区别是规模小。一台超超临界火电机组的装机规模可达 600 MW，而一座集中式风电站的装机规模为 50~100 MW，一座集中式光伏电站的装机规模为 20~50 MW，而分布式光伏项目的规模甚至可以到 kW 级别。在这样的背景下，单个新能源项目无法像传统能源项目一样储备足够多的设备物资以应对生产的不确定性。

（3）资源无成本，重视利用率。

新能源项目与传统能源项目的第三个显著区别是没有燃料费用。传统能源项目都需要消耗燃料（煤、石油）来发电，而新能源（风、光）都是免费的。新能源项目的可利用小时数是项目投资收益的关键因素之一。因此，在生产期内减少停机，提高资源的利用效率是新能源项目产生效益的关键。

2. 新能源后市场的交易痛点

（1）传统的采购模式不满足效率要求。

新能源后市场领域目前主流的采购方式仍是批次招投标，整个采购流程如下：公告—标书准备—投标—评标—中标公告—合同签约—合同执行。一个完整的采购流程周期达 3~6 个月，无法充分满足新能源项目建设周期短的时效性要求。

此外，新能源项目数量多、分布广，且涉及较多的设备零部件采购。为了满足采购需求需要组织多批次的招投标工作，不仅采购主体费时费力，还给全行业带来大量人力物力的浪费，进一步造成采购效率低下。

（2）传统的采购执行方式易产生三角债。

在新能源领域，传统的采购执行方式有两类：一类是项目公司向集团物资采购公司签约采购，物资采购公司再向供应商签约采购；另一类是项目公司直接向供应商签约采购。不同的项目公司履约能力不一，有的项目公司为了项目进度甚至利用甲方身份刻意压款。

传统的采购执行方式下，资金回款周期达 3~12 个月，不利于行业信任共识的建立，也不利于供应链的建设。采用第一类执行方式容易产生项目公司—物资采购公司—供应商之间的三角债问题；而采用第二类执行方式也容易产生项目公司—供应商—上游供应商之间的三角债问题。

（3）传统的采购方式很难满足细分专业采购需求。

新能源项目非常重视资源的利用效率，稳定的生产需要大量专业设备物资的供应保障。以风电为例，如需覆盖主要的设备机型，共需约 2 万种生产性设备物资的供应保障。其中大部分都是非常垂直细分的专业设备，甚至是行业/机型的专用设备。面对这样的细分采购需求，传统的按设备进行招投标的方式很难开展；完全将采购任务打包委托给原主设备厂家也会存在风险；而按照通用工业品进行采购又会面临供应链建设、质量控制等问题。

3. 新能源后市场的交付运营痛点

（1）单体规模小，服务成本高。

新能源后市场的订单规模较小，以风电为例，风电备品备件订单的平均规模为 5 万元，相较于前市场的设备订单规模只有其千分之一甚至万分之一。在这样的规模条件下，企业单个订单的服务成本在总成本的占比大大高于前市场。仍以风电为例，单一品牌在后市场的服务成本占订单额的 30%~50%。

（2）场景较偏远，末端难交付。

新能源电站大多位于人居环境较恶劣的地区，物流基础设置跟不上，"最后一公里"甚至"最后一百公里"的物流交付都很难解决。在新能源前市场，由于设备集中供应，可以安排独立运输；而在新能源的后市场，备件物资又散又小，缺乏成熟的物流解决方案。

（3）物资不流通，呆滞库存多。

目前我国的新能源电站大部分由国企、央企投资建设，备件备品和生产性物资通常由生产部门根据自身经验进行采购，易出现需求和采购不匹配的情况，同时由于物资已经被纳入国有物资管理体系，很难在市场上进行流通，最终造成大量物资的库存呆滞。

总而言之，由于新能源后市场的诸多交付运营痛点，新能源电站用户经常出现备件物资"用而无备，备而无用"的情况。

（二）解决思路

1. 专业后市场供应链

首先应考虑谁最有可能来解决用户的痛点，是由现有的市场主体还是由新的市场主体来解决上述问题。

新能源前市场供应链主要以设备制造商为主，但设备制造商在新能源后市场中面临一系列挑战。第一，新能源前市场更加重视生产，而在后市场中更需重视的是服务，传统制造企业面临基因上的挑战；第二，新能源设备更新换代快，一款机型可能3~5年就将被淘汰，设备制造商不一定能维持好老设备的供应链；第三，新能源电站投资商可能在一个电站内部署不同品牌、不同型号的设备，单一设备制造商无法充分满足客户的需求。

基于对产业现状和底层逻辑的分析，在新能源后市场领域最有可能诞生专业的平台型供应商，能够为新能源电站提供综合的备件物资解决方案，在满足客户一揽子需求的同时，降低单一品牌后服务市场订单的服务成本。

2. 高效匹配与技术服务

解决平台型专业后市场供应链之后，紧接着面临的是需求匹配和技术服务的挑战。

新能源后市场的备件物资有其独特的特点。一是专业度高，如果更换的设备技术参数不正确，可能会带来很严重的后果；二是标准化程度低，不同厂商有不同的型号编码体系，在不熟悉的情况下极易出错；三是服务属性重，在设备更换和故障诊断的场景中，新能源的建站经常需要专业的技术指导。鉴于这样的场景和需求，新能源后市场平台型供应商需要为客户提供信息搜索等需求匹配服务，同时还需要具备能让客户快速找到技术支持的服务能力。

3. 无人区仓配物流

在解决了平台的货源、匹配和技术服务之后，接下来面临的挑战是无人区仓配物流问题。考虑到新能源电站通常所处的地区特性，可以针对高频需求的设备物资布设无人化的前置仓，以解决客户高频物资的交付和取用需求，并进行周期性的补给，综合降低无人区交付的成本。

4. 基于电商的小单高效交易

在进一步解决了无人区交付的问题后，从货源到服务再到交付的路径已经打通，接下来要面临的是交易成本问题。如前文所述，新能源后市场的传统交易模式面临效率低下、三角债、无法满足细分专业采购需求等痛点。针对这些痛点，可以通过电商化交易，实现订单的小单化高效执行；通过电商储值模式，提高资金效率并解决三角债问题；通过电商新能源专区，开辟细分专业采购的高效合规通路。

5. 避免假货劣货的影响

在应用电商手段解决交易痛点之后，平台型供应商还需要解决假货劣货的识别与净化问题，避免假货劣货对平台造成长期的影响。平台可以通过管理加技术的方式来进行防假防劣。管理方面，平台可以加强供应链的授权管理，确保整个供应链的授权链清晰，压缩假货劣货的空间；技术方面，平台可以采用防伪码、区块链等手段进一步对重点物资进行身份防伪管理。

6. 联储联备与行业协同

在解决了新能源后市场的货源、服务、交易、交付、防伪之后，平台还肩负着为行业降低呆滞损耗和提高效率的责任。平台可以在行业内开展联储联备，由平台企业储备备件物资并共享给所有客户，减少物资损耗的不确定性在某一个电站用户的沉积，让电站用户呆滞库存更少，使整个行业效率更高。

7. 基于数据的需求预测

为了从源头减少设备物资的呆滞浪费，平台还可以基于数据和行业知识进行更准确的需求预测，运用人工智能、大数据技术实现更好的需求预测与供给，使产业链达到更优的平衡和更高的效率。

（三）实施方案

快备新能源科技（上海）有限公司（以下简称“快备”）是一家专注于新能源后市场领域的产业互联网公司，有着15年的新能源后市场行业经验和8年的产业互联网实践经验，主要为行业提供基于产业效率优化的高效协同服务，目前快备在风电备品备件的细分领域处于行业领先位置。

快备针对新能源后市场提出了包含服务平台、仓配体系、运营体系的智慧备件综合解决方案。

1. 服务平台

2016年，快备推出了新能源后市场服务平台——快备网，主要帮助新能源电站用户解决新能源的备件物资问题。经过多年的发展，目前快备网已涵盖备件检索、备件计划、技术在线、订单跟踪等服务功能。

备件检索功能，主要帮助新能源电站的运维人员高效检索所需要的备件物资；备件计划功能，主要帮助新能源企业的备件专责快捷制订生产备件计划并高效流转给相关人员；技术在线功能，主要帮助新能源电站的运维人员进行故障诊断和正确地更换备件；订单跟踪功能，主要帮助备件专责和采购专责及时了解紧急采购的订单动向，确保不因备件影响生产。

快备网主要在信息层面上帮助新能源电站用户解决寻找备件物资、技术咨询和应急订单跟进等痛点问题。

2. 仓配和运营体系

从 2018 年开始，快备开始进行新能源后市场仓配体系的探索，实现了智能无人仓一代、二代和智能无人库的自主研发，并逐渐形成服务于新能源电站的"两级半"交付体系。

第一级是智能无人仓/无人库，部署在新能源电站内，主要实现高频物资的随取随用；第二级是区域服务中心，位于新能源电站 300 千米范围内，主要实现低频物资的区域共享；最后半级是产业链制造商，联通全行业的生产和库存数据，实现物资的全行业互联互通。

以"两级半"交付体系为基础，快备进一步配套了物资互联互通平台和调度运营体系，实现了无人区的交付能力覆盖、企业内的高效运营和行业内的仓配协同。

（四）落地案例

1. 平台对接案例

电能易购（北京）科技有限公司（以下简称"电能易购"）是国家电力投资集团有限公司（以下简称"国家电投集团"）旗下的电商公司。2022年，电能易购推出新能源备品备件专区，来满足国家电投集团在新能源后市场备品备件领域的采购需求。在专区内，电能易购引入品牌商（以主设备厂家为主）和平台商（以产业互联网企业为主）两类供应商，形成纵向供应链与横向供应链的相互支撑与良性竞争，保障专业性物资设备的稳定可靠供应。

快备作为风电领域知名的服务平台企业，入驻了电能易购风电备品备件专区，实现了平台对平台的 API 对接，帮助电能易购完善了风电后市场的生态，也将自身积累的服务能力和服务理念传递给电能易购和国家电投集团体系内的新能源运营单位。

2. 仓配运营案例

国家电投集团山西新能源有限公司（以下简称"国家电投山西新能源"）旗下有云雾峪、河口、顺会、王狮四座风电场，在国家电投集团"一分钱行动"的倡议下，国家电投山西新能源积极寻找运营提效的创新模式。

在备品备件方面，2014 年国家电投山西新能源引入快备智慧仓配解决方案，提高备件物资的管理效率。国家电投山西新能源从快备购买了 3 台 D8-127 规格的智能无人仓，覆盖云雾峪、河口、顺会、王狮四座风电场。快备协助国家电投山西新能源梳理现在库存备品备件，实现了备件物资的数字化管理。

国家电投山西新能源与快备进一步签署了联储协议，引入快备的联储物资体系，保证了在不增加库存的基础上，随时获取所需的备品备件，确保机组不因备件而停机。

在快备智慧仓配解决方案的支持下，国家电投山西新能源实现了场站备品备件的数字化管理，降低了管理成本，提高了管理效率，每年挽回由备件原因造成的电量损失约 1042 万元，每年降低备件综合成本约 135 万元，通过技术创新与模式创新实现了新能源电站的降本增效。

［案例作者：徐立，快备新能源科技（上海）有限公司副总经理］

第八章

风险控制

《国有企业网上商城供应商服务规范》规定了网上商城供应商提供服务应遵循的流程和规则。在正常情况下，供应商只要按照这些确定的流程行事，就能确保按合同交付，满足采购人要求。

然而，供应商服务过程存在不确定性，往往导致具体的业务过程偏离预期目标。一般来说，我们把这种由不确定性造成的对实现目标的影响称为风险。不确定性对预期目标的偏离可能是正面的，即强化目标的实现，也可能是负面的，即弱化目标的实现。通常情况下，我们所说的风险是指由不确定因素对目标实现带来的负面影响。因此，为了实现目标，避免风险带来的损失，企业必须对风险进行控制。

对于网上商城供应商来说，风险控制尤为重要。这是因为，其一，在正常情况下，供应商负责把商品和货物送达采购人指定地点，因此，供应商需承担商品的交付风险。其二，供应商承担门到门交付责任，这意味着供应商需承担商品包括产品质量、运输安全以及完美交付的全部风险类别，因此，供应商必须建立完备的风险控制体系。其三，在当今数字化背景下，供应商的风险控制体系必定是制度化、流程化的。

一、关于风险控制的基本要求

《国有企业网上商城供应商服务规范》基于供应商的风险管理责任，在第8章要求供应商对交付过程中的风险进行控制。

8 风险控制

8.1 风险防范

8.1.1 供应商应对履约过程中可能影响交付的风险事件进行预测。

8.1.2 供应商宜采取风险防范措施，包括但不限于：建立供应商代储能力、与网上商城联合建立应急储备仓库、建立网络云仓等。

8.1.3 供应商宜根据网上商城或采购人要求，针对特定商品和服务，联合建立风险快速反应机制。

8.1.4 供应商应采取积极措施，减少和消除风险事件的影响，包括但不限于利用担保和保险机制进行风险救济。

8.2 风险提示

供应商预测到履约过程中可能影响交付的风险事件时，应通过网上商城对风险事件予以提示。

8.3 风险告知

风险事件发生后，供应商应立即告知采购人。

8.4 风险处理

风险事件发生后，供应商应及时对风险事件进行处理，并将风险处理过程通报网上商城和采购人。通报内容包括但不限于：风险事件处理进展；风险事件对履约交付的实际影响；风险事件消除和供应商恢复履约的时间和进程。

从以上规定可以看出，《国有企业网上商城供应商服务规范》从两个方面规定了供应商的风险控制。

一方面是日常的风险防范，要求供应商建立交付风险预测机制。实际上，对风险进行预测是很困难的，因为风险本身就是不确定的事件，但是并不排除特定事件发生概率的可预测性。因此，一切风险防范措施都是建立在风险事件的概率之上的。供应商应当基于风险事件发生的概率建立风险防范机制，这个机制包括如下三个方面。一是建立健全风险防范措施。从本质上说，供应风险问题主要是保供问题。解决方式无非是尽量靠近用户建立仓库，保证足够的库存。在数字化条件下，可以计算出最优库存，同时尽量利用仓库网络确保供应。二是建立风险快速反应机制。对于特定商品来说，可能难以通过库存减少风险，那就只能依靠风险快速反应机制减少风险损失。具体表现在当风险发生时，快速进行处理以使损失降至最小。三是建立保险和担保机制。在风险发生后，通过保险和担保机制进行风险补偿。

另一方面是风险的处理程序，主要包括三个层面的要求。第一个层面是风险提示。由于供应商有条件感知可能发生的风险事件，当出现风险信息时，供应商应当向采购人和网上商城发出提示，以便采购人做好相应的预防措施。第二个层面是风险告知。由于供应商是对交付全过程负责的，因此当风险事件发生后，供应商应当将风险事件的详情告知采购人，以便采购人能够采取应对措施。在交付过程中发生的风险事件主要包括各类突发事件，如自然灾害、战争、意外等，进而引发交付延迟。这些状况的发生对那些严格按流程进行业务安排、以最优库存安排生产流程的企业来说影响尤为重大，交付延迟可能导致供应链的断裂，引起连锁反应。因此，供应风险与供应链效率构成了一对矛盾。在这个意义上，供应商的风险控制能力对采购人来说具有关键性意义，是采购人选择供应商的重要条件之一。第三个层面是风险处理过程对采购人的透明度。采购人需要随时了解风险事件的处理进程，及时评估风险事件对其业务的影响。对于某些供应商来说，当风险事件发生后，为了减少风险事件对自身的负面影响，往往瞒报和缓报风险，甚至完全隐瞒风险，直到风险不可控制时才不得已告知采购人，使采购人无法采取措施应对风险，造成更大的损失。这是供应商要特别注意的。

二、风险控制关键点

交付风险的控制实际上从接到订单的那一刻就已经开始，一直到完美交付才算结束。在此过程中，要把握风险控制的几个关键点。

（一）订单响应与履约计划风险

订单确认前的阶段是交易阶段。网上商城采购与公开招标投标不同，不涉及明确的采购文件和程序。在订单确认之前，往往隐含着采购人询价阶段。在此阶段，除实时价模式外，在其他模式如固定价和定制化模式下，采购人询价时往往希望供应商能在短时间内回复。这个阶段实际上是在考验供应商对订单的响应能力。对供应商来说，需要在短时间内制订出符合采购人要求的商品组合和合理可行的价格。特别是在定制化模式下，这个能力尤为重要，如果这项工作做得不好，很容易丢失订单。

订单快速响应能力是供应商消除订单响应风险的基本手段，其根本在于供应商的集成能力和订单计划能力。在网上商城采购中，采购人采购单项商品的情况越来越少，更多表现为集成性采购。在这种情况下，采购人要求平台型供应商作为供应商统一供货，并由平台承担风险。平台而非平台内供应商作为风险承担主体，这是平台型供应商的优势所在。正因如此，许多平台型供应商的经营模式以自营为主，自建物流与配送系统。从风险管理方面说，这是平台型供应商发展壮大的必由之路，京东工业品的实践证明了这一点。对于独立型供应商来说，当其作为网上商城供应商时，情况也发生了很大变化。在新的数字化环境下，它们也必须具备订单快速响应能力，否则其他具备这个能力的平台就会取而代之。独立型供应商的竞争也就变成了平台的竞争。

（二）商品质量与配货风险

无论是平台型供应商还是独立型供应商，在集成供货的情况下，都存在订单备货问题，涉及两种备货情况。一是集合型备货，即一般而言的集货。平台型供应商仅仅把不同的商品集合在其平台上，采购人点击选择，由平台集中供货。这种情况下，平台型供应商只需保证单个商品的质量和足够的数量储备即可满足采购人需求。这个过程中，平台型供应商质量管理的重点在于确保其平台上供应商的质量符合采购人要求。在大部分情况下，平台型供应商主要通过对其供应商进行管理做到这一点。二是集成型备货，其核心在于通过组合和匹配不同商品形成新的一体化能力。这种情况下，平台型供应商要具备相应的技术能力，能够提供成套服务。简单的如提供全套服装的集成供货，复杂的如提供完整的生产线。这种平台型供应商实际上已经转变成了数字化供应链服务的提供商，代表着工业互联网的发展方向。但是这种类型的供应商也面临着更大的质量和备货风险，供应商必须具备更强的集成技术和管理能力，才能规避这种风险。

在现实中，由集合型供应商到集成型供应商，是平台型供应商向高端化发展的一个重要趋势。平台型供应商通过网络技术、数字化技术和人工智能技术，在全球范围内实现产品集成和产品创新，满足客户的个性化需求，是网上商城供应商未来的发展趋势。

（三）运输和配送风险

订购的商品从工厂到用户，需要运输和配送。这个过程往往需要第三方物流的支持。这种情况下，商品脱离了供应商的控制，交付过程中产生了最大的不确定性。以下几种情况的不确定性值得重视。

第一，商品运输过程中的安全问题。由于运输过程中的装卸不当、包装问题以及其他意外事故，商品损伤损坏，无法按时按质按量交付。

第二，成套商品或集成商品由于多家厂商发货时间、运输时间不匹配，缺乏协调，不能同期到达，导致交付延期，这是平台型供应商进行集成供货面临的重要问题。由于我国平台型供应商起源于集货，缺乏对专业领域的深入研究，在向集成供应的发展过程中，必然面临着很大的集成匹配风险。为消除这些风险，平台型供应商需要提高专业化程度，建立专业化团队，深入专业底层，以数字化手段进行严格管理和控制。

第三，配送风险。在网上商城供应商中，采用固定价模式的供应商占有重要地位。它们一般通过招标投标或者框架协议获得长期供应合同，合同履约在网上商城进行。在这种情况下，供应商往往需要在不同时间向不同的采购人进行商品分发。在此过程中，要求供应商对不同品类、规格的商品根据用户需求进行匹配和送货到门，如出现错配，往往会造成交付混乱。平台型供应商往往是该合同的主体，而不同厂商是具体执行者，因此对平台型供应商的风险控制能力就有很高的要求。

第四，跨国运输风险。在当前复杂的国际局势下，涉及跨国供应时，难免面临战争、海盗等突发事件，不确定性大大提高。供应商承担跨国供应业务时，应当紧密监控运输状况，及时提示运输风险，准备好风险控制预案。

综上，由于运输与配送脱离供应商控制而产生的交付风险会严重扰乱采购人的生产经营计划。作为采购人代表的网上商城，应对这方面给予极大的关注，尽力为供应商提供物流和运输等服务。许多网上商城致力于建立智慧物流平台，对供应商提供服务。从专业性和经济性方面来看，这是一个多赢的方案。因为网上商城所代表的企业集团的采购人往往具有比较大的确定性，容易建立相对固定的运输线路和运输力量，对于供应商交付保证提供了强大的支持，可以大大降低运输和配送风险。

（四）售后服务风险

随着网上商城业务的扩大，实时价业务模式下的小额高频商品所占比重越来越小，而固定价模式下的大额持续性供应链产品和定制化装备的供应比例越来越高。对于后者来说，完成商品交付仅仅占完全交付的一半，大量的工作体现在售后服务方面。售后服务决定了供应商与采购人合作的可持续性和长期性。对供应商来说，为了获取长期订单，往往会在早期先投入大量专用设备，如果由于售后服务不到位而失去长期合同，无疑是巨大风险。

为了规避售后服务风险，在制造业中发展了模块化制造方式。从采购人角度看，模块化确立了零部件制造商的通用标准，无疑提高了供应商的竞争性和创新性。从零部件制造商的角度看，则可以在标准化的基础上建立多用户体系，规避单一用户带来的风险。同时，通过售后服务，零部件制造商深入用户产品的全过程服务，由此与用户建立了更稳定、更长期的不可替代的关系。如飞机发动机厂商罗尔斯-罗伊斯公司推出的发动机货服务，使其成为飞机整机生产的长期服务伙伴。这是供应商逐渐从单纯产品供应转向综合服务供应的深层原因。按此逻辑，整机供应商则通过售后服务建立与消费者的长期关系。如汽车厂商推出的4S服务体系、家电厂商推出的三包服务等，这些服务使售后不仅是一种质量保证，而且成为一项具有较高利润的长期业务。通过这样的操作，供应商的售后服务消解了短期合作的风险，与采购人共同创造了新的利润空间。在一定程度上，售后服务体系是我国国有企业的一个短板，有待于在今后的市场竞争中进一步完善和提升。

（五）财务结算风险

供应商面临的交付风险中，最大的是财务风险，主要表现为货款回收风险。

在买方市场，供应商为了获得客户，往往向客户开出较优惠的条件，如确定的账期，尽可能减轻客户的财务负担，甚至有的供应商承诺可以在客户回收货款后再行支付，这也相应地带来了供应商回收货款的不确定性。在客户出现困难的情况下，供应商难以回款，特别是在经济下行的大环境中，这种情况屡见不鲜，最终恶化了供应链的资金环境，甚至造成整条供应链断裂。

在互联网环境下，网上商城有效地解决了这个问题。其主要方法是使网上商城自身成为交易保障中心。网上商城一方面要保证供应商的履约和交付，另一方面要保证采购人按约支付。这样，网上商城实际上构建了一个优良的交易环境和履约机制，保障了交易双方的利益。在此意义上，网上商城本身承担了很大风险，实际上成了一个风险机构。为了分散风险，网上商城必然要引进各种金融机构，构建风险共同防御体系，这是网上商城所体现出来的数字化交易的优越性。

正是由于网上商城在风险防范和风险控制方面的重要作用，网上商城也就自然而然成了买卖双方共同认可的信用中心和业务依赖中心。由此，平台经济所揭示的平台化生产方式，即从生产主导向交易主导转变的生产方式就顺理成章地实现了。

三、供应商风险控制能力建设

在明确了供应商服务过程中风险控制的关键点之后，风险控制问题就转化为供应商对风险的管理问题。只有建立起完善的风险管理体系，风险控制问题才能得到有效解决。因此，判断一个供应商是否具备风险控制能力，主要看其是否有成熟的风险管理体系，以及该体系是否发挥作用。

供应商风险管理体系应当覆盖以下五个方面：一是要有明确的风险管理制度和组织；二是要有具体的风险管理流程；三是要能够配备必要的风险管理资源；四是要记录相关的风险数据；五是要有风险管理系统，能综合判断和处理风险事件。

（一）风险管理制度和组织

供应商建立风险管理制度，主要在于建立一套能够及时发现风险、控制风险和消除风险的工作机制。不同的供应商面临的风险源可能差别很大。供应商必须根据企业的实际情况，确定企业风险防范重点，建立相应的处置规则。在规则确立之后，最重要的是建立相应的组织机构，明确组织责任，确定风险防范目标和战略。

在当今日益复杂的经营环境下，供应商面临的风险是多方面的，包括战略风险、经营风险、安全风险等。从采购的角度关注的主要是交付风险。《国有企业网上商城供应商服务规范》也主要是从交付的角度对风险进行管理。供应商应制定全面的风险管理战略，把交付风险纳入全面管理，使交付风险管理成为企业全面风险管理战略的一部分，交付风险才能做到有人管、管得好，才能得到真正控制。

（二）风险管理流程

没有流程就没有管理。风险管理应当有三个流程：一是风险防范管理流程，二是风险处置流程，三是风险发生后与采购人的关系处理流程。

风险防范管理流程是最重要的。该流程的侧重点在于及时发现风险隐患，把风险遏制在萌芽中，这是风险管理的基础。风险防范管理流程的重点如下：定期进行风险排查，找出风险点；对风险点进行处置；核验处置结果，确保处置得当。

风险处置流程要解决的问题是，当风险事件发生后企业如何制订应对方案。风险处置的核心在于快速反应，把损失降到最小。风险处置流程包括以下几点：首先，要在预案中确定风险事件处置负责人，由负责人在第一时间进行处置安排；其次，尽快到风险事件现场，了解风险事件状态，及时减少风险损失；再次，要将风险事件通报相关人员；最后，要对风险事件处置进行总结。

对网上商城和采购人来说，应重点关注第三点。当发生供应风险时，供应商应及时将风险状况告知采购人，以便采购人及时采取应对措施，防止风险影响采购人的生产和经营活动。因此，《国有企业网上商城供应商服务规范》重点提出了对风险提示、风险告知和风险处理的要求。

从根本上说，供应商交付风险的防范和处置要靠保险机制，供应商应充分利用各种保险机制防范风险事件。与交付有关的主要保险包括产品质量保险、运输保险和财产保险。

(三) 风险管理资源配置

风险管理的效率依赖于资源配置效率。供应商应当为风险管理配置基本资源，包括以下几个方面。

（1）信息资源，与企业交付风险相关的信息资源，包括质量标准及检验检测信息，配货备货质量信息，运输路径气象、道路信息，售后服务内容及期限信息，财务执行信息以及相关的应急、救援、保险信息。

（2）外部资源，主要是与交付相关的抢险、救援、应急资源，确保有需求时可以及时响应。

（3）内部资源，包括常备的人力资源和可以紧急调用的人力资源。

（4）风险防范预算，企业要为风险防范和处置单列预算。

(四) 风险数据记录

风险管理的过程必须伴随着翔实的数据记录和数据分析。对于不同的风险点，要建立相应的数据集并进行长期记录。相关的数据集如下。

（1）订单响应方面：应记录客户在交易平台询价的每一笔订单的响应情况，计算响应成功的比例，找出响应不足的原因，计算订单响应风险。

（2）商品质量方面：应记录每一笔交付订单的质量合格率，找出质量不合格的原因。

（3）运输配送方面：应对每一笔订单进行全程跟踪，记录运输和配送全过程，以及运输和配送过程中的异常处理情况。

（4）售后服务方面：对每一类产品进行售后服务记录。记录售后问题，列出清单，找出商品在使用和运行中的常见问题，并反馈给研发和生产部门。

（5）财务结算方面：及时向采购人提出结算单据和数据，跟踪结算业务进展情况。

除了正常的关键点数据外，供应商还应对风险事件进行详细记录，为风险事件分析及制定防范措施提供依据。

（五）风险管理系统

把风险管理目标、任务、战略以及风险管理流程和资源全部集成在一个系统中，对事件进行全程记录，就形成了风险管理系统。全部风险管理业务都基于风险管理系统进行，风险管理系统可以对风险数据进行分析，吸取经验和教训，全面提升供应商风险管理水平。

风险管理系统是供应商履约信息平台的有机组成部分，与网上商城进行数据分析交换，接受网上商城的监督。在风险事件发生时，供应商应及时与采购人进行沟通协调，以减少风险损失。

相关政策：《最高人民法院关于大型企业与中小企业约定以第三方支付款项为付款前提条款效力问题的批复》

支付风险是网上商城供应商面临的主要风险之一。在实践中，常见的一种情形是大型企业与中小企业约定以第三方支付款项为付款前提条款，这类条款本质上是将第三方付款风险转嫁给下游供应商或者施工方，给依约全面履行合同义务的供应商带来了巨大风险。最高人民法院的这个批复对供应商防范支付风险有重要意义。

最高人民法院关于大型企业与中小企业约定以第三方支付款项为付款前提条款效力问题的批复

（2024 年 6 月 3 日最高人民法院审判委员会第 1921 次会议通过，
自 2024 年 8 月 27 日起施行）

山东省高级人民法院：

你院《关于合同纠纷案件中"背靠背"条款效力的请示》收悉。经研究，批复如下：

一、大型企业在建设工程施工、采购货物或者服务过程中，与中小企业约定以收到第三方向其支付的款项为付款前提的，因其内容违反《保障中小企业款项支付条例》第六条、第八条的规定，人民法院应当根据《民法典》第一百五十三条第一款的规定，认定该约定条款无效。

二、在认定合同约定条款无效后，人民法院应当根据案件具体情况，结合行业规范、双方交易习惯等，合理确定大型企业的付款期限及相应的违约责任。双方对欠付款项利息计付标准有约定的，按约定处理；约定违法或者没有约定的，按照全国银行间同业拆借中心公布的一年期贷款市场报价利率计息。大型企业以合同价款已包含对逾期付款补偿为由要求减轻违约责任，经审查抗辩理由成立的，人民法院可予支持。

说明：

为深入贯彻落实党的二十大和二十届二中、三中全会精神，进一步解决企业账款拖欠问题，保障中小企业公平参与市场竞争，依法维护企业合法权益，提振经营主体信心，最高人民法院研究制定了《关于大型企业与中小企业约定以第三方支付款项为付款前提条款效力问题的批复》（以下简称《批复》）。这是最高人民法院落实中共中央、国务院关于清理企业拖欠账款决策部署的一项重要司法举措。《批复》对大型企业和中小企业之间以第三方支付款项为付款条件的约定，在效力上予以否定性评价，并对相关条款无效后如何确定付款期限和违约责任作出规定，体现了依法保障中小企业公平参与市场竞争，维护中小企业合法权益的鲜明态度，对防范化解金融风险、促进矛盾纠纷实质性化解具有重要意义。

据最高人民法院民二庭负责人介绍，近年来，虽然陆续出台了《中华人民共和国中小企业促进法》《保障中小企业款项支付条例》等法规，对防范治理大企业拖欠中小企业账款行为进行约束，但大型企业拖欠中小企业账款问题仍然比较突出，尤其是大型企业在建设工程施工、采购商品或者服务等合同中，常与中小企业签订合同约定在收到第三方（业主或上游采购方）向其支付的款项后再向中小企业付款，或约定按照第三方向其拨付的进度款比例向中小企业支付款项，这类以第三方支付款项为付款前提的"背靠背"条款，是引发相关款项支付纠纷的重要原因。

这类条款本质上是将第三方付款风险转嫁给下游供应商或者施工方，对于依约全面履行了合同义务的守约方而言，明显有失公允。一方面，中小企业市场竞争力普遍不强，交易过程中往往处于弱势地位，缺乏与大型企业进行平等协商谈判的能力，往往出于生存考虑不得不同意此类不合理的交易条件，难以体现中小企业的真实意愿，发生争议也不敢采取投诉、司法手段维权。另一方面，基于信息不对称的原因，中小企业通常无法及时了解大型企业与第三方（往往是机关、事业单位）之间合同的履行情况，难以对第三方的付款风险进行把控，由其承担第三方不及时付款的风险亦不符合合理的风险负担原则。近年来，随着欠款规模不断增长、账期持续拉长，中小企业面临的账款回收压力、诉讼周期成本等已成为影响其生存和发展的重要障碍，甚至因此濒临破产。此类条款亦与国家关于改善中小企业经营环境，保障中小企业公平参与市场竞争，维护中小企业合法权益的宏观政策导向不符。

由于现行法律法规对此缺乏明确处罚措施，给相关部门的行政执法带来困难，中小企业担心"赢了官司丢了业务"，轻易也不愿不敢采取司法手段维权。从人民法院受理的案件看，因法律、行政法规没有对该类条款的效力问题加以明文规定，导致具体案件办理过程中理解不同，案件裁判标准不统一，裁判结果也有较大差异，亟待对相关条款的效力认定、裁判标准予以统一。2024年1月，山东省高级人民法院就审理买卖合同、建设工程合同等合同类纠纷案件中，当事人普遍约定的此类条款效力问题，向最高人民法院报送了《关于合同纠纷案件中"背靠背"条款效力的请示》。

为更好指导各级人民法院妥善审理此类纠纷案件，最高人民法院与工业和信息化部联合进行调研，梳理实践中拖欠中小企业账款情况，以及相关合同条款的主要表现形式。根据调研中了解的情况，最高人民法院研究起草了《批复（征求意见稿）》，并与相关部门多次沟通、听取意见后，经最高人民法院审判委员会审议通过。《批复》的及时发布，有利于推动解决大型企业拖欠中小企业账款问题，对于畅通中小企业司法救济渠道，统一案件裁判标准，激发市场活力均具有重要意义。

《批复》共计2条，分别就大型企业与中小企业约定以第三方支付款项为付款前提条款效力、认定合同约定条款无效后如何合理确定付款期限及相应的违约责任两个方面的法律适用问题进行了规定。对《批复》内容的理解，可以从四个方面加以把握。

一是适用范围问题。《批复》适用的案件类型范围为合同纠纷，合同主体方面，主要是指大型企业与中小企业之间签订的合同。关于大型企业、中小企业的认定标准问题，《中华人民共和国中小企业促进法》第二条、《保障中小企业款项支付条例》第三条对大型企业、中小企业有明确界定标准，可作为司法实践的认定依据。在合同类型方面，《批复》列举了建设工程施工、采购货物或者服务等典型的合同类型，这也是当前问题比较集中的领域。在合同约定内容方面，主要表现为约定大型企业以收到业主或上游采购方等第三方向其支付的款项作为向中小企业付款前提的条款，实践中约定的按照第三方向大型企业拨付的进度款比例向中小企业支付款项等不合理交易条件的，也应包括在内。从案件审理情况看，类似的约定方式可能有多种表现形式，但其本质都是大型企业不承担其交易对手方的违约风险或破产风险，而是将风险转嫁给中小企业。审判工作中，可以从这一方面把握《批复》所适用的不合理交易条件，以便在最大范围内解决中小企业账款拖欠问题。此外，我们注意到，实践中政府机关、事业单位与中小企业签订的合同中，也存在约定以第三方支付款项为付款前提条款，并因此拖欠中小企业款项的情形。鉴于《保障中小企业款项支付条例》中对机关、事业单位从中小企业采购货物、工程、服务的预算执行、政府投资项目不得垫资建设、付款期限等均有明确规定，故《批复》未将其纳入规范范围。对此类案件，应直接适用《保障中小企业款项支付条例》的相关规定加以处理。

二是条款效力问题。《保障中小企业款项支付条例》第六条规定大型企业不得要求中小企业接受不合理的付款期限、方式、条件和违约责任等交易条件，不得违约拖欠中小企业款项，第八条规定大型企业应当合理约定付款期限并及时支付款项。上述规定虽然针对的是合同订立后的履行行为，但其目的在于促进大型企业及时支付中小企业账款，保障中小企业公平参与市场竞争，维护中小企业依法获得款项支付的合法权益，在性质上应当属于《民法典》第一百五十三条第一款所指的强制性规定。因此，大型企业与中小企业约定以第三方支付款项为付款前提的条款，实质是关于不合理的付款期限、方式、条件的约定，显然违反了《保障中小企业款项支付条例》上述条文规定，根据《民法典》第一百五十三条第一款的规定，此类条款应当认定无效。

但此类条款被认定无效，不必然导致合同其他条款无效，在满足其他支付条件情况下，大型企业应当履行合同义务，及时支付合同款项。

三是约定无效后的付款期限及违约责任问题。在上述有关付款期限、方式、条件的合同条款被认定无效后，关于付款期限的起算日，《保障中小企业款项支付条例》第八条第三款规定，合同约定采取履行进度结算、定期结算等结算方式的，付款期限应当自双方确认结算金额之日起算；第九条规定约定以货物等交付后经检验或者验收合格为支付款项条件的，付款期限应当自检验或者验收合格之日起算，拖延检验或者验收的，付款期限自约定的检验或者验收期限届满之日起算。关于具体付款期限，考虑到实践情况的复杂性，《批复》未予明确规定，人民法院应当根据案件具体情况，结合行业规范、双方交易习惯等，合理确定大型企业的付款期限。

在违约责任确定方面，为保障各经营主体之间的利益平衡，《批复》要求应当充分尊重经营主体的意思自治，如经营主体之间约定有利息计算标准的，应当按照约定处理。如果约定违法或者未约定的，应当在当事人请求的范围内按照中国人民银行授权全国银行间同业拆借中心公布的一年期贷款市场报价利率（LPR）计算。《批复》还明确大型企业违约责任的确定主要基于填补损失原则，如果大型企业以合同价款已包含对逾期付款补偿为由要求减轻违约责任，人民法院应当依法进行审查，补偿合理应当予以支持，确保实现各经营主体之间的利益平衡。

四是溯及力的问题。因《保障中小企业款项支付条例》从2020年9月1日开始施行，根据溯及力的一般原则，对于2020年9月1日之后大型企业和中小企业签订此类条款引发的纠纷案件，应当适用《批复》的规定。对于2020年9月1日前大型企业和中小企业签订此类条款引发的纠纷案件，虽然不能直接适用《批复》规定，但是最高人民法院处理该问题的态度是一贯的，为做好《批复》施行的衔接，最高人民法院将广西某物资公司诉某工程公司买卖合同纠纷案，上海某建设公司诉上海某公司建设工程施工合同纠纷案，北京某建筑工程公司诉某建筑公司北京分公司、某建筑公司建设工程分包合同纠纷案作为示范案例纳入案例库，以统一裁判尺度。

（来源：《人民法院报》，作者：王丽丽）

案例：福特汽车公司的供应链风险管理

在全球经济一体化和信息技术飞速发展的背景下，供应链管理已成为现代企业运营的核心战略之一。然而，随着供应链的日益复杂化和全球化，企业面临的供应链风险也随之增加。这些风险可能源自供应商的不稳定性、市场需求的波动、物流运输的中断、技术变革的加速、政策法规的变动以及自然灾害等不可抗力因素。因此，如何有效识别、评估和管理供应链风险，成为企业保持竞争力和可持续发展的关键。这方面，福特汽车公司提供了有益的经验。

面对复杂的供应链风险，许多企业已采取一系列应对措施来确保供应链的稳健和灵活。例如，通过多元化供应商策略，企业可以减少对单一供应商的依赖，从而降低供应中断的风险；建立灵活的生产计划和库存管理系统，以快速适应市场需求的变化；采用先进的信息技术，提高供应链的透明度和追踪能力，使企业能够实时监控供应链状态并快速做出反应。此外，企业还可以进行定期的风险评估，识别潜在的风险点，并制定相应的缓解策略和应急预案。通过这些措施，企业可以提高供应链抵御风险的能力，确保在面对不确定性时能够维持运营的连续性和效率性。

尽管已经建立了详尽的理论体系和预防策略，供应链的潜在风险仍可能因不可预见的事件而显现出来。例如，1993年住友化工工厂的爆炸事件严重影响了下游的半导体生产厂商，造成巨大损失；2000年飞利浦公司芯片厂的火灾导致爱立信损失了4亿美元的销售额和市场份额；2002年美国西海岸的码头工人罢工事件导致中远集团及其客户遭受了重大损失。这些案例都凸显了供应链风险管理的重要性和必要性，引人警醒。接下来，本文将深入探讨2018年福特汽车公司所经历的供应链中断危机，分析企业如何在现实中应对这些风险，以及在此过程中采取的策略和吸取的教训。

（一）案例介绍

福特汽车公司（Ford Motor Company，以下简称"福特"）作为美国乃至全球汽车行业的领军企业，其供应链管理的复杂性和重要性不言而喻。2018

年，福特遭遇了一场由供应商 Meridian 工厂火灾引发的供应链中断危机。这一事件不仅考验了福特的供应链韧性，也为我们提供了一个深入剖析供应链风险管理策略的宝贵案例。本文将从案例背景、影响分析、应对措施以及启示与建议等方面，对福特应对供应链中断危机的事件进行全面剖析。

福特成立于 1903 年，由亨利·福特创立，是全球知名的汽车制造商之一。福特以其创新技术、广泛的产品线和卓越的品牌形象在全球市场上占据重要地位。特别是 F-150 皮卡，作为福特的旗舰产品，长期以来在美国市场保持销量领先地位。

福特的供应链是其业务成功的基石，对于维持生产效率、控制成本、确保产品质量、推动创新、增强市场适应性、缓解风险以及提升客户满意度等方面发挥着至关重要的作用。在其供应链中，Meridian 公司扮演着举足轻重的角色，作为福特卡车关键零部件的主要供应商，其战略意义尤为显著。事实上，100%的卡车散热器均产自 Meridian 发生火灾的工厂。

2018 年 5 月 2 日，Meridian 在美国密歇根州的工厂突发火灾，这场火灾直接对福特的供应链造成了严重影响。火灾直接导致福特的三家工厂停产，美国密苏里州堪萨斯城的卡车装配厂和迪尔伯恩工厂分别在 5 月 7 日和 9 日关闭，美国肯塔基州的工厂也停止了 Super Duty（超级载重卡车）的生产。由于 F-150 皮卡仅在堪萨斯城、迪尔伯恩这两个工厂生产，火灾导致了该车型的全线停产。

面对这场突如其来的危机，福特迅速采取行动。一方面，公司立即组建了应急团队，在火灾发生数小时后到达 Meridian 工厂附近待命，准备进行设备抢救和生产转移。另一方面，福特在英国诺丁汉找到替代工厂，并使用 An-124 运输机将 40 吨冲压模具空运到英国，以加快零部件的生产。最终，5 月 8 日，关键零部件开始在英国生产，并于 5 月 14 日开始空运回美国。随着零部件的供应回到正轨，福特公司宣布 F-150 皮卡的生产于 5 月 18 日和 21 日分别在迪尔伯恩和堪萨斯城的工厂恢复，Super Duty 的生产也在 21 日复工。

（二）案例分析

1. 供应链中断危机的影响分析

（1）对福特公司的影响。

①生产中断：火灾事件引发了福特三家工厂停产，特别是 F-150 皮卡的

生产线全面停止运作。

②成本增加：火灾不仅导致直接的生产成本增加（如停工损失、设备闲置等），还可能导致后续的生产计划被打乱，进一步增加成本。此外，为了恢复生产，福特需要投入大量资源，包括重新安置生产模具、寻找替代供应商、运输原材料和零部件等，这些同时会增加公司的运营成本。

③品牌形象受损：热销车型的停产，可能会让消费者认为福特在品牌建设和产品规划上存在不足，进一步损害福特的品牌形象。

④客户忠诚度下降：停产消息可能会让潜在购车者对福特的产品线产生疑虑，担心未来福特的车型是否能够满足自己的需求，或者担心购买的车型是否会很快被淘汰或停产，从而降低购车意愿。

（2）对供应商 Meridian 的影响。

①财产损失与生产能力下降：火灾导致 Meridian 工厂大量生产设备受损，直接造成财产损失。同时，生产能力的下降也影响了其对福特的供货稳定性。

②信誉损失与合作关系受损：作为福特的关键供应商之一，Meridian 的火灾事件可能对其在业界的信誉造成损害。此外，火灾还可能影响其与福特之间的合作关系，甚至导致合作关系的破裂。

（3）对员工的影响。

工厂的突然停产不仅使员工面临失业的风险，对他们的经济状况和职业稳定性造成冲击，而且可能引发他们对未来工作前景的担忧。

（4）对消费者的影响。

车辆交付的延迟影响了消费者的购买体验和使用计划。对于已经订购 F-150 皮卡的消费者来说，他们可能面临长时间的等待和不便。这种不愉快的购买体验可能损害消费者对福特品牌的信任和忠诚度。

2. 供应链中断危机的应对措施

面对突如其来的供应链中断危机，福特迅速采取行动，通过一系列有效措施来减轻危机的影响并恢复生产。

（1）迅速组建应急团队。

火灾发生后不久，福特立即组建了应急团队。该团队负责评估火灾对供应链和生产的影响程度、制定应对策略并协调各方资源以迅速恢复生产。

（2）评估情况并制订应对策略。

应急团队在评估火灾对供应链的影响时，重点考虑了以下几个方面：一是火灾对 Meridian 生产能力的损害程度；二是替代供应商的选择和可行性；三是恢复生产所需的时间和资源等。基于这些评估结果，福特制订了详细的应对策略和行动计划。

（3）利用全球资源寻找替代供应商。

为了减轻对 Meridian 的依赖并尽快恢复生产，福特利用其全球资源网络积极寻找替代供应商。经过多方努力和谈判，福特最终在英国诺丁汉找到了一家能够生产关键零部件的替代工厂。该工厂拥有先进的生产设备和丰富的生产经验，能够满足福特对零部件质量和数量的要求。

（4）快速转移生产模具和原材料。

为了确保替代供应商能够迅速投入生产并满足福特的需求，福特决定通过大型运输机将关键零部件的生产模具和原材料从美国密歇根州空运到英国诺丁汉。这一举措不仅缩短了生产模具和原材料的运输时间，还降低了运输过程中的风险。

3. 供应链中断危机的其他应对措施

除了已经采取的有效措施，福特还可以通过以下策略从事前、事中、事后进一步强化其供应链的韧性和响应能力。

（1）事前措施。

①建立多元化供应商网络。福特可以积极拓展和建立一个全球范围内的多元化供应商网络，确保在面对特定地区或类型的供应商出现问题时，能够迅速切换到其他供应商，从而显著减少对任何单一供应商的依赖，降低由供应商问题导致的生产风险。

②增加关键零部件库存。通过维持较高库存，福特能够减少由供应商延迟交货或市场波动导致的生产中断风险，增强对突发事件的应对能力，保障生产计划的顺利执行和对客户需求的快速响应。

③投资数字化和智能化。通过投资数字化和智能化技术，提升风险预测的准确性和响应速度，从而提升供应链的反应速度与协同效率，确保能够快速适应市场变化和潜在风险。

（2）事中措施。

①利用供应链金融产品。结合核心企业信用绑定和风险分散策略，增强整条供应链的稳定性。利用供应链金融产品，如建立风险基金、进行应收账款融资和动产质押，在供应链中形成风险和资金的共享，提高资金流动性和供应链的稳定性，为应对突发事件提供额外的财务缓冲。

②快速响应决策。利用事前投资的数字化工具，快速识别问题并采取行动，减少中断时间。

（3）事后措施。

①复盘和学习：在事件后进行彻底的复盘，分析响应效果，总结经验教训，优化未来的响应计划。

②持续的风险管理：根据复盘结果，更新风险管理策略和预案，提高对未来事件的适应能力。

通过这些综合措施，福特能够进一步提升其供应链的抗风险能力，保障企业的稳定发展和市场竞争力。

（三）启示与建议

福特迅速响应了供应商工厂的火灾事件，通过快速组建应急团队、协调全球资源，有效地缓解了事故对供应链的冲击。同时，巧妙地利用大型运输机，快速转移了关键的生产模具，在短时间内恢复了 F-150 皮卡的生产。这一系列高效的应对策略不仅保障了客户履约基本未受影响，也展示了公司在危机管理中的敏捷性和执行力。如果福特未能及时应对，停产可能会延长。长期停产不仅可能动摇与供应商的合作关系，迫使公司重新考虑其供应链策略，还可能导致客户订单延误，触发合同违约和法律诉讼，从而损害公司的财务健康和市场声誉。

福特在供应链风险管理方面的经验教训强调了在全球化背景下，供应链风险管理的复杂性和挑战，为汽车行业提供了借鉴与启示。汽车行业作为全球化程度高、供应链复杂的典型代表，其供应链的稳定性直接关系到整个行业的健康发展。因此，行业内的企业需要共同努力，通过分享最佳实践、采用标准化流程和利用技术创新，来构建更加强大和有韧性的供应链生态系统，以适应不断变化的市场环境。

［案例作者：宋迎，安永（中国）企业咨询有限公司风险管理咨询总监］

第九章

供需协同与数据管理

《国有企业网上商城采购交易操作规范》在 2021 年 9 月实施以后，我们就曾在《网上商城采购理论与实践》一书中提出，网上商城是国有企业数字化供应链的入口。此后，国有企业的实践证明，网上商城正在逐渐成为许多国有企业的供应链数字化平台。时至今日，在国有企业网上商城，由于三大业务模式的推广，不仅企业小额高频采购的交易数据汇聚在网上商城，更重要的是许多企业把网上商城作为招标投标项目和框架协议项目的履约平台。基于此，供应商履约信息系统与网上商城的链接就成为必然。由此，更进一步丰富了网上商城的数据，使许多国有企业网上商城成为名副其实的数字化供应链协同平台。

2022 年年底，随着国际上以 ChatGPT 为代表的生成式人工智能技术的横空出世，数据的作用特别是动态交易数据的作用进一步显现出来。网上商城数据管理的重要性日益凸显。因此，在 2024 年 5 月发布的《国有企业网上商城供应商服务规范》中，进一步强化了对数据管理的要求。

一、关于网上商城数据管理的基本要求

《国有企业网上商城供应商服务规范》的一个重要贡献，就是对供应商提出了建立供应商履约信息系统的要求，这个系统与网上商城一起形成了一个完善的供需信息交互网络。

《国有企业网上商城供应商服务规范》关于数据管理的要求如下。

9 数据管理

9.1 供应商应建立履约信息系统，对履约服务相关的订单数据、履约计划数据、交付数据、售后服务数据和风险控制数据进行记录和管理。供应商服务数据集及相应数据项见附录 A。

9.2 供应商应遵守网上商城规定的数据接口规范、数据集和数据项内容以及数据交互要求，宜进行常态化的数据交互管理。

9.3 供应商应配合网上商城对商品进行价格监测和履约过程监测管理，宜配合网上商城进行数据分析。

9.4 供应商应建立数据安全管理制度，并与网上商城协调建立数据安全机制。供应商履约服务数据保存期应不少于 10 年。

除了以上关于系统建设、数据交互以及数据安全的要求以外，本规范还在附录 A 明确了供应商履约过程中需建立的数据集（见表9-1）。

表 9-1　　　　　　　　供应商服务数据集及数据项

序号	数据集	数据项
1	订单数据	商品名称、商品编码、规格、型号、接单日期、订购数量、价格、质量标准、交付日期
2	履约计划数据	1）发货批次计划：批次数量、商品名称、每批次发货数量、每批次发货日期； 2）每批次履约计划 ——每批次发货计划：订单编号、发货批次、商品名称、编码、计划发货地点、发货日期、发货数量、发货人联系信息； ——每批次物流计划：承运人信息、运输方式、运输路径和主要节点、到货时间、承运人联系信息； ——每批次交货计划：交货地点、交货日期、交货单证、收货人联系信息
3	交付数据	发货人（姓名及联系方式）、商品名称、商品编码、品牌、规格、型号、单价、数量、金额、收货人（姓名及联系方式）、出货日期、承运人、交货日期、安装调试记录、验收日期、验收合格数量、签收人
4	售后服务数据	售后服务记录、退换货数量、投诉响应记录、商品回收记录
5	风险控制数据	影响交付的风险事件名称、发生时间、发生地点、发生范围、发生原因、风险处置结果、对交付的影响

《国有企业网上商城采购交易操作规范》规定了关于供应商和商品的数据要求。

供应商准入信息

基本信息：供应商唯一代码、供应商名称、联系人、手机号、邮箱等。

企业信息：供应商类别、法人代表、注册资本、统一社会信用代码等。

银行账户信息：开户行、开户名、账号、银行联行号、账户属性等。

业绩信息：业绩名称、类型、合同名称、编号、签订日期、金额、业主单位、证明人及联系方式等。

资质信息：资质名称、等级、资质证书名称、编号、有效期、发证机构等。

认证信息：认证名称、认证标准、认证范围、证书有效期、认证机构等。

开票信息：发票抬头、发票类型、纳税人识别号、开户银行、账号等。

通信信息：通信地址、电话、联系人、手机号等。

网上商城商品和服务准入清单基本内容

准入商品或服务名称及代码。

准入商品或服务的供应商名称及代码。

准入商品或服务的技术属性：包括准入商品或服务的商标、规格、型号、技术参数、技术指标等。

准入商品或服务的商业属性：包括准入商品或服务的定价模式、账期、支付条件等。

供应商属性：包括供应商的住址、经济性质、供货能力、配送能力与范围、售后服务能力等。

其他属性：包括框架协议有效期、上架时间、下架时间等。

由此，由网上商城的两个标准构成的网上商城标准体系就建立了一个从供应商及商品数据到交易数据再到履约数据的完整的、动态的交易数据集。这个数据集的建立对供应商、采购人以及网上商城及其管理部门都具有重要意义。

第一，交易数据的打通，为供应商建立了与采购人、网上商城在交易和履约全过程中常态化的沟通渠道，确保供应商了解商品采购需求以及订单执行中的问题，有利于供应商改进服务，获取持续订单。

第二，对采购人来说，交易数据的打通有利于采购人的经营管理，对供应链成本进行数字化控制，优化采购流程和生产管理，确保企业供应链的可靠性和可持续性。

第三，对网上商城来说，通过交易数据可以对供应商的交付过程和采购人支付过程进行完全监督，进一步减少平台风险，提升网上商城交易平台的保障能力，保障交易的可持续性。

第四，对网上商城管理部门来说，采购供应链的数字化运营对于保证全企业的供应链安全可靠运行具有基础作用。只有在采购供应链实现数字化的基础上，才能进一步安排生产和销售的数字化，进而推进企业供应链的数字化。网上商城的数字化交易经验，对于企业供应链全过程数字化具有先导性作用，有利于企业的数字化转型。

二、数据管理的本质是供需交互协同

传统上，供需双方的交互主要发生在交易阶段。国有企业的采购方式，实际上也是供需双方的交互方式。在工业化初期，社会供给短缺，我国企业主要通过引进国外生产线建立生产系统，以满足旺盛的社会需求。这一时期的经济体系是由生产主导的，生产决定消费，供给决定生产，需求方是被动的接受者。随着社会初级需求的满足，市场逐渐由卖方市场转变为买方市场，需求方逐渐占据主导地位，开始选择供给，进一步促进了供给质量的提高。然而，无论是在卖方市场还是买方市场，供需双方的关系都是不确定的。这种交易关系的不确定性，造成了生产和消费的盲目性，进而造成了市场的盲目波动。

信息化的发展，信息系统的建立，大大减少了生产的不确定性，促进了生产体系效率的提升。在信息化之后的数据化的发展，使企业信息化从企业内部走向了企业的外部供应商和销售商，由此，企业可以通过供产销的数据管理进一步建立较为稳定的供应链，使自己处于稳定发展之中。这样，企业数据管理就成为非常重要的一环。企业的信息和数据管理部门在企业管理中的作用凸显出来，并进一步成为企业生产流通的主导部门。这个过程在我国经历了三个主要阶段，分别是客户管理阶段、供应商管理阶段和平台协同阶段，相应地，形成了以下三个管理系统。

（一）客户关系管理系统

客户关系管理系统是以客户数据管理为核心，记录企业在市场营销和服务过程中与客户发生的各种交互行为以及各类相关活动状态，并进行数据分析、支持决策的信息系统。客户关系管理系统伴随着买方市场发展而来，我国于 20 世纪 90 年代末从国外引进，现在已成为企业营销部门的标准配置。

客户关系管理系统一般包括以下四项功能。

一是客户沟通。客户关系管理系统突出以客户为中心的理念，着重建立企业与客户的沟通、关联和交流的通道，及时收集客户需求、客户反馈和客户投诉。

二是业务标准。客户关系管理系统是市场营销、销售、客户服务部门与客户接触的界面。市场销售的制度、流程、责任、绩效都在业务标准界面进行管理和控制。

三是数据分析。通过对客户服务中的信息进行收集和整理分析，对市场进行全方位了解，为企业市场决策提供依据，有助于理顺企业资源与客户需求之间的关系，提高客户满意度。同时，通过数据分析，挖掘新客户，保持老客户，发现重点客户，支持交叉销售和特定客户个性化需求。

四是信息技术管理系统。确保系统各模块稳定运行和数据安全。

客户关系管理系统贯穿市场营销、产品销售和集后服务的全过程。

我国国有企业的客户关系管理系统一般建在二级企业，主要是因为国有企业集团以管资本为主，二级企业才以经营为主。国家对国有企业集团的考核重点在国有资产的保值增值，指标分解到二级企业，就要求二级企业必须创造利润。客户关系管理系统实际上已成为二级企业的销售管理系统。

互联网的发展特别是移动互联网的发展，把客户关系管理系统提升到了新的阶段。以京东、淘宝为代表的销售互联网平台，实际上都是大型的客户关系管理系统。它们通过先进的算法随时分析客户偏好、客户需求，使客户关系管理达到新的高度。各种消费品生产机构纷纷在这些平台上开店，甚至将这些平台变成主要销售渠道。正是因为互联网平台催生了最优的客户关系管理系统，最大限度地实现了需求的汇集和分类，建立了便捷的物流配送网络，让需求方获得了服务价值。

（二）供应商关系管理系统

需求端的互联网平台化，一方面为企业扩大了客户群，使企业效益明显提升；另一方面又为企业带来了新的压力，这些压力主要表现在以下方面。

第一，竞争的压力。企业依靠信息差、地区和行业壁垒，以及行政垄断而获利的条件急剧丧失。大部分企业在交易平台形成了数字化市场竞争，这对企业管理和经济效率的要求大大提高，对价格的敏感性日益提升。

第二，产品个性化的压力。为了在激烈的竞争中生存，企业不得不追求产品的独特性和个性化。实际上，企业的产品创新并非一朝一夕之功，不仅需要长期的技术和能力的积累，还要求固定资产和生产设施的可调整，否则就需要新的投资，增加新的成本。

第三，技术变革的压力。网络效应催生了技术领域的横向替代。很多行业受到了新技术的冲击，比如，网上支付技术对银行卡和现金支付造成了巨大压力，网约车分食了出租车市场，电子商务影响了百货商场。未来，随着人工智能技术的进步，大量的传统职业可能会被机器人替代。这种横向替代正在深刻影响着企业的发展，给企业的经营造成巨大压力。

第四，安全和风险压力。除了经营的风险之外，现在全球各国正共同面对着不断增加的不确定性的挑战，如经济下行、需求疲软、战争动乱频繁发生，等等。在这种情况下，企业的长期投资变得更加谨慎。新冠疫情发生以来，经济全球化受阻，企业在全球范围内规避风险更加困难。这大大限制了企业在全球活动的自由度，使其行为日益趋于保守。

面对以上四重压力，在自身能力和资源受限的情况下，企业都不约而同地把目光转向供应商，希望通过与供应商合作，在不投资或少投资的情况下应对变局。由此，供应商关系管理在企业中的地位急剧提升，企业对供应商关系管理系统的重视也与日俱增。

传统上，特别是在大规模生产体制中，供应商是被动的，处于被选择的状态。特别在大中型国有企业中，供应商是有求于人的群体，因而长期以来不存在供应商关系管理问题。在制度上，由于《招标投标法》的限制，供应商关系管理在一定程度上甚至是不受欢迎的。《招标投标法》的基本逻辑是，在市场上有充足的供应的前提下，企业作为采购人，通过潜在供应商的充分竞争，在同一质量要求下可以获得最优价格。基于这种逻辑，《招标投标法》从本质上排斥企业与供应商进行沟通，也排斥企业与供应商建立长期协同关系，更不用说供应商关系管理。《招标投标法》所设定的基本逻辑，在低技术标准化生产条件下，确有其合理之处，特别是在建筑工程领域，技术发展较慢，市场上建筑供给能力充足，招标投标的充分竞争的确可以为企业采购带来节约成本、提高效率、保障工期等价值。然而，在我国大规模基本建设初步完成，社会生产力的发展由补齐短板转向全面创新，企业竞争由规模竞争转向技术创新、个性化创新和供应链竞争的时候，招标投标的采购方式适用范围就大大缩小了。此时，企业通过与供应商建立长期合作，为供应商提供长期预期，供需双方共同打造稳定的供应链就显得尤为重要。企业广泛采用供应商的新技术，充分发挥供应商的能动性，为供需双方提供长期价值，就成为企业建构供应商关系的主要目标。建立供应商关系管理系统，也就成为许多企业的一项重要工作。

供应商关系管理系统的主要目标是企业致力于实现与供应商长久紧密的伙伴关系，建立与供应商之间的新型管理机制。供应商关系管理系统一般包括供应商的分类、供应商合作关系、供应商交易与履约记录、供应商绩效评估四项功能。

（三）供应商履约信息系统与网上商城的交互管理系统

从 20 世纪 80 年代开始的信息化运动，在企业管理方面的主要成果就是 ERP 系统的推广。从广义上来说，前述的客户关系管理系统及供应商关系管理系统都是 ERP 系统的延伸。ERP 系统通过信息化手段对企业内部资源进行整合与优化，把企业内部的各项资源整合在一起，优化流程、完善管理，推动了现代企业管理理论与信息技术的深度融合，使企业管理从制度理念变成了技术体系，实现了企业管理的现代化。我国国有企业广泛引入 ERP 系统，在一定程度上，克服了企业管理者水平的个体差异，大大促进了企业管理水平的提升。

　　然而，ERP 系统是以生产为中心的，重点是搞好企业内部的管理，本质上是向内的。随着数字化时代的到来，数字经济要求企业由以生产为中心向以交易为中心转变，企业必须更加关注交易的效率，进而以交易为中心调整其信息系统，具体要求表现在以下几个方面。

　　第一，供需协同，追求供应链价值。

　　如果说工业化时代以生产为中心的生产方式主要追求企业价值，那么数字化时代以交易为中心的生产方式主要追求的是供应链和产业链的价值，这是因为数字化必然伴随着全球化。在全球化背景下，企业的产品市场占有率竞争转化为供应链市场份额的竞争。如果一个产业的供应链在全球产业中的价值体现不出来，这个产业的从业者就处于挣扎生存状态，在这种情况下，供应链上的全部参与者也很难生存。产业供应链的良性循环是从业者良性竞争的基本条件。因此，在全球范围内供应链的从业者纷纷建立各种产业联盟，共同追求供应链最优化和从业者在供应链上的全球分工，并基于这种分工形成供需协同关系。

　　第二，基于供应链标准的分工协同。

　　一般来说，供应链竞争过程中存在一个供应链的联盟。由联盟牵头供应链相关各方形成行业标准，把供应链不同的环节连接起来，而环节内部则是各企业的创新空间。由此，各环节的创新推动整个供应链的优化。这种供应链模式在制造业中往往表现为模块化。标准建立在模块之间，模块内部是企业创新，企业创新推动供应链创新。这种以模块化为基础的供应链合作模式，既充分发挥了供应商的创造性，又促进了供应链的优化，推动了整条供应链的活力，是数字经济时代下新的生产方式。

　　第三，供应环节的透明化。

　　供应链的有效运行和良性发展要求各环节供应商交易和交付的透明化。只有交易和交付透明化，供应链的优化才得以实现。这样，从采购端必然产生对供应商进行长期管理的要求，供应商成为企业长期战略的支持者和短期业务的保障者。网上商城就是在这样的环境下应运而生的。对于国有企业来说，每一个企业实际上拥有多条供应链，每一条供应链都存在大量供应商。从交易到履约的数字化是供应关系透明化的基本保证。网上商城这几年的实践也已证明，这种方式所形成的数字化供应链很好地适应了新的供应保障需求。

网上商城数字化供应链的运行，要求供应商建立履约信息系统，使供应商数字化与网上商城的数字化相匹配，由此实现完全的数字化交互。这样，供应商通过履约信息系统就构建了一个常态化的与网上商城交互的平台，可以准确及时地与客户进行无缝衔接，实现整条供应链的数字化。在数字技术和人工智能技术加速发展的条件下，这种基于平台的交互形成了大量交互数据，为今后进一步智能化打下了良好基础。这样，在供应商一端的客户服务系统与供应商履约信息系统共同构成了供应商服务平台。在采购端，网上商城和供应商管理系统合二为一，表现为采购供应链平台。供应商服务平台与采购供应链相互融合，构成了供需双方的数字化业务基础。

三、网上商城供需交互协同的内容

无论是否参与网上商城，供应商服务的大部分内容都是存在的，也是大部分供应商熟悉的。然而，供应商服务协同，或者供应商的常态化、规范化协同则是网上商城所独有的机制和能力，也是供应商进入网上商城的重要原因。因此，谈网上商城供应商服务，就必须谈网上商城供应商服务协同。

网上商城供应商服务协同，是指网上商城供应商在网上商城技术平台的协调下协作达成确定目标的能力。网上商城供应商服务协同之所以能够达成并成为供应商新的业务来源和价值来源，是因为网上商城创造的数字化环境把原来线下分散的供应商结合成了一个整体，使这些供应商得以充分发挥其所长，可以协同完成单个供应商无法完成的任务。

对于大部分网上商城来说，初期的目标就是作为采购部门的助手，为采购人提供专业化采购服务。通过这种服务，网上商城技术平台就集聚了一批供应商信息。当网上商城业务发展到一定程度，网上商城经营者就会发现，这些供应商是网上商城的重要资源，网上商城不仅可以利用这些资源为系统内的采购人服务，还可以主动创造需求，为其他系统的采购人服务。在这种情况下，每个网上商城供应商就成为网上商城供应网络的一部分。网上商城可以根据供应商数据组织供给能力，获得业务，然后再将业务分配给供应商，从而使网上商城供应商作为一个供应整体对外提供服务。这就是我们所说的网上商城供应商服务协同的具体表现形式。这时候，网上商城就成了供应集成中心或供应链企业。按照由简到繁的原则，网上商城供应商服务协同主要表现为日常监测预警保供协同、应急协同、创新协同、供应链协同。

1. 保供协同（合同协同与战略协同）

保证供应是网上商城的主要任务，保供协同是供应商和网上商城之间的协同。随着网上商城三大业务模式的实施，即实时价业务模式处理小额采购，固定价业务模式处理大宗采购，定制化业务模式处理创新和定制业务，网上商城实际上已成为大型企业的数字化采购中心，因此保证企业供应稳定也就成为网上商城的首要任务。

为了保证企业生产供应，网上商城应当在以下两个层面与供应商保持协同。

一是在合同执行层面的协同，即合同协同。供应商在网上商城的业务合同往往包括双重合同，第一重合同是供应商与网上商城签的准入协议，包括供应商在网上商城提供的商品和服务清单以及相关的数据服务。第二重合同是在第一重合同范围内，供应商与采购人签订的具体采购合同。在这种双重合同中，网上商城本质上扮演的是一种协同角色，或者更进一步说，是一种交易保证者的角色。网上商城通过双重合同对交易双方的数据进行监测，掌握供应商的交付过程和采购人的支付状况，确保交易按合同执行。当双方合同执行可能出现问题时，网上商城及时预警并督促解决。对于采购人来说，达成了保证供应的目标；对于供应商来说，维持了信用，保证了业务的可持续性。

二是在供应战略层面的协同，即战略协同。合同层面的协同主要是解决合同执行过程中的问题，是短期问题，相对来说容易处理。而在战略层面的协同，是行业问题、长期问题，不确定性较大，也较难处理。每个供应商都处于行业的大环境中，行业不稳定，供应商自然也受影响。真正的保供问题往往出现在行业发生重大变化的时候。这个时候的保供协同，实际上是行业内部供应关系的调整。这种调整主要发生在两个方面：一方面是采购人业务调整，需要供应商做出相应调整以保证新业务的供应；另一方面是供应商发生变化，需要网上商城保供。这两方面都涉及供应商关系的调整。网上商城的直接供应商与采购人在某种程度上掌握着行业变化趋势，因此网上商城可以在这种行业调整中发挥作用，引导双方建立新的合作关系。

很显然，进入 21 世纪以后，全球经济已经进入了一个急剧变化的时代，采购人与供应商的关系处于不断变化之中。建立日益紧密的供需协同关系，形成新的供需联盟，抵御经济环境的无序化，已成为一个日益重要的问题。

2. 应急协同（库存协同）

在业务发展趋势没有发生变化的情况下，紧急突发情况会产生应急采购需求。这种突发情况往往由三方面的原因造成：一是供应商方面，个别供应商发生突然变故，无法按时按量供货；二是采购人方面，生产计划发生变化，需要调整供应；三是环境方面，环境变化产生紧急需求或造成停产，由此引起供需状况突变。

近年来，随着贸易冲突、局部战争、瘟疫等不确定性事件的增加，如何处理紧急情况、保持企业的正常运行，已经成为不得不重视的问题。

应对以上谈论的紧急状况，是对企业供应系统的安全性和可靠性的考验，是保证供应的重要举措。与前面所述的由于战略问题引起的不确定性不同，应对这种风险，主要依靠供应系统的冗余能力。

在传统供应体系中，这种冗余能力主要表现为库存，在采购人那里具体表现为采购库存，在供应商那里具体表现为供应库存。因此，库存成本是企业的一项正常的、必要的成本。库存越多，供应体系越安全、越可靠，但成本越高。供应安全与供应成本之间的平衡，是工业化时代企业管理的重要课题。

如今网上商城的出现，提出了解决冗余问题的新方法。第一，正常情况下的零冗余或者是零库存。供应商和采购人按照计划模式建立连续的供应关系，供应商与采购人的生产过程一体化。第二，最小库存量。供应商按照采购人的生产周期确定最小库存。在特定条件下，供应商在采购人处设立辅助仓，及时建立库存支持模式。第三，供应商创建柔性生产模式以适应采购人的变化。第四，在网上商城采购模式下，尽管供应商冗余仍是不可避免的，但网上商城拥有供应商商群，因此存在系统冗余。在网上商城存在同类供应商和采购人的条件下，不同的供应商可以共享库存，共享冗余，这样大大节约了库存成本，还能在总体上保证应急情况的处理。

3. 创新协同

创新是企业的生命线，创新能力与采购关系密切。在采购领域，企业通过与供应商联合研究或者让供应商提前介入技术和产品创新，已经成为采购界的共识。在网上商城环境下，定制化业务模式为企业与供应商联合创新创造了新的形式，即基于网上商城的供应商协同创新。这种协同创新主要包括以下形式。

第一，创新型采购。创新型采购是采购人通过提出创新目标，通过公开招标或其他方式征集实现目标所需的技术、方案或创新产品的采购方式。这种采购方式与网上商城的定制化模式完全一致，与传统模式相比，创新型采购征集范围更加广泛。同时，随着互联网技术的发展，方案的比较方式更加成熟，也更加具有可视性，可以最大限度地发现最优方案。在这种情况下，供应商的创新能力就更为重要。供应商不再是成熟产品的提供者，而成了创意的提供者和实施者。我们可以把设计公司、创意公司、各种技术开发公司，甚至是个人看作网上商城的创新型供应商，网上商城通过一套创新共享制度，为采购人提供服务。目前，创新型采购已经是国际上一种成熟的新技术采购模式。

第二，创新平台或创新孵化器。这是一种网上商城通过创建创新平台或数字园区，吸引创新者入驻、储备创新项目、为本企业集团服务的形式。

第三，基于网上商城数据的创新采购。对于一些大规模的网上商城，由于其积累了海量的交易数据，通过数据分析可以发现创新方向，所以基于此可采购创新项目。这种方式在一些大的网上商城已经得到了实践，许多大型网上商城最终变成了新技术、新产品投资公司。

创新协同对供应商提出了新的要求。首先，在创新协同中，供应商不再以提供产品为目标，因此不再依靠设备能力，而主要依靠供应商团队的知识能力，此时供应商的评价标准发生了改变。其次，供应商的以往业绩非常重要。特别是对大型创新项目来说，供应商的以往业绩往往有决定性作用。最后，创新协同也需要一个高效的实施网络，能够把创意变成产品。在这方面，国际上一些军工集团的实践经验值得供应商借鉴。

4. 供应链协同

供应链协同是指供应商在网上商城协调下，与别的供应商共同创建供应链，并在供应链中承担相应的任务，获得相应的利益。

供应链本质上是跨企业的，是企业之间的采购和供应关系，它可分为狭义的供应链和广义的供应链两种。狭义的供应链是指与采购人直接发生关系的供应商群体所构成的供应关系。在大多数情况下，狭义的供应链是由采购人的直接供应商组成的。就采购人来说，很难触达没有直接采购关系的其他供应商。因此，狭义的供应链就是企业的采购链。从这个意义上，企业的采购链与供应链是等价的，是同一个网络。因而，狭义的供应链协同就是采购协同。

广义的供应链是指以特定产品为中心，从基本原料供应商到零部件供应商、生产商，以及代理商、零售商、终端用户构成的全业务链条。在这个意义上，供应链实际上是一个宏观概念，是立足于全部业务关联的描述性概念，没有确定的利益主体。客观上供应链存在着效率的问题。供应链的整体效率高，处于其中的供应商的利益就大；反之，供应链的整体效率低，处于其中的供应商就会"内卷"，互相排挤。因此，对供应链的整体效率和结构进行管理和协调，对各环节供应商来说就有着十分重要的意义和价值。也就是在这个意义上，我们常说企业竞争本质上是供应链的竞争。

网上商城在汇集了同一领域大量供应商和采购人的条件下，进一步优化业务模式和扩大业务规模，推动供应商和采购人之间的交易在网上商城开展，就有可能在网上商城形成特定产品的完整供应链。在此基础上，网上商城的平台服务实质上就成了供应链服务。这种自然形成的供应链关系，很容易转化成网上商城的专业供应链协同服务。在这个意义上，网上商城就承担起了广义的供应链协同职责，对建构完善高效的供应链发挥重大作用。网上商城供应商就可以参与到网上商城供应链协同，承担相应的任务并获得相关的利益。

实际上，《网上商城采购理论与实践》一书就明确指出，网上商城是数字化供应链的入口。正是基于网上商城巨大的数字化交易汇集能力，大量供应商以数字化的形式集聚在一起，有可能构成数条供应链。由此，网上商城实际上为供应商提供的是一种公共服务。这种公共服务会把供应链关系连接起来，供应链中供应商之间的合同关系仍然是通过市场进行均衡的。因此，在数字化供应链条件下，供应商参与供应链协同仍然是在网上商城的协同下进行的。

根据以上论述，我们可以得出，狭义的供应链协同主要发生在采购人与供应商之间，具体体现在采购业务中。而广义的供应链协同则主要发生在网上商城与供应商之间，这取决于网上商城有意识地开发供应链业务，在网上商城建立供应商供应链业务规划和流程。当前，已有一些国有企业正在积极发展此项业务，有的甚至把原来的物资公司改成了供应链公司。但此项业务怎么发展，有什么样的商业模式，是公共服务还是盈利业务，仍有待深入研究。

四、供应商交互协同能力建设

随着供应链概念在国有企业及其管理部门中得到普遍认同，采购部门转变为供应链管理部门已是大势所趋，许多大型国有企业已经把供应链管理部门作为核心部门，网上商城也成为供应链数字化建设的主要抓手。在这种情况下，供应商、网上商城以及采购人之间的协同能力建设就变得十分重要。

1. 组织制度建设

大部分供应商都有客户关系管理部门，这是供应商与网上商城交互协同能力建设的基础。如前所述，传统的客户关系管理面临着向交互能力管理的转变，这种转变主要体现在以下3个方面。

（1）要把工作目标从维护客户关系转向建立供应商服务与客户供应链的业务合作关系。

（2）要把以产品销售为中心的组织结构转换为以供应商服务为中心的组织结构。

（3）在管理制度方面，把供应商服务理念贯穿在供需交互的各个环节。

2. 工作流程建设

工作流程主要指交互流程，包括两个方面：一是例行交互，即对供应商服务的关键环节，建立定期交互通道，及时解决供应商服务过程中出现的状况和问题，以本规范规定的交互数据集为基础进行定期回顾检查，并对网上商城的监测结果进行反馈；二是紧急事项交互，对供应过程中的突发事件，建立紧急交互通道。

3. 资源匹配

供应商对供需交互所需的资源要进行合理匹配，包括人力资源、系统资源以及相应的资金支持。

4. 数据记录

以供应商履约信息系统为基础，全面记录履约全过程数据。

5. 系统支持

供应商履约信息系统要对交互组织和人员全面开放。

案例：中建电商平台与混凝土搅拌站的协同关系

供需协同对建筑行业的降本增效作用十分明显。许多建筑企业由于长期的粗放式经营，对供需协同的认识不足，也无法获取供需协同带来的利益。数字化平台的发展，为建筑企业供需协同创造了有利条件，供应商和采购人都能够基于交易平台获取供需协同利益。中建电子商务有限责任公司（以下简称"中建电商"）通过与混凝土搅拌站建立协同关系，解决了建筑业最重要的供需协同问题。

（一）行业痛点

1. 商砼交付行业痛点

（1）建筑业内参与方各自为政，利益目标不同且运用不同的信息管理系统，导致建筑全生命周期业务阶段出现信息断层，产业内信息联通程度极低。基于行业内数据的共通性，加速建设以数据为资产的"数据群岛"成为行业的发展趋势。

（2）上下游参与方多，产业链复杂，数据协同未达成行业共识，存在数据孤岛。

（3）建筑行业数智化转型未做到行业内每一个节点上的公司来共同推进。只有产业链内每一个节点上的公司都往前走一步，行业整体的数智化进程才能往前迈一步。

（4）缺乏行业级别的链接上下游的协同信息化体系。

2. 商砼交付应用痛点

（1）现状。

混凝土现场管理难；搅拌车到场时间不确定；混凝土小票易遗失；数据记录不及时、不准确。

（2）存在的问题。

①过程数字化程度低，管理需优化。

问题1：信息不同步，数据不完整，受人为因素干扰多。

现象：单据易丢失，数据易篡改，每张过磅小票上的信息需要核对2分钟以上。

问题2：生产状态不了解，车辆状态不掌握，协调精力耗费大。

现象：沟通费力且不及时，项目易发生窝工待料情况；每次混凝土浇筑的沟通时间为15~30分钟。

②验收费力耗时。

问题1：磅房需24小时有人轮班值守，过磅依赖人工操作。

现象：每个磅房至少2个司磅员轮班值守，一年专项支出至少12万元。

问题2：传统过磅及浇筑等待时间较长。

现象：平均每次过磅耗时3~4分钟，如有大方量浇筑任务易造成拥堵，影响浇筑效率及混凝土质量。

③台账核对流程烦琐。

问题1：采用传统的人工过磅和签收方式，纸质单据繁多，对账工作量大、数据易出错。

现象：每个项目当月混凝土台账登记、结算、小票的整理归档等需要8~10天。

问题2：小票数量较多且容易丢失，数据难以复原及追溯。

现象：纸质材料的人工及仓储保管成本高，长期存放后，纸张容易破损。

（二）品类解决方案

1. 商砼数字化全景

提供商砼供应全周期管理，实现发运收全程自动化，人力降本成效显著；实施"百城千站"计划，推进全行业覆盖。

商砼数字化管理特点如下。

①智能交付：无须催单、无须人工过磅。

②闭环数据链条：无须人工查找车辆信息、人工关联收货单和送货单。

③协同效率：对账信息直接从系统里导出，无须人工挨个统计。

2. 收验货系统商砼版框架（见图9-1）

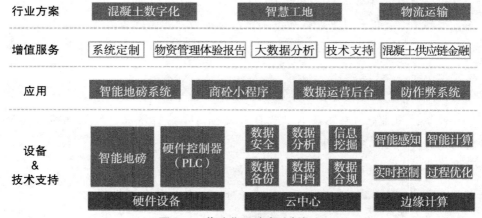

图9-1　收验货系统商砼版框架

3. 传统场景和数字化场景对比

传统场景：电话下单—电话接单—电话询问车辆—人工签收—纸质小票繁多。

数字化场景：在线下单—在线接单—在途可视化—智能地磅签收—报表

自动生成。

优势：直连商砼站、数据全上线、人工不用管、单据自动办。

具体应用场景如下。

（1）日常沟通场景（耗时 15~30 分钟）如图 9-2 所示。

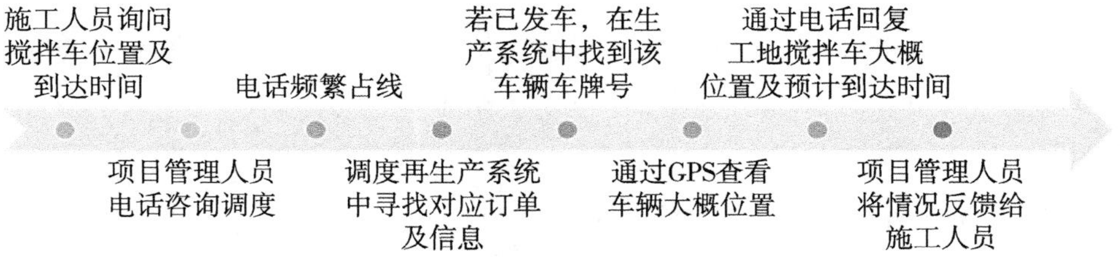

施工人员询问搅拌车位置及到达时间　电话频繁占线　若已发车，在生产系统中找到该车辆车牌号　通过电话回复工地搅拌车大概位置及预计到达时间

项目管理人员电话咨询调度　调度再生产系统中寻找对应订单及信息　通过GPS查看车辆大概位置　项目管理人员将情况反馈给施工人员

图 9-2　日常沟通场景

常见问题：电话占线、调度未及时反馈、报错车辆、敷衍回复等。

（2）统计企业数据（耗时 7~15 天）如图 9-3 所示。

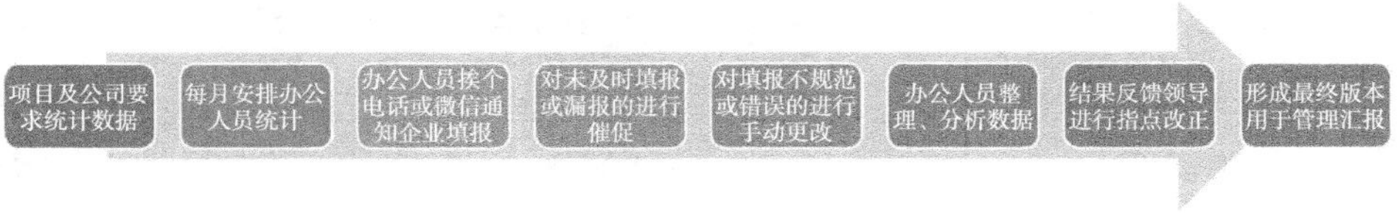

项目及公司要求统计数据　每月安排办公人员统计　办公人员挨个电话或微信通知企业填报　对未及时填报或漏报的进行催促　对填报不规范或错误的进行手动更改　办公人员整理、分析数据　结果反馈领导进行指点改正　形成最终版本用于管理汇报

图 9-3　统计企业数据

常见问题：频繁电话沟通、催促，数据不实时、数据缺失。

（3）使用商砼系统后。

①免去内耗，发车信息、轨迹、签收信息实时掌握；

②施工人员或项目管理人员能够及时了解生产、发车情况，以便安排生产；

③可查看排产及车辆预估到达时间，提前安排施工准备；

④使用后完整数据一键导出（耗时 30 秒）；

⑤办公人员可统计、分析企业生产情况以供领导决策；

⑥数据实时在线，自动导出分析报表；

⑦工作效率大幅度提升。

商砼数字化市场覆盖面如下。

（1）一键链通："百城千站"搅拌站储备1000余家，可实现一键链通。

（2）覆盖城市：业务覆盖130余个城市。

（3）头部企业：中建材（三狮新材料、南方水泥、南京中联）、中建西部建设、上海建工、华新水泥、华润建材、华西绿舍、上海申昆、重庆富普、汇江集团等。

（4）核心城市：上海、重庆、深圳、南京、苏州、无锡、青岛、太原、武汉、广州、杭州、成都、济南、西安、温州等。

（三）案例展示

1. 应用案例：太平小镇芙蓉人家

项目需求：项目浇筑量大、过磅频繁且过磅率考核要求达到95%以上，每日地磅员都需花费2小时处理前一天的数据和对账，因此项目提出混凝土过磅智能化及数据线上化要求，减轻地磅员工作负担的同时帮助项目实现管理提效。

应用效果：车牌识别率97%以上，每日数据处理时长由120分钟缩短为15分钟，提效7倍。

用户评价如下。

（1）有效减少工作量：系统自动识别车牌、自动匹配进出场、自动上传云端，整个过程不需要人员花费太多时间去管理，极大减少了人员工作量。

（2）实现管理提质：混凝土过磅数据实时上传，数据报表和车辆视频照片等信息切实满足项目对过磅数据的精确掌控要求，对账数据可实时导出，减少了出错概率，省时又便捷。

所有数据实现线上管理，减少过程中的人工干预，在提高人均效能的前提下，保证了验收数据的准确性；每月节省资料处理时间达50小时左右，整个项目周期预计可节约人力成本4.32万元。

2. 应用案例：宁德时代项目

项目名称：宁德（贵州）时代动力电池生产基地项目

项目周期：2022年6月至今

项目应用数据：交付超1万车次；签收超1.5万立方米

用户评价如下。

（1）自动化交付缩短了过磅时间并减少了工作量，省去人工录入并提高了数据准确性。

（2）数据报表完美契合了中建八局四川公司混凝土"一浇筑一分析"的管控要求。

使用数字化系统的前后对比如表 9-2 所示。

表 9-2　　　　　　　　　使用数字化系统的前后对比

序号	对比项	使用传统收货系统	使用云筑收货系统
1	人员	24 小时有人值守、2~3 人轮班	无人值守、1 人抽 10 分钟检查修复数据（人工成本节省 90%以上）
2	车辆过磅效率	单次 3~4 分钟	单次 1 分钟左右（过磅效率大大提升）
3	单据管理	进场检查录入、出场收单据签字、打印磅单	全程可实现无纸化（节省成本，无纸化）
4	信息转录	根据单据录入	数据无须转录，线上自动提取（提高信息化程度，减少人工成本）
5	台账核对	多次核对，来回比对	一本账、信息化、可追溯（信息化、数字化）

自动交付节省人力。项目有 50 万立方米混凝土浇筑量，在现场安装 2 台地磅，4 人轮班值守。相比传统的验收，目前仅使用 1 人专职管理即可。每年可减少项目专项支出 18 万元。

3. 应用案例：番禺暨大北项目

项目名称：广州市番禺区暨南大学北侧一地块项目

项目使用收验货系统商砼版后用户评价如下。

（1）人力得到解放：之前浇筑混凝土和打砂浆等，需要 24 小时有人守在磅房，2 个人轮班倒，现在上线了商砼版，无须派人到现场，只需一个人第二天查看数据即可。

（2）过磅率提高，数据更准确：公司要求有地磅的项目要车车过磅，之前过磅率只有60%左右，无法实时监测供应商的亏方，现在过磅率提高到90%以上，每车实收及对比核减数都能呈现。

（3）报表不用手工做：之前公司有统一的模板要求，每次都需要按照公司的模板把数据录进去然后整理，现在报表可一键导出，对账信息每车对应，不易出错。

多维度一键导出台账、报表，同时做到每车数据实时监控。该项目本年度累计过磅8321次，导出专项数据报表9份，节约数据处理时间911小时左右，减轻工作量的同时，节省人力成本2.73万元。

（四）应用价值——综合降本0.9元/立方米

混凝土数字化供应链解决方案在推进行业信息化建设的同时，逐步优化项目管理方案，化零为整，化繁为简，为供需双方实现降本增效；同时，介入混凝土供应全周期，实现全链条闭环，通过大数据分析，及时介入过程管控，进一步提升管理能力（见表9-3）。

表 9-3　　数字化解决方案成效

序号	行业痛点	传统验收存在问题	供应链解决方案	经济效益测算	年度降本金额
1	过程数字化程度低	收到过磅小票后，结算管理人员对信息进行核对（签字、浇筑信息、"三量"对比）需要 2 分钟左右	前端审批数据全部上传云端，对内容进行分析提取，靶向输出，省去复核数据的工作	项目每月大约有 1000 车次过磅，每月可节约工时 33 小时，项目人工成本为 30 元/小时，每月节约近 1000 元	通过对混凝土验收数据进行分析，收验货系统商砼版与传统框架结构项目每年可节约成本18.66 万元
2		生产状态、运输轨迹无法掌握，现场协调不及时，易发生窝工待料情况。每次浇筑沟通时间需要 15~30 分钟	实时掌握混凝土生产与运输信息，便于项目进行场内生产资源协调，杜绝窝工待料情况发生	项目主体施工阶段，每月混凝土进场沟通花费时间约 20 小时，人工成本为 30 元/小时，每月约 600 元	
3		磅房要求 24 小时有人轮班值守，最少需要配备 2 个司磅员。混凝土等待浇筑时间长会造成凝块	实现无人值守、多地磅联动与异常数据预警，项目无须专人值守	不需要配备 2 个司磅员值守，每个司磅员工资为 5000 元/月，每月至少降低专项费用支出10000 元	
4	验收费力耗时	传统验收的过磅时间一般在 3~4 分钟，如遇到车牌无法识别情况需手动录入	云筑收验货系统单次过磅时间仅需 1 分钟	项目每月大约有 1000 车次过磅，与传统过磅比较，云筑收验货系统节约工时 50 小时，人工成本为 30 元/小时，每月节约 1500 元	

续表

序号	行业痛点	传统验收存在问题	供应链解决方案	经济效益测算	年度降本金额
5	台账核对烦琐	台账登记、结算以及整理归档，每天需要1~2小时	确认数据自动生成台账，可根据需求进行多维度数据提取与分析，项目设置结算样表，自动生成结算数据	混凝土资料整理归档，结算、表格的填报每月最少花费工时76小时，人工成本为30元/小时，每月最少可节约人工成本2280元	
6		纸质材料保管成本高，同时易发生资料丢失与篡改的情况，重复性核查耗时耗力	按照资料存储期数据保存云端，数据准确完整，不会发生丢失与篡改的情况，且无须支付保管费用	节省定期对资料复核检查的时间，同时不需要购买档案柜储存资料，直接节省保管成本2000元左右	通过对混凝土验收数据进行分析，收货验收系统与传统收验货系统商砼版与传统验货系统收相结构项目每年可节约成本，20万平方米框架结构项目每年可节约成本18.66万元

（案例作者：杨崇谊，中建电子商务有限责任公司副总经理）

第十章

评价与改进

一般来说，评价就是对特定对象进行判断，是人们思考和认知的过程。我们经常自觉或不自觉地对自身的行为进行评价，并基于特定标准进行修正和改进，可以说评价是人类智能的基础。在数字化、网络化的信息环境下，基于数据对方案、行为、能力等进行评价，大大提升了全社会的智能化水平，进而提升了全社会的生产效率。供应商服务作为人类生产活动的重要部分，对提升采购效率、节约采购成本、提高供应链效率具有重要意义。对于采购人来说，通过供应商评价可以优化供应结构，提高供应效能；对于供应商来说，则可以完善产品、改进服务、提升供应能力。《国有企业网上商城供应商服务规范》建立了一套供应商服务评价与改进机制。

一、关于供应商服务评价的基本要求

《国有企业网上商城供应商服务规范》对供应商提出的基本要求如下。

10.1　服务评价

供应商应对服务质量进行自我评价，并与网上商城评价、采购人评价和第三方评价进行对接。供应商服务评价主要指标见附录 B。

在《国有企业网上商城采购交易操作规范》中，对采购人提出了供应商服务评价的要求。

7.10　供应商服务评价

采购结束后，采购人应在网上商城的供应商评价栏目完成对供应商服务的评价。

在《国有企业网上商城采购交易操作规范》规定的网上商城管理部门的职责中，明确了供应绩效评价的要求。

4.2.1.5 供应绩效评价

可根据用户评价和网上商城交易数据对供应绩效进行评价。可根据评价结果对准入供应商、准入商品和服务进行调整。

评价的基本依据是数据。数据来源于网上商城技术平台和对接的供应商履约系统。

在《国有企业网上商城采购交易操作规范》中规定了网上商城的相关职责。

4.2.2.4 履约实施和平台赋能

应对每种业务模式的交易过程、履约过程进行全程跟踪、全面监测，并依托交易数据和履约数据对供应商和采购人进行评价和赋能。

由以上规定可见，关于网上商城的两个规范实际上连接了一个基于交易数据的交易主体评价体系。在研究《国有企业网上商城采购交易操作规范》时，由于该规范的重点是建立网上商城采购模式，相关评价的要求分散在各章中，并没有重点强调。在研究《国有企业网上商城供应商服务规范》时，又限于规范主体为供应商，仅规定了供应商评价的要求。实际上，网上商城各交易主体由于数字化已经紧密地聚集在统一的数字空间中，在数字化供应链的环境下持续地进行交易和关联。供应商与采购人也依托网上商城的数字化实现了一体化，双方的持续互动构成了网上商城的"生命"。供应商与采购人实际上是依据戴明循环（PDCA循环），在相互监督、相互促进中共同成长，共同促进网上商城的发展和繁荣。基于此，网上商城必须建立统一公正的评价体系，使网上商城成为一个具有高度可持续性的生命体，使各个交易主体共同成长。

二、网上商城评价体系

数字经济时代是以交易为中心的，以网上商城为代表的企业交易平台实际上是企业的核心。对网上商城的评价，实际上是对企业核心能力的整体性评价。在这个意义上，网上商城评价体系包括以下三个层次。

第一个层次是网上商城管理部门对网上商城供应绩效的评价。这里的基本问题是要搞清楚网上商城的绩效是什么？供应绩效是什么？这与企业对供应链的理解有关。研究表明，当前市场上常见的供应链概念大致有三种：一是采购供应链，实际上就是传统采购业务的平台化和数字化，为企业采购部门所关注；二是企业供应链，把企业的供产销作为一个整体来考虑，实际上是企业的供产销系统，为企业董事长和总经理所关注，采购是这个链条的一个环节；三是产业供应链，实际上是产业链，是以核心企业为中心的多级上下游形成的链条，这是政府产业政策关注的。在这三种供应链下，绩效的含义是不同的。

我们在之前曾讨论过，从发展方向上来说，网上商城是企业数字化供应链的入口。在进入这个入口之后，不同企业的网上商城实际上处于不同的层次。在第一个层次，网上商城是采购供应链的数字化平台，网上商城的绩效指的就是供应绩效。供应绩效追求的是供应总成本最低。

在第二个层次，网上商城是企业的输入输出平台，供应方、生产方、销售方都是网上商城的客户，即网上商城真正变成了企业的核心。这时候网上商城的绩效指的就是企业绩效，追求的是企业总效益最佳。

在第三个层次，网上商城是行业或产业的交易中心，网上商城交易业务覆盖全部产业链，在这个产业链中，"链长"有能力对全产业进行统筹。这时的网上商城绩效实际上指的是宏观的产业均衡绩效，是许多中央企业"链长"所追求的。

以上三个层次的绩效观，展示了国有企业数字化平台发展的全过程。从目前来看，大部分网上商城是由采购部门或物资部门发起的。因此，我们所谈的绩效是采购供应链绩效，也称供应绩效。具体表现为网上商城管理部门对网上商城运营机构的考核。

从采购供应链的层次研究供应绩效，网上商城的定位首先是企业的供应方，同时也是网上商城的采购方，其采购行为服从于供应任务。因此，在网上商城成为企业主供应链的情况下，网上商城的绩效就是供应绩效，其绩效考核主要体现在三个方面。其一，供应保证，即大家所说的"保供"，具体来说就是保证供应的数量、质量和交付时间。其二，为了保证供应，网上商城必须对企业的供应需求做深入分析，掌握供应过程中的关键环节，即对供应需求品类进行统筹，找出生产过程中的关键品类，进行长期供应关系的维护，确保这些关键供应品类的供应安全。其三，就是对供应品类的全生命周期管理，即对从采购到使用直至报废处理的全过程进行管理。全生命周期管理的直接原因是采购价格理论的变化，物品价格不仅要考虑直接成本，还要考虑使用过程中的维护成本和报废处理成本。

只有达到了以上三项要求，网上商城作为采购供应链才算完成了任务。很显然，网上商城完全依靠自身的力量很难达到这些要求，必须把它们分解传导至供应商和采购人，从而形成一个网上商城评价体系，促进供应商和采购人共同支持网上商城达成目标。

网上商城评价体系包括如下内容：一是对供应商的评价，包括供应商履约全过程的评价。二是对采购人的评价，包括采购人支付及信守合同责任的评价。评价方法一般包括客观评价和主观评价，前者是依据数据的评价，后者是交易主体在相互接触和交互过程中的协同与融合程度的评价。因此，无论是对供应商的评价还是对采购人的评价，最终的评价都是由客观评价与主观评价构成。

$$综合评价 = A \times （客观评价） + B \times （主观评价）$$

上述公式中，A 与 B 分别为客观评价与主观评价的权重，$A + B = 1$。

三、供应商评价

供应商评价是网上商城供应商管理的重要手段，也是促进供应商提升管理水平的重要方法。《国有企业网上商城供应商服务规范》的全部条款既是对供应商的要求也是对供应商进行评价的依据。具体来说，对供应商的客观评价从以下几个方面进行。

（一）供应商服务信息管理系统

在网上商城的条件下，供应商服务信息管理系统是供应商的基本配置，也是供应商组织制度建设、工作流程建设、资源匹配、数据管理能力的综合体现。因此，对供应商的评价，首先应当考察其是否拥有供应商服务信息管理系统，具体考察以下方面。

（1）系统中业务模式和标准流程的完备性与合规性。

（2）系统运行的标准化程度和可靠性。

（3）系统与网上商城对接的连续性。

（4）系统对履约全过程数据记录的真实性和连续性。

（5）系统对网上商城指令的传导效率。

（二）供应商的履约计划与订单管理能力

供应商履约计划能力与其订单管理能力是一致的。当供应商确认订单后，意味着供应商的履约计划获得了客户认可。在这个意义上，可以说网上商城供应商所出售的是履约计划，实际交付是履约计划的实现。因此，履约计划是供应商能力的综合体现。评价供应商的履约计划能力，具体考察以下方面。

（1）供应商对客户订单询价的响应速度。

（2）供应商对客户询价响应计划的完备性。

（3）询价响应计划与履约计划的一致性。

（4）履约计划与供应商资源的一致性和配套性。

（5）履约计划与实际执行记录的差距。

（三）供应商交付能力（门到门交付）

供应商交付能力主要指供应商在确认订单后按履约计划交付的能力。评价供应商的交付能力，就是要对供应商履约计划和实际交付的差距进行计量。这种计量是评价供应商交付能力的核心。《国有企业网上商城供应商服务规范》B.1、B.2、B.3基于这个核心能力提出了三项指标，即交付商品质量合格率、交付商品数量准确率和订单及时交付率。

B.1 交付商品质量合格率

评价期内，交付验收质量合格的商品数量与实际交付的商品总数的百分比，按公式（B.1）计算：

$$R_Q = \frac{Q}{M_A} \times 100\% \quad \cdots\cdots\cdots\cdots\cdots\cdots\cdots \text{（B.1）}$$

式中：

R_Q——交付产品质量合格率；

Q——评价期内交付验收质量合格的商品数量；

M_A——评价期内实际交付的商品总数。

B.2 交付商品数量准确率

评价期内，准确交付的商品数量与订单商品总数量的百分比，按公式（B.2）计算：

$$R_N = \frac{N}{M_P} \times 100\% \quad \cdots\cdots\cdots\cdots\cdots\cdots\cdots \text{（B.2）}$$

式中：

R_N——交付商品数量准确率；

N——评价期内准确交付的商品数量；

M_P——评价期内订单商品总数量。

B.3 订单及时交付率

评价期内，按时交付商品的订单数量与订单总数量的百分比，按公式（B.3）计算：

$$R_B = \frac{B_A}{B_P} \times 100\% \quad \cdots\cdots\cdots\cdots\cdots\cdots\cdots \text{（B.3）}$$

式中：

R_B——订单及时交付率；

B_A——评价期内按时交付商品的订单数量；

B_P——评价期内订单总数量。

这里需要说明的是，《国有企业网上商城供应商服务规范》的主体是供应商，是对供应商交付的基本要求。除此之外，在交付的标的物上，第一次区分了线下交付和线上交付，并提出了数字产品交付的要求。因此，在对网上商城供应商的评价指标中，还应包括数字化内容交付合格率、准确率和及时率。

（四）售后服务能力

良好的售后服务必然是制度性、流程性的。对于标准化产品来说，售后服务工作量相对较少。而对于那些定制化或者创新性产品来说，售后服务就十分重要。网上商城供应商售后服务的评价应关注如下问题。

（1）售后服务及时响应。

（2）售后服务制度和团队责任。

（3）售后服务流程化管理。

（4）售后服务资源配置。

（5）全生命周期服务。

（6）售后服务记录管理。

（五）供应商风险控制

网上商城供应商与其他供应商的不同之处在于，供应商负责把商品送达用户，并承担交付风险。因此，供应商必须有一套交付风险控制措施，这些措施包括制度、组织、资源和系统诸方面。具体来说，要注意考察以下方面。

（1）供应商风险管理制度建设。

（2）供应商风险预警能力。

（3）供应商风险告知能力。

（4）供应商风险处理能力。

（5）供应商风险处理经验。

（六）数据管理与交互协同能力

在网上商城建立了履约信息系统与网上商城技术平台交互机制的情况下，供应商数据管理本质上是基于系统的沟通和协同管理。沟通和协同产生数据，数据记录过程。在这个过程中，供应商建立了客户关系，采购人则完善了供应商关系，达成供需协同，共同达成目标。在现代数字经济条件下，这种基于系统和数据的关系尤为重要。因此，评价供应商数据管理与交互协同能力应注意以下几方面。

（1）交互通道的畅通和可持续性。

（2）交互内容的完整性。

（3）交互的双向互动性。

（4）交互效果。

（5）数据安全管理。

上述六个方面综合起来构成了对供应商的客观评价。

《国有企业网上商城供应商服务规范》的 B.4 提出了将供应商服务满意度作为主观评价指标。

B.4　服务满意度

评价期内，网上商城采购人评价栏目中对供应商评价满意的评价数占全部评价数的百分比，按公式（B.4）计算：

$$R_C = \frac{E_c}{E} \times 100\% \quad \cdots\cdots\cdots\cdots\cdots\cdots\cdots\cdots （B.4）$$

式中：

R_C——服务满意度；

E_C——评价期网上商城采购人评价栏目中对供应商评价满意的评价数；

E——评价期网上商城供应商评价栏目中全部评价数。

供应商可根据行业实际情况，确定客观评价与主观评价的权重，得出对供应商的综合评价。

四、采购人评价

就传统采购理论来说，一般是采购人主导评价供应商。但在网上商城条件下，采购人是网上商城的交易主体，自然也在被评价范围内。

对采购人的评价主要集中在以下三个方面。

（一）采购计划的确定性和可靠性

许多采购人在制订采购计划和下达订单时，随意性较大。网上商城对采购计划的评价主要包括以下方面。

（1）采购计划变动的频率。

（2）采购计划的清晰性和确定性。

（3）对供应商要求的明确性。

（二）采购人与供应商的沟通与协同程度

在实践中，交付出现问题，除了供应商本身的原因之外，与采购人在各个环节的协同也有关。

（1）交易过程中的沟通。

（2）履约过程中的沟通与协同。

（3）售后服务配合。

（4）风险管理配合。

（5）数据交换合作。

（三）支付

按合同支付是采购人履约的主要内容。对于国有企业的采购人来说，由于其在采购中占据主导和强势地位，往往不重视支付问题，致使许多网上商城沉淀大量呆账，给供应商带来很多困扰。因此，网上商城必须重视采购人的支付评价，评价指标如下。

（1）采购人按时支付率。

（2）采购人按量支付。

（3）采购人拖欠支付率。

基于以上指标，网上商城应对采购人进行信用排名，并采取措施进行相应惩戒。

在网上商城，采购人与网上商城本质上是一体化的，采购人的行为直接影响网上商城的形象。因此，采购人的履约情况关乎网上商城的未来发展。

五、服务改进

《国有企业网上商城供应商服务规范》第 10 章提出了供应商服务改进的要求。

10.2　服务改进

供应商应根据评价结果，检查供应商服务中存在的问题，提出改进措施，建立改进机制，持续提升服务水平。

在本书中，我们把供应商服务看成是一个完整的服务体系。供应商服务遵循统一的服务框架，涵盖协调一致的服务环节，每个环节具备明确的目标、组织制度架构、工作流程、资源匹配、数据记录和系统支持。供应商服务的改进，实际上是供应商服务体系的整体优化。

国内外的企业管理实践证明，戴明循环是一个体系不断改进的有效方法。ISO 质量管理体系、环境管理体系、健康管理体系等体系管理标准都把戴明循环作为改进循环的基础理论。本书中关于供应商服务体系的建设与改进也以戴明循环为基本方法。

戴明循环又称为 PDCA 循环。所谓 PDCA，即计划（Plan）、实施（Do）、检查（Check）、处理（Action）的首字母组合。无论哪一项工作都离不开 PDCA 循环，每一项工作都需要经过制订计划、执行计划、检查计划、对计划进行调整并不断改善这样四个阶段。PDCA 循环是能使任何一项活动有效进行的一种合乎逻辑的工作程序，每一个阶段的具体含义如下：在计划阶段，从定义问题到制订行动计划；在实施阶段，实施行动计划；在检查阶段，评估结果；在处理阶段，总结经验、修改制度、完善组织、改进流程和资源配置。

在《国有企业网上商城供应商服务规范》中，第 4 章定义了供应商服务框架，第 5 章讨论计划，第 6 章、第 7 章、第 8 章、第 9 章讨论实施，第 10 章讨论检查和改进。

供应商服务的改进是以供应商评价为基础的，是供应商服务框架的整体优化的过程。供应商应针对供应商评价的结果，对供应商服务框架中的供应商服务环节和能力要素进行系统提升，从以下六个方面采取措施，进行改进。

（一）供应商服务活动的目标功能定义调整

对供应商服务环节的目标和功能进一步做合理化调整，确保服务环节具有相对独立性，目标具有可考核性，同时建立各服务环节的协同关系。

（二）组织制度改进

针对不同环节的评价结果，调整组织结构和人员岗位职能，修订制度。建立不同服务活动的制度协同性，并将其统一固化在履约信息系统中。

（三）工作流程改进

对不同环节的作业流程和操作规范进行优化调整，对不同环节之间的流程连接关系进行优化，特别关注外部流程的执行效率和效果，对关键环节的流程进行重构。

（四）资源匹配改进

资源匹配关乎供应商服务成本和效率。对于以服务为主、以产品为辅的供应商服务体系，产品、服务设施、人力、资本构成供应商服务总成本。应当统筹供应商服务全过程和全要素进行成本优化。

（五）数据记录改进

在供应商服务体系中，数据是会计簿记的扩展。数据记录为生产、采购、销售等各个环节提供支持，赋能企业经营活动、供应商关系和客户关系。数据记录的改进要以供需协同为核心，支持企业数字化转型，发挥数据支持作用。

（六）系统支持改进

供应商服务信息系统要把供应商服务活动和各要素统一起来，建立各个服务活动全要素统一协调的作业机制。通过改正不合理设计，提高系统总体效能。

供应商服务体系通过戴明循环，不断提高计划水平和执行能力。通过不断检查、评价、改正，消除低效因素，增强服务能力，使供应商服务质量、交付能力、经济效益不断提升，与采购供应链同频共振，形成国有企业采购供应链和供应商服务"双螺旋"上升效应，共同开创国有企业高质量管理的新时代。

案例：国家电网公司供应商管理

国家电网有限公司（以下简称"国家电网公司"）作为关系国家能源安全和国民经济命脉的特大型国有重点骨干企业，肩负着保障电力供应、促进经济社会发展等重要责任。供应商管理作为供应链中的重要环节，是供应链安全、可靠、稳定运行的必要支撑，强化供应商管理，对于支撑国家战略落地、促进产业健康发展、服务电网高质量发展具有重要意义。国家电网公司的经验代表了我国供应商管理的最高水平。

（一）国家电网公司供应商管理的发展历程

国家电网公司供应商管理工作主要经历初步建立、深化服务、持续发展三个不同时期，逐步建立起具有国家电网公司特色的供应商管理体系。

1. 初步建立时期

随着国家电网公司业务体系的逐步完善和业务规模的不断扩大，其采购规模也逐年扩大，对采购业务精益化管理水平提出了更高要求。2005年，国家电网公司开始推行集中规模招标，孵化形成国家电网公司供应商关系管理雏形。2009年，为细化分工和降低廉政风险，供应商调研工作正式从招标工作中分离出来，并在随后的三年里，供应商资质能力信息核实工作形成了明确的工作目的、工作方式、工作原则和工作流程，正式成为一项独立于招标的标准化工作；供应商绩效评价和供应商不良行为处理工作也逐步常态化、规范化，国家电网公司供应商关系管理体系初步建立。

2. 深化服务时期

随着国家电网公司供应商规模迅速扩大，供应商管理相关业务需求与日俱增。2012—2014年，国家电网公司进一步加强两级供应商服务中心工作协同，建立了总部和省公司两级供应商服务体系。同时，供应商资质能力信息核实、绩效评价的工作范围逐步扩展，已覆盖到各电压等级的设备（材料）、电能表及用电信息采集系统供应商，基本实现该时期电网物资的全覆盖，并完成了国家电网公司电子商务平台供应商关系管理各业务模块的建设工作，实现了"流程统一、操作公开、过程受控、全程在案、永久追溯",国家电网公司供应商管理体系逐步完善。

3. 持续发展时期

近年来,数字化、网络化、智能化等技术不断突破,推动全社会进入数字化时代。2018年以来,国家电网公司大力推进数字化转型、平台化发展和生态圈建设,提出构建新型供应商管理体系,开展绿色现代数智供应链发展行动顶层规划设计,并以采购为切入点,优化供应商关系管理,同时推进供应链向"绿色、数智"深化升级,形成了更加系统完善、更具国家电网公司特色的供应商管理体系。

(二)供应商管理体系架构

经过多年实践,国家电网公司供应商管理工作从无到有、不断完善,以"统一标准、分级管理、专业协同、公开透明、诚信共赢"为原则,不断强化系统支撑、完善体系建设,推进供应商关系管理数字化、智慧化运营,建立健全具有国家电网公司特色的"1455"供应商关系管理体系。其中,"1"是夯实"一个基础",建成供应商全量信息库,夯实供应商管理在供应链管理中的基础性地位,为供应链各环节提供坚实支撑,促进供需关系和谐共赢。"4"是强化"四个支撑",从组织、制度、标准、数字四个方面强化对供应商管理业务优质发展的支撑保障。第1个"5"是做实"五大业务",做强供应商注册、供应商资质能力信息核实、供应商绩效评价、供应商激励及供应商服务业务。第二个"5"是做强"五大功能",重点发力质量管控、采供支撑、合规管理、生态建设和价值创造等方向,充分发挥供应商管理的功能作用。供应商关系管理体系建设思路如图10-1所示。

(三)供应商管理运作模式

围绕协同、数智、公开、绿色、共赢等理念,以"统一标准、分级管理、专业协同、公开透明、诚信共赢"为原则,国家电网公司不断推进供应商关系管理组织运作体系变革,不断调整、完善组织架构,明确各级管理组织分工职责,推动国家电网公司供应商管理体系专业化、柔性化、系统化发展。

1. 统一标准

国家电网公司物资管理部是供应商关系管理的归口管理部门,统一组织制

图 10-1　供应商关系管理体系建设思路

定资质能力信息核实制度与审核标准，总结资质能力信息核实结果在资格预审中的应用效果，修订核实规范，确保与资格预审物资分类统一、标准含义统一、数据格式统一，打通数据贯通应用堵点。资质能力信息核实结束后，根据核实结果数据，按照标准对供应商各项指标进行量化评价，实现供应商分级分类。

2. 分级管理

国网物资有限公司是国家电网公司供应商管理的专业支撑服务单位，负责开展公司供应商关系管理的具体实施工作；省公司物资管理部是本单位供应商关系管理的归口部门，主要负责配合国家电网公司物资管理部开展供应商关系管理相关工作，省物资公司是省公司供应商关系管理的专业支撑服务单位，在省公司物资管理部的业务管理下，具体实施省公司供应商关系管理工作；地市（县）公司物资管理机构归口管理本单位供应商关系管理工作；总部、省公司、地市（县）公司各级专业部门在相应职责范围内参与供应商关系管理工作。

3. 专业协同

以电子商务平台（ECP）为统一基础，在全公司内实现信息共享。充分发挥专业部门作用，遵照"谁使用谁评价，谁主管谁负责"的原则，各级物资管理部门组织各专业部门在生产制造、物资供应和运行维护等阶段开展专业评价；各级物资管理部门明确供应商不良行为问题上报路径，指导各专业部门开展管理职责范围内供应商不良行为的信息收集、审核、约谈认定工作，并提出处理建议及异议处理建议，验收供应商整改情况并出具验收报告，确保各专业部门问题及时上报。

4. 公开透明

依托ECP，严格管控供应商注册、资质能力信息核实、不良行为处理等环节，实现全流程线上作业；通过ECP、微信公众号、短信等多个渠道，主动及时公布采购信息、资质能力信息核实公告等业务信息，公开发布采购标准、绩效评价标准等业务标准，加强资质能力信息核实、不良行为处理等业务结果公示，不断提高信息公开的效率和透明度，确保供应商的知情权和公平竞争权，打造公开透明的营商环境。

5. 诚信共赢

健全完善的守信激励和失信惩戒机制，引导供应商增强契约精神，践行质量承诺，推动供应商增强诚信意识；发挥公司纪检、财务、巡视、组织、审计、法律等专业协同监督合力，构建供应链核心业务全覆盖、关键流程全管控、重要岗位全监督的监督体系，维护诚实守信的市场环境，协同构建电工装备产业生态圈，共筑自主可控、安全可靠的电工装备韧性供应链，促进链上企业融通发展，推动电工装备制造水平整体提升，助推电网高质量发展。

（四）供应商管理核心业务

结合当前社会发展形势和供应商关系管理发展现状，国家电网公司在多年的实践基础上，结合业务发展需求，构建了具有国家电网公司特色的供应商关系管理核心业务体系，为提升供应商关系管理水平、增强电力物资供应链韧性、加快推动绿色现代数智供应链体系构建提供业务支撑。

1. 供应商注册

供应商注册是供应商与国家电网公司合作的基础。国家电网公司坚持诚实守信原则，供应商自愿在 ECP 上进行实名注册，经国家电网公司供应商服务中心审核通过后即注册成功，成为平台用户，并通过 ECP 实现供应商信息在全公司的资源共享。其中，供应商注册信息主要包括供应商名称、注册地、法人、统一社会信用代码、税号、注册资本、经营范围等信息。目前 ECP 上审核通过的注册供应商有 33.7 万家，其中活跃供应商（一年内登录过的）有 25 万家。同时，国家电网公司供应商服务中心率先围绕注册审核业务开展智能升级探索，并进行供应商注册账号分类管理，形成了供应商注册智能审核创新成果，为促进供应商服务工作的数字化、智能化转型提供了路径参考和实践基础。

2. 供应商资质能力信息核实

国家电网公司在现有招标采购工作流程的基础上，根据自身的采购需求，以供应商资质能力信息核实的方式，收集并审核真实准确的供应商数据和信息，对供应商的综合能力进行考察。供应商资质能力信息核实主要通过文件核实和现场核实两种方式，组织专家组对供应商的基本信息、财务状况、既有业绩、报告证书、研发设计、生产制造、试验检测、原材料组部件、产品产能、新智能制造、绿色低碳、售后服务十二个方面内容开展"体检式"核实——真实性、准确性、有效性见证。国家电网公司通过供应商资质能力信息核实工作，全面收集供应商资质能力相关信息，极大提高了招投标采购工作质量和效率，为供应商分类分级管理、供应商管理体系建设奠定了基础，有力促进了上下游行业的良性发展。

3. 供应商评价

供应商评价是基于资产全寿命周期管理理念，结合国家电网公司战略决策部署和绿色现代数智供应链建设目标，充分挖掘应用电网工程和物资全寿命周期各环节客观基础数据，对电网建设运行相关的主要物资类和服务类供应商质量、服务、进度等方面进行评价，并将评价结果应用于招标采购的活动。国家电网公司通过开展供应商评价，差异化优选供应商和优质产品，不断提升采购入网设备质量；同时帮助供应商找准与行业内标杆企业的差距，促使其提升产品质量和服务水平，助力电工装备产业升级和发展。国家电网公司的供应商评价工作包括供应商绩效评价、绿色供应商评价、制造体系评估、供应商质量竞争力分析等关键子业务。国家电网公司年评价供应商 4 万余家次，评价结果应用于招标评审，实现质量管控的有效闭环。

4. 供应商激励

国家电网公司结合核心业务流程特点，在关键环节采用鼓励和约束的方式，制定正向激励和负向激励策略，引导供应商行为，促进供应商诚信履约，提高产品质量，保障电网建设顺利推进和安全稳定运行。其中，正向激励即正面激励，是一种鼓励和奖赏。国家电网公司主要通过采取为供应商增加合作机会、实施差异化抽检、加强信息共享及培育辅导、设备共同研发等正向激励措施，提高供应商开展某种行为的积极性，促进国家电网公司与供应商和谐共赢，营造良好的供应链生态环境，推动电力行业创新、健康发展。负向激励则是一种约束和惩罚，国家电网公司通过对供应商在参与公司供应链管理业务中出现的诚信、履约、质量、服务等方面问题进行收集、认定，按既定规则给予暂停中标资格、列入黑名单等处理以及解除处理的活动。国家电网公司年处理供应商不良行为约1600家次，有效遏制了质量、诚信方面的违约行为，净化了市场环境，引导提高供应链整体绩效。

5. 供应商服务

供应商服务是供应商管理的重要环节，做好供应商服务有助于增进供需双方合作中的信息交流，促进采购供应链的有效运作。国家电网公司创新供应商服务模式，组建供应商服务中心，以供应商服务中心为窗口，通过供应商服务热线、供应商服务大厅、智能客服平台、微信公众号等多种渠道，面向供应商提供覆盖注册、招投标、合同签订、合同履约、物资供应、质量监督、供应商关系管理等供应链全链条各环节的"一站式"业务咨询和办理服务，建立公司与供应商之间的沟通桥梁，为供应商提供交流平台，解决供应商在参与物资供应链活动中遇到的问题，为供应商关系管理提供良好支撑。

（五）供应商管理支撑保障

为进一步支撑供应商关系管理工作的开展，国家电网公司以制度建设为引领、以标准化建设为指导、以数字化建设为业务支撑、以人才队伍建设为基础保障，全方位开展支撑保障建设，多维提升供应商关系管理保障水平。

1. 制度支撑

国家电网公司制定形成了含一级规范、二级规范在内的规章制度，其中，一级规范《国家电网有限公司供应链管理通则》是国家电网公司依据《中华人民共和国招标投标法》《中华人民共和国民法典》《中华人民共和国招标投标法实施条例》等国家有关法律法规和公司章程所制定的物资管理规范；二级规范《国家电网有限公司供应商关系管理办法》是供应商关系管理工作的指导文件，进一步强化了供应商关系管理制度支撑。

2. 标准化支撑

国家电网公司在实践探索中分别形成《供应商资质能力信息核实规范》《电力物资供应商信息分类及编码》《电力物资供应商信息分类导则》《电网物资及服务类供应商评价规范》和《供应商资质能力信息核实业务工作手册》《供应商评价业务工作手册》《供应商不良行为处理业务工作手册》《供应商资质能力信息核实专家操作手册》等系列标准化文件及材料，为供应商关系管理相关业务的规范开展提供了明确的指导。

3. 数字化支撑

国家电网公司以信息化为抓手，进行系统迭代升级、功能改善及业务流程优化。根据业务流程特征与现实需求，优化完善新一代电子商务平台、供应链运营中心、电工装备智慧物联平台、企业资源管理系统、掌上应用"e物资"等信息系统功能性能，以更好支撑全流程线上作业、高效作业、智能作业；同时，借助数据中台获取外部公开信息，使数据更加全面、便捷可用。

4. 人才队伍支撑

在新时代发展背景下，国家电网公司更加重视人才队伍建设工作，运用科学合理的人才队伍建设措施，有效提升人才队伍整体水平，发挥人才队伍的最大价值和作用，进而提升市场竞争能力，促进国家电网公司快速发展。

（案例作者：陈金猛，国网物资有限公司质量监督部主任）

附　录

供应商电子投标技能

供应商在参与网上商城交易时，在许多情况下需使用电子招标投标系统。为方便供应商参与电子投标，本书将《供应商电子投标技能》一文作为附录，以供参考。

国家关于电子招标投标的总体设计体现在《电子招标投标办法》和《电子招标投标系统技术规范》中。按照这个总体设计，我国的电子招标投标基础设施（或称为中国电子招标投标系统）由交易平台、公共服务平台和行政监督平台三大平台构成。交易平台是具体执行电子招标投标过程的平台，也是投标人直接参与的平台，所有的招投标业务都在交易平台上完成。公共服务平台是把各个交易平台的信息汇集起来，并为交易平台提供公共服务的平台。所有必须招标项目的招标公告、公示信息都必须在公共服务平台上发布才有效。这个平台对投标人了解招标项目、搜寻项目信息十分重要。行政监督平台是对招标项目实施行政监督的平台。投标人了解监督信息、进行投诉等都要通过行政监督平台来完成。这三大平台互联互通，构成覆盖全国的电子招标投标系统。到目前为止，这个系统已经基本形成。电子招标投标就是依托这个系统进行的。在此系统上，招标人发布招标公告等信息，招标人响应参加投标，完成开标评标、中标公示、合同签订等环节。全国各类交易平台规模较大的有 1000 多个。公共服务平台以省级为单位共有 32 个。这 32 个省级公共服务平台的招标投标数据汇集到国家电子招标投标公共服务平台，形成全国统一的电子招标投标数据库。同时，各省的行政监督平台也已建成。作为投标人，应该对这三个平台架构有所了解。这三大平台是所有投标人进行操作、获取信息和投诉的平台。

同时，按照三大平台架构，国家还建设了全国公共资源交易平台。在全国公共资源交易平台上，除工程招标项目，还有政府采购项目、土地和矿业权转让项目、国有企业股权交易项目。全国公共资源交易平台体系由交易系统、服务系统和监督系统构成。投标人不仅要关注工程招标，还要关注政府采购等项目，也都需要了解全国公共资源交易平台的基本架构。电子招标投标交易平台的名单对投标人来说很重要。

投标人要熟悉电子招标投标流程。目前，我国市场上存在三类电子招投标平台，一是中央企业的，二是公共资源交易中心的，三是社会主体投资的第三方交易平台。虽然这三类交易平台的投资主体不同，但它们都是遵循统一的技术规范建设的，具有符合《电子招标投标办法》的统一流程，并且经过统一检测认证。因此，对投标人来说，尽管平台投资主体不同，投标人也需要根据不同项目到不同的交易平台上操作，但总的流程是不变的。投标人只要具备了关于电子招标投标流程的知识，不管是哪个交易平台，都可以应对。

对投标人来说，电子招标投标与纸质招标投标的不同主要有以下三点。

一是搜标环境发生了变化。在纸质招标条件下，各种招标公告发布在纸质媒介上，投标人很容易漏掉投标机会。在电子化环境下，投标人可以在线获得招标信息，比以往有了更多机会可以找到合适的投标项目。

二是电子招标投标流程中的许多因素发生了变化。招标文件、投标文件的电子化，要求招标文件和投标文件格式化、结构化，以及加密、解密等使投标工作越来越专业化。投标人员既要熟悉工程专业，也要熟悉电子招标业务，对投标人员的素质要求大大提高。全流程电子招标投标支持远程投标，开标无须到现场，大大节约了投标人的金钱成本和时间成本，投标效率大大提高。投标团队可以同时投标更多的项目，增加成功率。电子招标投标在线沉淀了大量数据，可以使投标建立在更加科学、精准的基础上，从而使投标效率提高，投标在市场开发中的地位更加凸现。

三是对投标企业自身的电子化数字化建设提出了更高要求。这种要求主要体现在四个方面：一是硬件环境建设，包括各种投标用的设备、网络、电子证书、电子执照、投标终端等；二是投标信息管理系统建设，包括基本信息管理、投标资质管理以及信用管理和网络形象管理等；三是数据分析能力建设，包括对与电子投标相关的经济数据、企业数据的分析工具建设和分析能力建设；四是电子投标团队建设和制度建设。特别是对于许多大中型工程企业来说，电子投标的团队能力建设就更为重要，需要一支专业化的团队专事电子投标，确保业务市场开拓能力持续提升。

电子投标十项技能概述

第一项技能：电子搜标技能。研究如何从互联网浩如烟海的数据中，发现偶然的投标机会。通过投标机会与企业资源和能力的匹配，找到一定时间内可以参加的投标项目，做出是否参加投标的决定。具体体现为发现合意的招标公告和采购意向公告的能力。

第二项技能：招标公告数字化分析能力。对合意的招标文件和意向公告进行分析，确定项目的真实性，通过在线关联信息，分析项目的可能性，确定是否购买标书，进入实质性投标阶段。具体体现为阅读和分析招标公告及判别招标项目和招标人可靠性的能力。

第三项技能：招标文件分析能力。对招标文件和采购文件进行彻底剖析，研究其技术要求、商务要求、评分标准和合同条款，确定投标人能力和中标条件的匹配度以及投标策略，为投标文件的编制提出建议。确定是否正式编制投标文件参加投标。

第四项技能：投标文件编制能力。根据招标文件要求，编制投标文件的技术和商务响应方案。在数字化条件下，确保投标文件内容完整、无歧义，响应符合要求且条件完备，避免废标。同时要根据电子招标文件的格式化、标准化要求，确保数据提取的准确性，加密、解密不发生失误等。标书制作能力是投标最基本的能力。

第五项技能：电子保函应用能力。在电子交易平台上推出使用电子保函是改革的重要方向。投标人包括投标企业要与电子保函平台及相关机构建立保函关系，确保电子保函能够及时合法开出并具法律效力。

第六项技能：合同管理能力。

第七项技能：追标技能。电子开标以后，进入追标阶段。投标人需要对交易平台的异常现象进行跟踪，发现异常及时进行记录、投诉等。中标候选人信息发布后，进行数据分析，核实评标标准，确保评标过程没有受到不公正侵害。这是投标自我救济与保障能力的体现。

第八项技能：投标企业信息管理能力。确保网络形象和网络信用的正向性，防止受到追标损失。这是一种自我保护能力，体现为对投标工具进行管理的能力，主要保护对象包括硬件能力证明材料、CA证书、执照等，确保授权等级、安全保护及加解密操作的正确性。

第九项技能：投标数据分析技能。利用各种工具及互联网数据分析招标项目，提高中标率。

第十项技能：投标企业电子投标团队建设和制度建设能力。确保建设一个高质量的专业化电子投标团队。

一、电子搜标与投标机会发现

在后疫情时代，投标人首先必备的能力是电子搜标能力，即在互联网上发现投标机会的能力。电子搜标，是互联网环境下产生的新的能力。在 2018 年以前，合法的招标公告媒介是"三报一网"，投标人要获得大量的招标信息是很困难的。2018 年以后，随着《招标公告和公示信息管理办法》（国家发展改革委令 2017 年第 10 号）的发布，合法的招标公告媒介从以纸质媒介为主转变成了以互联网媒介为主，招标公告得以在互联网上充分展现。这时候，电子搜标发现投标机会成为一项有意义的工作，拥有这项技能才得以创造价值。

电子搜标要解决的主要问题是在互联网上找到与投标人能力相匹配的潜在投标项目清单。为此目的，投标人需了解以下内容。

（一）投标人能力范围表达

在互联网条件下，投标人要找到适合自身的标讯，首先要把自身能力特点用关键词表达清楚。这听起来容易而做起来难，因为投标人和招标人对同一词汇的理解可能存在差异。需注意以下关键点：一是投标人的行业能力，即能承担的工程种类，应具体到生产规模和操作层面的表达；二是可承担项目规模范围，即投标人能力所允许的最大项目规模和资金规模；三是技术能力表达，即投标人所拥有的技术特点及技术能力局限；四是特殊资质限制，即投标人不能承担的业务范围。

（二）电子搜标信息源

有三个招标信息源是投标人必须了解的：第一个是工程招标公告公示信

息发布网络，第二个是中国政府采购信息发布网络，第三个是全国公共资源交易平台信息网络。

首先介绍工程招标公告公示信息发布网络。

2017 年 11 月，国家发展改革委发布 10 号令，即《招标公告和公示信息发布管理办法》，明确规定招标项目的资格预审公告、招标公告、中标候选人公示、中标结果公告等信息，依法向社会公开。依法必须招标项目的招标公告公示信息应当在中国招标投标公共服务平台或者项目所在地省级电子招标投标公共服务平台发布。中国招标投标公共服务平台应当汇总公开全国招标公告和公示信息并与全国公共资源交易平台共享，并归集至全国信用信息共享平台，按规定通过"信用中国"网站向社会公开。

目前，工程招标的信息发布网络已经形成。最基础的信息源是各个电子招投标交易平台，其信息发布限于在该平台上运行的项目信息。第二层是各省市的电子招标投标公共服务平台。目前 31 个省、自治区、直辖市和新疆生产建设兵团都已建成公共服务平台并发布本区域内的招标信息。第三层是中国招标投标公共服务平台，汇总了全国所有的工程招标投标信息，应当说这个发布体系是相对完备的。对于工程领域特别是做公用设施和基础设施的投标人来说，应当熟悉并利用好这一网络体系的信息搜索功能。

按照《必须招标的工程项目规定》（国家发展改革委令 2018 年第 16 号）的规定，必须招标的项目范围如下：施工单项合同估算价在 400 万元以上；重要设备、材料等货物的采购，单项合同估算价在 200 万元以上；勘察、设计、监理等服务的采购，单项合同估算价在 100 万元以上；同一项目中可以合并进行的勘察、设计、施工、监理以及与工程建设有关的重要设备、材料等的采购，合同估算价合计达到规定标准的，必须招标。从理论上说，达到上述必须招标标准的项目招标公告都应该在中国招标投标公共服务平台上查到。实际上，在国有企业的工程建设项目中，还有相当一部分企业对低于上述标准的项目也采用了公开招标的方式，这些项目是通过电子招标投标交易平台进行的，在省级公共服务平台和中国招标投标公共服务平台上也能查到。

其次介绍政府采购信息发布网络。

2019 年 11 月，财政部公布《政府采购信息发布管理办法》，并于 2020 年

3月1日起施行。至此，政府采购的信息发布由纸质媒介转向网络媒介，为电子搜标创造了条件。该办法规定，政府采购信息是指依照政府采购有关法律制度应予公开的公开招标公告、资格预审公告、单一来源采购公示、中标（成交）结果公告、政府采购合同公告等政府采购项目信息，以及投诉处理结果、监督检查处理结果、集中采购机构考核结果等政府采购和监管信息。

政府采购的信息按预算单位的层级发布。中央预算单位的由中国政府采购网发布，地方预算单位的由所在行政区域的中国政府采购网省级分网发布。除此之外，政府采购信息可以在省级以上财政部门指定的其他媒体同步发布。

中国政府采购网及其省级分网共同组成了政府采购信息发布网络。这个网络实际上已经运行多年，早已承担起了政府采购信息发布的任务。所不同的是，在新的信息发布管理办法公布之前，其不是法定的发布媒介。与工程招标信息发布不同的是，政府采购信息的发布没有一个汇集中心，这给电子搜标造成了困难。

政府采购项目中货物和服务所占的比例较大，它们都适用于集中采购。因此，《中华人民共和国政府采购法》规定在设区的市、自治州以上人民政府设立集中采购机构，制定集中采购目录。纳入集中采购目录的政府采购项目，必须委托集中采购机构代理，只有未纳入集中采购目录的项目才可以自行采购。因此，政府采购项目，特别是货物和服务采购项目，一般通用性较强。这对制造业投标人来说具有重要意义。

最后介绍公共资源交易平台信息网络。

2015年8月，国务院办公厅发布《整合建立统一的公共资源交易平台工作方案》。按照该方案，将整合分散设立的工程建设项目招标投标、土地使用权和矿业权出让、国有产权交易、政府采购等交易平台，在统一的平台体系上实现信息和资源的共享，依法推进公共资源高效规范运行。2017年，国家发展改革委宣布，在全国范围内公共资源交易平台体系基本建成，基本实现了公共资源交易全过程电子化。

对投标人来说，公共资源交易平台整合的最大意义在于，为投标人提供了一个集中完整的政府资源项目信息源。无论是工程招标项目，还是政府采购项目，按规定都应当汇集在全国公共资源交易平台上，实现信息共享。全国公共资源交易平台的整合实质上是各类政府项目信息的整合。因此，就招标投标来说，尽管存在许多不完善的地方，全国公共资源交易平台仍是最大的信息源。因此对电子搜标来说，全国公共资源交易平台也是最重要的搜索来源。

（三）搜索目标

在电子搜标阶段，搜索目标主要有三个：一是招标公告，二是资格预审公告，三是采购意向公告。

以招标公告为目标的电子搜标为例。要想发现投标机会，首先要搜索招标公告。按照规定，不论是政府采购还是工程招标，招标文件的发售期或提供时间应自招标公告发布之日起不少于 5 个工作日。这 5 个工作日就是给投标人电子搜标并决定是否购买招标文件的期限。

电子投标关注的招标公告内容主要有项目名称、内容、范围、规格、资金来源、预算余额、投标资格要求和招标人（采购人）信息。在实际工作中，不同项目的招标文件对上述内容的描述略有不同，但根据上述信息，我们总能获得关于招标人和招标项目的大致概念。对于专业的投标人来说，要每日监测与自己业务有关的招标公告，同时形成潜在投标项目清单，供下一步进行深入研究。这个清单是电子搜标的结果。

招标公告对于投标人来说是一个重要的投标机会，此外，投标人可通过资格预审公告和意向公告获得投标机会。一是资格预审公告。对于一些项目，招标人先行对潜在投标人进行资格审查，然后对符合资格的潜在投标人发出招标邀请书，再行投标。资格预审公告的内容一般与招标公告的内容相近，所不同的是增加了资格预审方法。在搜标阶段，投标人可以把它与招标公告同等看待。另外一个寻找投标机会的路径是采购意向公告。发布采购意向公告是国家优化营商环境的成果。发布招标采购意向公告有利于提高信息透明度，方便投标人和供应商提前了解信息，做好供应和投标准备。财政部已于2020 年 3 月发布了《关于开展政府采购意向公开工作的通知》，积极推动采购意向公开工作。国家发展改革委在《招标投标法》修订草案中，也拟将招标项目意向公开列入。可以预测，工程招标项目和政府采购意向公开信息将成为一个新的信息源，为投标人准备投标提供了更长的研究、观察和准备的时间，对于投标人参与投标十分有利，投标人应给予特别注意。

（四）对潜在投标项目清单的整理：匹配度测量

在搜索获得潜在投标项目清单后，要进行进一步的整理。一是排除非正常项目。由于网络信息的不确定性，经常会有一些虚假信息混淆其中，包括一些中介机构为赚取会员费发布的过期信息和张冠李戴的信息。一般情况下，可以通过检查原始文件出处找到发布的平台，从而确定信息真实性。二是核实项目与本企业能力的匹配度，对匹配度较小的项目先行排除，如资质要求严重不符、资金能力和业务范围不匹配等项目。在排除这些项目后，最后形成电子搜标结果清单供下一步进行招标公告的数字化分析。

（五）电子搜标技术支持服务

目前，市场上有一些数据分析机构推出了专为投标人搜标提供的支持服务。例如，为投标人量身定制的每日标讯，以及招标公告分类数据定制等服务，可以免去投标人电子搜标的前期工作。但要获得一个符合企业自身实际情况的潜在投标项目清单，还需投标人自身的深度参与和不懈努力。

投标人应当在充分了解招标信息渠道和信息搜索技术的基础上，结合自身能力，发现潜在投标机会。

二、招标公告数字化分析与投标决策

中国每天大约有一万份招标公告和采购公告发布。如何从这一万份招标公告中找到合适的投标项目，是广大投标人面临的问题。在纸质媒介时代，投标人只能靠碰运气在海量报纸和杂志中寻找机会，这个时代已经过去了。到了数字化时代，投标人很容易就能获得大量公告信息，于是原来的信息搜寻问题就转变成了信息筛选和信息分析问题。前述的电子搜标技能实质上是筛选技能，以下我们研究招标公告信息的数字化分析技能。

招标公告的数字化分析，主要解决的是如何利用互联网信息对招标公告的真实性、可靠性和投标人参与的适宜性进行分析，以确定是否参与该项目的投标。

（一）招标公告的性质和公告分析的意义

公开招标是招标人按照法定程序，在指定媒介发布招标公告，向社会公众明示其招标要求，吸引众多潜在投标人参加投标竞争，并按照事先规定的程序和办法从中择优选择中标人的招标方式。

法律界一般认为，招标投标活动是一种竞争性的缔约方式，是一种突出公权管制的特殊的民事法律行为，是公权管制下的合同当事人签订并履行民事合同的过程。其强制性程序是基于公共利益需要对契约自由进行的公法规制。

"任何法律问题都完全可以通过法律规定的程序得以解决。但公共利益不能够仅仅凭某个人的单独意思私自就能决定，当然也不能够完全由政府一方即予决定，所以才有了民事主体如何来参与公共利益的决策程序问题。显而易见，凡是涉及公共利益的问题，任何一种办法都不可能是十全十美的，但有程序规定终究比没有程序规定要好得多。因此，公权力的行使往往就成为程序性的问题。"（摘自江平为《招标投标法律法规解读评析》一书所作的序）

在招标投标的程序中，招标公告属于要约邀请行为，其目的在于吸引更多的相对人提出要约，从而使招标人能够从更多的投标人中寻找条件最优者并与其签订合同。而投标则是投标人根据招标人所发布的标准和条件向招标人发出以订立合同为目的的意思表示，在投标人投标以后必须有招标人的承诺合同才能成立，所以投标在性质上属于要约。而定标则是招标人对投标人要约的承诺。因此，招标投标活动作为一种竞争性缔约程序，是通过激烈竞争的意思表示最终达成合意的一个复杂过程。在整个活动过程中，招标、投标、定标分别对应要约邀请、要约和承诺三个阶段，均为企业法人的意思表示。在这个意思表示的过程中，招标人发布的招标公告表达的"要约邀请"是最基础的意思表示。《招标投标法》规定，投标人少于三个的，招标人应当依法重新招标（第二十八条）。这样规定的目的在于响应要约邀请的人要有足够的数量，才能保证招标的竞争性。

电子招标的出现和推广，使招标投标不再受地理位置和时间的限制，大大扩展了招标人的选择空间，使投标人的数量大幅增加。电子招标推广几年来，许多招标项目的投标人动辄上百，多则几千。对招标人来说，这不仅增加了招标工作量，更重要的是增加了选择上的困难。许多评标结果的评分通过小数点后四位才能区分出来，致使招标成了一场闹剧，甚至不得不通过抓阄来分出名次。对投标人来说，每个竞争者的中标概率从30%下降到1%甚至更低。许多投标人投入大量精力编制的投标文件变得毫无意义，参加投标的风险不断上升，未中标的损失也随之增大，机会成本、时间成本都随之上升。因此，如何限制电子投标人的规模，保证投标人质量，成为电子投标面临的重要问题。对投标人来说，如何避免参加无谓的投标，增加投标的成功率非常重要。在此情况下，从识别和研究招标公告做起，一开始就在潜在投标机会清单中排除无意义机会，抓住最有价值的机会去争取中标，成为投标人重要的工作。

（二）招标公告的数字化分析技术

招标公告对于投标人来说再熟悉不过了，它有固定的格式和内容要求。国家发展改革委已经发布了9种招标文件范本，都包括明确的招标公告要求。一般来说，招标公告应包含以下7个要素：①招标条件；②项目概况与招标范围；③投标人资格要求；④招标文件的获取方法；⑤投标文件的递交；⑥招标公告发布媒介；⑦招标人和招标代理机构的联系方式。

我们以此范本为基础进行招标公告的数字化分析。招标公告的文本一般是比较简单的，为什么对如此简单的文本还要进行分析呢？这就是电子招标和传统纸质招标的一个重大不同点。在纸质招标情况下，我们无法获得大量招标公告文本，也没有条件对招标公告的信息进行分析确认，因而一般采用默认的方法，即遇到直觉感到合适的招标项目，先购买招标文件再说。而在电子招标时代，每天可收集到的招标公告成千上万，投标人不可能每个招标项目都去买招标文件，因而就产生了招标公告的分析和选择问题，通过分析，选择最合适的招标项目进行下一步的投标工作。

通过招标公告的分析能解决什么问题呢？主要是确定招标项目的真实性、

可靠性和适宜性。依托互联网，做以下三项工作。

第一，根据招标项目名称，在交易平台、各省电子招标投标公共服务平台（招标公告合法的发布媒介）和国家招标投标公共服务平台核实项目的真实性。只有在这三个平台上同一个项目的招标公告完全一致的情况下，才可确定其真实性。

第二，根据公告中的招标条件，分析招标项目的可靠性。按照招标公告范本的要求，在招标条件中应明确几项要素：一是项目审批机关和审批文号；二是项目业主单位和招标人；三是项目建设资金来源及比例。关于项目手续，《招标投标法》第九条规定："招标项目按照国家规定需要履行项目审批手续的，应当先履行审批手续，取得批准。"这是招标项目合法性的基本条件。在实践中，经常出现未经合法手续即行招标而导致中标人损失的情况，应当引起投标人重视。投资项目审批、核准、备案是我国特有的投资项目行政许可制度，以确保投资项目符合国家法律法规和行业发展规则。审批方式主要适用于政府投资项目，包括预算内投资项目、各类专项建设基金项目、统借国外贷款项目等。核准方式适用于企业投资的列入《政府核准的投资项目目录》以内的项目。备案方式适用于企业投资的未列入《政府核准的投资项目目录》的项目，由企业按属地原则在地方政府投资主管部门备案。

关于招标项目合法性的确认。这里为大家介绍全国投资项目在线审批监管平台（http：//www.tzxm.gov.cn）。2017年2月1日，全国投资项目在线审批监管平台正式运行，平台上各类项目包括审批项目、核准项目和备案项目，实行统一代码制度，各类项目必须在平台被赋予统一代码并归集审批和管理信息，从而形成全国投资项目大数据。投标人应充分利用这个数据库，检查招标项目的合法性。

关于业主单位和招标人的确认。《招标投标法》规定招标人必须是依法成立的法人组织。投标人要根据招标公告对此进行核实。在实践中，多次出现虚假招标公告骗取投标保证金的情况。对招标公告标明的业主单位和招标人，投标人可以通过工商系统和信用平台进行查实。同时，还可以通过全国公共资源交易平台，了解该机构在此之前作为招标人的项目情况，以此作为判断依据。一些在相关平台查不到招标人信息的招标项目，应慎重处理。

关于项目建设资金来源的核实。《招标投标法》规定项目招标必须落实资金。有些地方对招标公告发布进行审查，重点看资金落实情况。但是在有的地方审查不严，项目的资金情况不明，中标单位在完成项目后不能收回工程款和货款，致使项目资金拖欠情况严重。目前，我们虽然无法通过一个系统查到招标人的资金落实情况，但可以通过查看招标人以往的信用情况对其资金的支付能力进行估计。对于政府采购项目，要求公开项目的预算金额。这个信息对投标人是非常重要的，可以帮助投标人进一步了解当地政府的以往同类项目支付情况，并做出比较。

以上三个方面，都存在可以支持分析的电子平台。我们可以根据平台数据，对电子搜标得到的投标项目的可靠性进行深入分析，从而得到项目的优先排序，供领导决策。

第三，关于项目的适宜性分析。每一份招标公告都会对招标项目做简单介绍。一般招标公告，如工程项目招标公告会说明招标项目的建设地点、规模、计划工期、招标范围（包括设备、施工、服务等），并同时公开对投标人的资质要求。对于货物招标项目，则会重点说明标的名称、数量、简要技术要求以及投标人资格要求等。这些信息构成了招标项目对投标人适宜性的基础数据。适宜性分析主要从投标人自身的需求角度出发，分析每一个备选项目对投标人的意义、利益以及投标人能力与项目要求的匹配性。在这一点上，招标公告分析只能做一个大致的估计。只要项目合法，资金回收可靠，在投标人的能力范围内，就可以建议进行下一步工作。

（三）招标公告数字化分析支持工具

招标公告数字化分析可以依赖投标人自身的资源支持进行。但对许多投标人来说，这些资源并不容易获得。因此，社会上一些机构建立了招标公告数字化分析平台，可以根据投标人的要求提供相应的资源和工具。

招标公告数字化分析主要依据互联网数据进行分析，确定招标项目的合法性和可靠性，基本不涉及项目本身的技术和工程问题，这项工作主要依靠招标文件进行分析。

三、招标文件数字化分析与投标策略

对于投标人来说，招标文件是最重要的。在获得了一个招标公告信息后，投标人需对招标文件进行分析，以确定是否正式参加投标以及制定投标策略。招标文件表达了招标人的全部诉求，是决定投标人是否响应招标人要约邀请的唯一决策依据。投标人分析招标文件的能力，以及在此基础上制定投标文件的能力很大程度上决定了投标人能否中标。

编制招标文件是招标代理机构的核心能力，而阅读和分析招标文件是投标人的核心能力。同样是一份投标文件，由于立场不同，在招标人和投标人眼里是不同的。对招标文件的制定者来说，希望招标文件能引来更多的投标人，形成适度的竞争，从而有利于招标人获得优质产品和有利合同。反过来，投标人则更希望竞争不那么激烈，投标人数量不那么多，才能够以更有利的价格中标。因此，招投标过程实际上是一个基于招标文件的，以招标文件为标准的均衡博弈。投标人对招标文件的分析，实际上是分析基于招标文件的均衡状态的各种可能性，并在其中找到自己的位置，确定是否参与投标以及如何参与投标。这实际上是一个典型的经济学问题。

在电子招标投标的情况下，电子化的招标文件应具有标准化、格式化的特点，使得我们可以对招标文件进行系统分析，并在此基础上制定投标策略。《电子招标投标办法》第十九条规定：数据电文形式的资格预审公告、招标公告、资格预审文件、招标文件等应当标准化、格式化，并符合有关法律法规以及国家有关部门颁发的标准文本的要求。2007年以来，国家发展改革委等九部委已经发布了九类标准招标文件，清单如下：《简明标准施工招标文件》《标准设计施工总承包招标文件》《标准施工招标文件》《标准施工招标资格预审文件》《标准设备采购招标文件》《标准材料采购招标文件》《标准勘查招标文件》《标准设计招标文件》《标准监理招标文件》。一些行业和部门，如水利、交通、能源等部门也都发布了一批各自专业的招标文件范本。这些标准化、格式化的标准招标文件和招标文件范本在电子招标投标交易平台上被转化成格式化电子招标文件模板。这些模板包含了招标文件的全部要素，考虑了招标文件的全部合法合规要求，为招标文件的编制提供了有利条件。同时，也为投标人对招标文件进行数字化分析创造了条件。投标文件数字化分析技能基于此而展开。

（一）投标人能力与招标文件要求的电子化匹配

招标文件一般包括以下几项内容：①招标公告；②投标人须知；③评标办法；④合同条款及格式；⑤设备或工程采购清单；⑥图纸；⑦技术标准和要求；⑧投标文件格式；⑨投标人须知前附表规定的基本材料。

对于投标人来说，投标的实质是用投标人已有的技术能力去匹配招标人的技术要求。匹配度好、偏差小，中标率就高。因此，投标人要具备符合技术要求的电子化匹配能力。根据标准投标文件的技术要求规范自己的技术能力，并将其条理化、电子化，这是投标人制作投标文件的基础，但许多企业和承包商没有做这项工作。投标人的技术能力是经过长期的投资和技能积累而形成的，不可能随时变更。投标人要将自己已有的能力与行业标准招标文件的要求一一对照，形成可以即时输出的能力。这是投标人的基本能力建设。在此基础上，当一项新的招标项目出现时，投标人可以将招标文件的技术要求与已有技术能力进行比对，迅速找出偏差，形成偏差表。这项工作可以通过建立一个计算机模型进行处理。特别是对于一些大型的、复杂的工程项目，这种电子化匹配计算模型十分重要。

当偏差表计算出来时，投标人对招标要求和自己能力的匹配状况就清楚了。偏差结果有以下三种情况：第一种，完全匹配或偏差在招标文件许可范围之内。投标人可以确定参加投标，进而制定投标策略。第二种，不完全匹配，但通过与其他机构合作可以达成匹配。此时要看招标文件是否允许联合投标，如许可，则可参加投标。第三种，无法达成匹配，应中止投标工作。在此过程中，要特别关注否决性条款和偏差。

（二）资格确认和废标条件排除

在技术条件达成后，应进一步研究招标文件中的"投标人须知"，确认资质条件和废标条件排除。资质条件会在"投标人须知"前附表中明确列示，主要包括资质要求、业绩要求、信誉要求、财务要求和其他要求。同时，"投标人须知"中会列出否定性条款，即投标人不得存在的情形，要注意到的是这些都是废标条件，但一般不列在前附表中，容易被忽略。《简明标准施工招标文件》列出了13种投标人不得存在的情形。

（1）为招标人不具有独立法人资格的附属机构（单位）。

（2）为本招标项目前期准备提供设计或咨询服务的。

（3）为本招标项目的监理人。

（4）为本招标项目的代建人。

（5）为本招标项目提供招标代理服务的。

（6）与本招标项目的监理人或代建人或招标代理机构同为一个法定代表人的。

（7）与本招标项目的监理人或代建人或招标代理机构相互控股或参股的。

（8）与本招标项目的监理人或代建人或招标代理机构相互任职或工作的。

（9）被责令停业的。

（10）被暂停或取消投标资格的。

（11）财产被接管或冻结的。

（12）在最近三年内有骗取中标或严重违约或重大工程质量问题的。

（13）单位负责人为同一人或者存在控股、管理关系的不同单位，不得同时参加同一项目投标。

其他行业标准招标文件和范本也分别列出了不同要求。投标人应当逐条排除，以防竞争者据此投诉废标。

（三）分析评标办法

投标人要认真研究招标文件确定的评标办法。一般来说，评标办法有两种：一种是综合评估法，另一种是经评审的最低投标价法。

1. 综合评估法

评标委员会先进行初步评审，即基于投标人提供的有关证明和证件进行形式评审、资格评审和响应性评审。若有一项不符合评审要求，投标即被否决。同时，审查前述的不应存在情形，若有即否决该投标。若在对投标文件的形式审查中发现有串通投标和弄虚作假的违法行为，或不按要求澄清、说明和补正的，也会被否决。在进行初步评审之后，评标委员会进行详细评审，主要是按照评分标准进行打分，并按照得分由高到低的顺序推荐中标候选人，或根据招标人授权直接确定中标人。在通过初步评审后，投标人的投标策略与评分标准有很大关系，应主要关注以下几点。一是分值构成，对施工项目一般分成施工组织设计、项目管理和投标报价三部分；对设备项目一般分成商务、技术和投标报价。每个部分所占权重或比例要重视。二是评价基准计算方法和偏差率方法。三是评分标准。

2. 经评审的最低投标价法

通过初步评审，即满足实质性响应要求后，详细评审主要比较投标报价，按照价格最低者确定中标人。

电子招标投标交易平台一般将上述两种方法所涉及的初步评审和详细评审设计成计算机程序，由计算机辅助评标委员会进行相应的比较，最终生成中标候选人排序和评标报告。

（四）模拟评标和投标策略

在这样的评审机制下，投标人必须认识到，不同的投标方案会带来不同的评审结果。对于投标人的既有资源，方案重点不同，评分不同，因而中标率也不同。在各种可能的投标方案中，存在一个最优方案，使投标人可以获得较高的分数。在电子招标投标情况下，投标人有可能根据招标文件的评标办法确定的规则，构造一个模拟的评价系统，在不同的投标方案中，找出最优投标方案参加投标。对于越是复杂的投标，这种模拟分析越有意义。经过投标人自主优化的方案与未经优化的方案相比，可以大大提高评分分值。

在近几年推进电子招标投标的过程中，招标人已经越来越深刻地认识到计算机模拟对获得优秀招标方案的意义，这进一步促进了招标文件的优化。实际上，招标文件的优化需要投标文件的优化与之相配合。只有投标人根据招标文件进行优化投标，才能真正提升招标投标的整体水平。因此，投标人根据评标办法建立策略优化系统，是电子招标投标催生的招标投标优化提升的重要举措。投标人应当把这种投标辅助系统作为重要的能力来建设，进而提高投标人自身的中标率和业务水平。

（五）竞争对手分析

在此过程中，投标人实际上需要了解其他投标人（即竞争对手）的状况。在过去纸质招标条件下，这是投标人信息被泄露的一个重要原因。如今在电子招标条件下，投标人有条件通过公开的数据分析了解其他投标人的情况。目前，按照 2017 年国家发展改革委 10 号令的要求，招标投标的信息公开包括招标项目中标候选人和中标人的信息。这些公开信息包括中标候选人名称、投标报价、质量要求、工期、评标情况、资格能力条件、项目负责人情况等。通过这些往期项目信息，投标人基本上可以判断出该竞争对手在新的投标项目中的竞争行为，得出评标模型模拟的参数，进而做到知彼知己，百战不殆。

这里我们引出了一个新的重要的概念，即竞争对手行为分析。了解竞争对手的投标方式和竞争态势，是每个投标人内心深处"隐秘的渴望"。在公开大数据的背景下，这种信息就已经隐含在投标人过往的投标行为中。这是投标人建立招标文件分析模型的基础，要引起特别的重视。

（六）投标策略分析的技术支持

招标文件与投标策略分析是在大数据和人工智能条件下进行策略分析的一个新的领域，已有许多机构在进行探索。有两个数据源很重要：一个是全国公共资源交易平台，另一个是中国招标投标公共服务平台。在这两个平台上，汇集了我国工程招投标领域和政府采购领域的大部分中标候选人数据。这些数据是公开的，可供广大投标人使用。

从模型建设上说，市场上已有许多人工智能和大数据分析机构进行了探索，形成了一批应用成果。对于许多大型企业，特别是许多制造和建筑施工企业来说，应当自主建设这样的系统，使其成为投标企业的一种核心能力。这种系统是在互联网条件下企业获得项目、优化提升的重要渠道，是企业利用数字化方法进行市场拓展的重要组成部分，应当引起重视。

四、电子投标与电子开标

在对招标文件有了深入理解并结合投标人自身的技术能力制定了投标策略后，投标文件的编制就成为一项技术性的工作，相应地，电子投标也就成了一项程序性的工作。

（一）电子投标文件的编制

在招标文件中已规定了投标文件的格式和构成，投标人应严格按照要求进行编制。电子投标文件的编制，应特别注意以下几点。

1. 线下编制

《电子招标投标办法》规定交易平台应当允许投标人离线编制投标文件。对于投标人来说，这一点很重要，要防止不必要的网络信息泄露。

2. 安全的编制环境

主要预防电脑病毒，因为这关系到开标时的解密问题。如果因为电脑病毒导致解密失效，无法开标，投标人不仅会损失投标机会，还可能损失投标保证金。

3. 电子招标文件的模板化

交易平台通过模板化满足招标文件和投标文件的标准化和格式化要求，以支持计算机在评标时对投标文件数据的整理和比较。投标人一定要按电子招标文件中的投标文件模板填写相关数据，避免数据单位、数据格式等方面的错误。尤其要注意招标文件中的星号条款，要严格按要求响应和填写，避免由于填写错误而废标。

4. 电子投标文件的审查

投标人要根据招标文件的要求列出投标文件审查清单，确保电子投标文件的要素符合要求。一些交易平台可提供相关软件，用于审查电子投标文件中的关键要素的格式，以确保投标文件达到初步评审时的形式化条件和招标文件中明示的投标要素的填写符号要求。投标人应当充分利用这些软件。

5. 电子投标效果的模拟评审

这是一种智能化的模拟程序，可与招标文件的模拟分析程序相配合，用于检查投标文件的表达是否与投标人在分析招标文件时制定的投标策略相一致，并模拟出投标结果。这种分析需长期积累相关参数。通过模拟，可以提升投标人的中标率，同时改善投标企业管理水平和技术能力。

在上述工作完成后，电子投标文件的编制工作即告完成。

（二）电子投标流程中需注意的问题

投标人要熟悉相关交易平台的投标流程，尽管每个交易平台都是按照《电子招标投标系统技术规范》开发并通过检测认证的，但每个交易平台还是略有不同。投标人在参加电子投标时要特别注意以下几点。

1. 投标网站识别与注册

投标人获取招标信息的渠道可能包括电子交易平台、招标代理机构、公共服务平台或其他网站，但提交投标文件只能是在唯一的电子招标投标交易平台进行。投标人要准确识别交易平台并在该网站注册。

2. 关注修改信息

投标人在下载招标文件后，还要关注同一网络发布的招标文件的公告澄清或者修改信息，否则可能会忽略重要修改信息而导致响应错误，造成废标。

3. 偏差表核实与审查

对投标文件与招标文件要求的偏差，需按照招标文件的条款进行逐一核实，确定无误（包括投标保证金支付、合同条款、资格资料审查以及文件格式要求等）。许多投标人认为项目负责人已审查过，投标负责人就不用再审查了，这是错误的。实践中，经常发生由于缺少此环节，造成投标文件缺陷、出现错误的情况，给投标人带来很大损失。因此，在投标文件签名、加密前，必须做好审查。

4. 投标文件的签名和盖章

投标人审查投标文件无误后，按照交易平台的要求，使用电子签章进行电子签名和盖章。

5. 加密

一般交易平台都有相应的加密程序，需要使用投标人的私钥进行加密。根据《电子招标投标办法》第二十六条的规定："投标人未按规定加密的投标文件，电子招标投标交易平台应当拒收并提示。"

6. 电子文件的纸质备份或光盘备份

为防止电子文件开标时失效，电子招标投标交易平台要求投标人准备纸质备份或光盘备份。投标人应准备与电子投标文件完全相同的备份文件。一般情况下，在电子文件与备份文件不一致时，以电子文件为准。

7. 电子投标文件网上递交

投标人要注意各电子招标投标交易平台的操作方法和使用指南，熟悉并确定后再进行文件递交。电子招标免去了纸质招标时的现场递交环节，节省了投标人的时间和费用。目前有些项目仍要求现场递交，但随着电子化的推广，这种情况会逐渐减少。远程备份和电子文件解密失败的解救措施的完善，将彻底消除纸质文件和现场递交。在后疫情时代，解决这个问题尤为迫切。

8. 电子投标文件的修改与撤回

在投标截止时间前，投标人可以修改或撤回已递交的电子投标文件。修改后的投标文件重新上传时，要注明修改内容。若电子投标文件被撤回，电子招标投标交易平台应当向招标人发送撤回通知。在电子投标中，投标人要尽量在投标文件递交前做好准备工作，避免频繁修改和撤回。

9. 投标截止时间与投标文件传输

投标人应当特别注意电子投标的截止时间，并确保在此时间之前完成投标文件的传输递交。某些原因可能导致在投标截止前没有完成投标文件传输的情况。对此，《电子招标投标办法》规定："投标截止时间前未完成投标文件传输的，视为撤回投标文件。投标截止时间后送达的投标文件，电子招标投标交易平台应当拒收。"这个问题在实际操作中经常出现，许多投标人因此丧失投标机会。应特别重视，引以为戒。

（三）电子在线开标

根据《电子招标投标办法》，电子开标是不需要投标人到开标现场的。

《电子招标投标办法》第二十九条规定："电子开标应当按照招标文件确定的时间，在电子招标投标交易平台上公开进行，所有投标人均应当准时在线参加开标。"第三十条规定："开标时，电子招标投标交易平台自动提取所有投标文件，提示招标人和投标人按招标文件规定方式按时在线解密。解密全部完成后，应当向所有投标人公布投标人名称、投标价格和招标文件规定的其他内容。"第三十二条规定："电子招标投标交易平台应当生成开标记录并向社会公众公布，但依法应当保密的除外。"这些是电子招标投标的根本要求。

在线开标避免了开标时的人员聚集，节省了投标人的费用，在后疫情时代，这种招标方式意义更加重大。对于投标人来说，要关注以下几点。

第一，电子在线开标需要投标人在线参与。投标人在线参与电子在线开标，一方面作为开标见证人，见证开标的公开性和合法性；另一方面，对于大部分电子招标投标交易平台来说，投标文件的解密需要投标人参与。如果投标人不参加电子在线开标，投标文件将无法解密，相当于投标人撤销投标文件，造成保证金的损失。

第二，开标录像。对投标人来说，电子在线开标时，应当对开标全程进行录像，以备后续工作不时之需，或作为异议和投诉证据。电子招标投标活动中，这些数字化证据的留存是十分重要的，投标人应当做好相应的技术准备。

第三，现场开标异议。在开标现场，对开标程序以及投标人主体、投标文件合格性提出异议，是投标人的合法权利。在电子招标中，投标人现场异议应当通过电子招标投标交易平台提出，并由招标人通过电子招标投标交易平台答复并记录在案。

第四，开标记录，签字确认。一般情况下，如有开标公证，投标人可不签字确认。

第五，开标解密失败的处置。在电子招标情况下，为了防止解密失败导致开标失效，《电子招标投标办法》规定了解密失败风险的防范办法。目前，一般采用纸质文件和光盘备份进行解决。但这种方法本质上与电子招标投标的全程在线特征不相符，正确的方法应当是进行电子化在线备份。在这种情况下，投标人要配合处理。

第六，开标评估。开标结束后，投标人会收到一份开标记录，这份开标记录也会同步发布在电子招标投标交易平台和公共服务平台。投标人应当注意这份开标记录有两个重要作用：一是作为证明投标人是该招标项目当事人的依据；二是作为投标人了解该招标项目其他参与者及其报价的唯一公开资料。按照规定，开标记录应当包括投标人名称、报价、工期（交货期）、招标保证金金额、投标文件递交时间等内容。对于在投标之前做过投标竞争策略分析的投标人来说，据此开标记录可以评估本次投标策略的有效性，进而制订下一步工作方案。在完成开标评估后，电子招标和电子开标的工作才算结束。

（四）电子招标和电子开标的技术支持

电子投标与电子开标阶段是电子招标投标的核心阶段。对于投标人团队来说，这一阶段事务性工作很多，且头绪复杂，容易忙中出错。为了使投标人团队工作有序开展，一些投标人开发了投标管理系统，以规范这一阶段的工作，提升投标和开标参与的效率。一般来说，这个系统包括三个方面。一是投标文件管理系统，包括对投标文件的编制、核实、审批、签名、加密、发送、修改等环节，以确保投标文件的正确性和完整性。二是投标项目时间管理系统，用于对各个项目不同阶段的时间安排和工作提醒，确保不因忙乱而误事。三是投标决策支持系统，包括从招标公告分析、招标文件分析、投标策略模拟，到开标结果评估以及中标模型分析的全过程技术支持。这样，投标团队无须聚集在一个办公区中，而是可以通过远程聚集在一个电子平台上，进行从发现招标项目到完成投标全过程的协同。

五、投标保证金与电子保函

招标投标的最终成果是一份合同。投标人参与投标，与其他投标人展开竞争，是为了与招标人签订一份合同。实际上，当招标工作结束并确定中标人以后，招投标双方的主动权就发生了变化。中标人获得了主动权。如果中标人由于各种原因不签约，或签约后不能履行合同，招标人将前功尽弃，甚至处于完全被动状态。为了平衡这种关系，招标人往往在招标文件中就规定，投标人需提供投标保证金和履约保证金。

（一）投标保证金

《中华人民共和国招标投标法实施条例》（以下简称《招标投标法实施条例》）第二十六条规定："招标人在招标文件中要求投标人提交投标保证金的，投标保证金不得超过招标项目估算价的2%。""依法必须进行招标的项目的境内投标单位，以现金或者支票形式提交的投标保证金应当从其基本账户转出。招标人不得挪用投标保证金。"

投标保证金是投标人对招标人的保证，其作用主要是确保投标人在提交投标文件截止时间后不撤销投标，并在中标后按照招标文件和其投标文件签订合同。具体来说，第一，投标截止后至中标人确定前，投标人不得修改或者撤销其投标文件；第二，中标后，投标人必须按照招标文件和投标文件与招标人签订合同，不得改变其投标文件的实质内容，或者放弃中标。如果招标文件要求中标人提交履约保证金，投标人还应当按照规定提交。如果投标人未履行上述投标义务，招标人可不予退还其递交的投标保证金，即招标人可因此获得至少相当于投标保证金金额的经济补偿。

对于投标人来说，值得研究的是，为什么会发生上述可能导致投标保证金损失的情况呢？第一种情况是投标人对招标文件研究不深不透，或者投标文件中存在不可接受的错误，导论投标人宁愿损失保证金，也要撤销投标，如涉及技术秘密、重大法律问题等。这种情况一般发生在投标人企业管理混乱的情况下。如果按照我们前述的投标管理系统进行规范管理，这种情况基本可以避免。电子投标还要注意，如果由于投标人过错致使电子在线开标失败，投标人也将面临投标保证金损失风险。第二种情况最普遍，即投标人中标后反悔，不愿签合同，也不愿提交履约保证金。这种情况的发生主要是因为投标人对招标文件中的合同研究不够，合同中存在投标人不可接受的条款。这个问题本质上反映了投标人的合同分析能力。合同分析是一项高度专业化的工作，为了防止投标人对合同条款误解、不解或其他原因造成投标保证金损失，投标人应当在内部明确规定合同禁止条款，即明确涉及哪些条款的合同绝不能签订，相关的投标也不能参与。

（二）履约保证金

履约保证金是中标人向招标人提供的用以保证其履约合同义务的担保。《招标投标法》规定，招标文件要求中标人提交履约保证金的，中标人应当提交。《招标投标法实施条例》第五十八条规定："招标文件要求中标人提交履约保证金的，中标人应当按照招标文件的要求提交。履约保证金不得超过中标合同金额的10%。"履约保证金的设定使得招标投标与合同履行紧密结合，相互支撑。若中标人不履行合同义务，投标人将按照合同约定扣除其全部或部分履约保证金，或由担保人承担责任。如果中标人违约给招标人造成的损失超过履约保证金的，还应依法赔偿超过金额的损失。

履约保证金与合同履约紧密相连，而投标保证金对合同签订和履约保证金的提交密切相关。由此，投标保证金、合同签订、履约保证金在招标文件的制度设计中形成了一个保证招标结果得以实施的链条和保证机制。这一机制保证了招标投标过程和结果的严肃性。从另一个角度看，这套保证机制也表明，招标人利益最终的保证并不全靠法律规定的程序，还需靠经济利益的制约。

从《招标投标法》所设计的这种经济制约关系来看，保证金制度的基本模型是现金保证，即乙方向甲方提供的现金保证。这个模型实际上基于一个重要假设，即乙方存在违约风险，因此乙方应当向甲方提供经济担保。如果仅从投标保证的角度来看，这种设计有一定的合理性。但从合同的履约保证体系来看，则存在许多问题。一是甲乙双方的保证不对等。法律仅规定了乙方对甲方的保证，并没有规定甲方对乙方的保证。然而，事实上，甲方拖欠乙方工程款和货款的现象十分普遍。二是保证金加重了乙方的资金负担，使资金沉淀在甲方，保证金变成了"死钱"，不利于经济的合理运行。乙方的保证金相当于增加了乙方成本，同时，沉淀在甲方的资金不能挪用，否则即为违规，这也不符合经济规律。三是这种单向的保证机制并不完善，在许多情况下缺乏刚性，并没有起到真正的保证作用。

随着近几年国家优化营商环境工作的推进，社会各界对于改革保证金制度、用保函取代保证金的呼声越来越高。国家发展改革委、住房和城乡建设部、财政部，以及许多地方的公共资源交易管理部门先后出台了一批关于使用保函代替保证金的文件，基于非现金保证的新的保证体系应运而生，投标人在投标中面临新的保证体系，对招标投标市场和标后履约影响很大，引起投标人的极大重视。

（三）第三方保证制度与电子保函

保函替代保证金带来了三个变革。

第一个变革是在招标人和投标人（即甲方和乙方）之间引入了第三方担保人。第三方担保人的出现改变了甲乙双方之间的保证关系，提高了保证的强度。甲乙双方与保证方构成了一个特定的三角关系，使得甲乙双方之间的合同刚性大大增强。同时，甲乙双方在履约保证中的地位变成了平等的合同关系：乙方向甲方保证履约，甲方也应当向乙方保证支付。由于排除了现金，原来乙方的现金负担和甲方的资金沉淀问题得以解决。更重要的是，第三方担保关系建立的是一个完全保证关系，保证的真正作用体现出来。因此，第三方担保对优化招标投标营商环境有重要意义，是招标投标保证机制的发展方向。

第二个变革是带动电子保函的应用。目前保函有三种形式：第一种是银行出具的保函，第二种是担保公司出具的保函，第三种是保险公司出具的保函。这三种保函各具特色，但都朝着电子保函的方向发展。由于保函本质上是一种承诺，不涉及资金的转移，特别适合电子化操作，同时也特别适合与电子招标投标交易平台进行对接。这不仅使电子招标投标交易平台的功能得到了进一步的扩展，又使电子保函的应用场景得以实现。因此，电子保函的发展势头越来越强劲。在国家政策的支持下，电子保函有望得到更大的发展。在这种情况下，投标人必须关注电子保函的相关业务，从原来的现金保证模式中走出来，尽快熟悉电子保函业务。目前看来，银行和保险公司的保函占据主要地位。银行往往与一些担保公司合作，可开具由担保公司反担保的银行保函；保险公司则正在大力推行保证金保险。投标人可以花费相当于担保费的金额在保险公司购买一份保证金保险，一旦出险，由保险公司支付保证金。这两种方式都通过保证平台与交易平台对接。有些交易平台已经在许多项目中采用电子保函，投标人要注意招标文件中的相关条款，确保按照招标文件和交易平台的要求办理电子保函。

第三个变革是电子保函催生了互联网金融服务的应用。电子保函创造了一种可能性，即能实时感知项目执行过程中的资金需求。电子保函的保证机制要求保证平台快速实施保证承诺。为了实现这一目标，被保证人必须建立起一套业务感知系统，以感知并防止可能出现的任何风险，并建立风险防范机制。在此过程中，银行的供应链金融服务就成为消除风险的重要机制，从而通过电子保函把工程项目与银行供应链金融服务连接起来，促进了产业互联网的发展。具体来说，就是基于电子保函所建立的交易保证体系实际上是一个为招标投标项目全过程服务的金融服务体系。这个体系可以帮助甲方解决支付款项不到位而出现的资金短缺问题，保证甲方的履约能力；同时可以保证乙方不因资金短缺而影响工程建设质量和进度。这在客观上避免了甲乙双方的违约，成为真正的履约保证机制。这一套基于互联网的风险感知和防范机制，对于招投标项目的履约具有革命性的意义。它在某种程度上完美实现了招标投标保证制度的设计目标，使招标项目的建设、管理以及实施过程变得完全可预期、可控制，消除了招投标项目的主要风险，为电子招标投标以及产业的数字化提供了新的路径。

投标保证金和履约保证金所发生的这种变化对于投标人来说非常重要。它使投标人在投标过程中以及项目实施过程中可以获得较大的、即时的金融支持，进而使投标人的履约保证建立在更加可靠的基础之上。因此，投标人在分析招标文件、制定投标策略以及建立投标辅助系统时，应与担保平台建立对接关系，使履约保证最终变成一种金融服务支持。

在研究履约保证的金融机制时，我们发现了一种金融保证服务结构。这个结构能够处理现有的银行保证、保险保证和公司保证之间的关系。金融保证服务的前端是公司保证，其本质上是一种咨询服务，负责对被保证人进行尽职调查和确定项目的风险性质；后续的支持服务是银行保证，把工程担保变成金融保证；而保险保证本质上是提供给银行的，作为银行的保险。由此形成了一个结构化的保证机制，使招标投标的交易保证、工程质量保证、履约保证最终转化成了金融保证，由一个金融保证服务体系来完成。

六、投标人合同管理及电子合同

投标人参与投标的主要目的就是与招标人缔结一份项目合同。当招标人向投标人发出中标通知书的时候，意味着招标投标过程的完结，招标人响应了投标人的要约，形成了法律意义上的履约承诺。《招标投标法》第四十五条规定："中标通知书对招标人和中标人具有法律效力。中标通知书发出后，招标人改变中标结果的，或者中标人放弃中标项目的，应当依法承担法律责任。"第四十六条规定："招标人和中标人应当自中标通知书发出之日起三十日内，按照招标文件和中标人的投标文件订立书面合同。招标人和中标人不得再行订立背离合同实质性内容的其他协议。"《招标投标法实施条例》为此制定了相关罚则。然而，许多投标人对招标投标这一特殊的缔约过程理解不到位，导致了许多问题的出现。因此，投标人提出关于招标投标的合同知识和合同管理技能十分重要。在电子招标投标的条件下，电子合同和电子合同监督体制的出现，对招标投标合同管理就变得更加重要，也更加迫切。如果这项工作做得不到位，投标人不仅可能损失保证金，即使中标也可能带来更大的麻烦。

（一）理解招标投标合同的特殊性

招标投标合同缔结过程与其他合同缔结过程的最大不同在于，招标投标是招标人按照法律法规程序公开发布招标文件发出要约邀请，投标人按招标文件规定的规则响应要约邀请，一次性编制和密封提交投标要约文件，招标人再按照招标文件公开的评标标准和方法，选出中标人并与其签约的缔约过程。在此过程中，招标人的需求、规则和合同条款都是预先公开且不可谈判的。基于完全公开的标准选择中标人，而非通过招标人和投标人的谈判选择中标人，这是公开招标的最大特点。在实践中，许多招标人和投标人对此特点没有足够的认知，导致工作中出现各种偏差和错误。《招标投标法》的许多规定都是基于这个特点而制定的，而合同缔约过程中出现的许多错误甚至犯罪行为也与此有关，对此投标人要特别注意。

凡事前谈判者，必产生串标及围标嫌疑，情节严重者，即构成围标串标事实；凡事后谈判者，大部分是想先低价中标，中标后再通过谈判实质性改变中标价格，这也构成违法，并会给甲乙双方带来诸多问题。这两者之间最重要的问题就是对招标投标合同的理解存在偏差。投标人员应在正确理解招标投标合同特点的基础上制定自己的投标策略，而不能寄希望于非法操作和非法行为。

（二）招标投标合同管理中的几个重要问题

1. 关于招标投标合同的系列性

合同规划是招标代理机构的重要职责。特别是许多大型项目是由一系列不同的合同构成的。投标人中标的合同往往是招标人合同体系中的一个组成部分。投标人的合同管理，首先要遵循招标人合同的这种系列性，即明确中标合同在招标人合同系列中的地位，不能因为中标人的违约而造成招标人合同产生一系列变动，破坏招标人的总体合同规划，给招标人造成损失。

2. 关于招投标合同内容的序列性

招标文件会在合同协议书中明确规定组成合同的全部文本。一般来说，至少包括以下八个文本：①合同书及附件；②合同条款；③合同技术规范；④合同条款附件（包括供货范围及价格、性能、交货期、质保、技术服务、验收标准、各种保函等）；⑤中标通知书；⑥招标文件；⑦投标文件；⑧其他文件。在这一系列合同文本中，文件的排列顺序决定了其效力的优先级，排列在前面的文件效力大于排在后面的文件。若内容存在冲突，以排在前面的文件为准。我们可以发现，在中标通知书之后的文件是招标过程中形成的文件，而排在中标通知书之前的文件主要是合同条款。许多中标人在中标后无法签订合同的主要原因是投标前对合同条款的忽视。在合同签订时才发现有些条款不可接受，从而给自己造成损失，陷入困境。因此，投标人必须在投标前认真研究合同条款，确定是否存在不可接受的条款。如果有就应当及时退出投标，而不是寄希望于中标后的谈判。

3. 关于合同公开

财政部已经发布了《政府采购公告和公示信息格式规范（2020 年版）》，其中包括合同公告的内容，标志着政府采购在信息公开方面迈出了重要一步。从合同公告的内容看，主要包括以下方面：合同编号；合同名称；项目编号；项目名称；合同主体（采购人名称、地址、联系方式，供应商名称、地址、联系方式）；合同主要信息（主要标的名称、规格型号、主要标的数量和单价、合同金额，履约期限、地点等简要信息，采购方式）；合同签订日期；合同公告日期；其他补充事宜。

《招标投标法》的修订稿也已经明确要求招标人及时公开项目重大变动、合同重大变更、合同终止和解除、违约行为处理结果等合同履行信息，可视同为合同公开。合同公开为社会公众监督项目招标投标过程和合同执行创造了有利条件。这有利于建立信用体系，同时也对中标人提出了更高的要求，促使中标人更加关注项目招标投标过程和项目执行的合法性。

4. 关于合同分包转包

分包和转包是许多中标人必须关注的问题。在这几年巡视和审计中，许多单位特别是工程施工单位出现最多的问题就是违法分包转包。作为投标人，不能将项目实施建立在转包和分包上。实际上，这里的问题在于如何界定《招标投标法》中的部分主体、关键性工作，投标人要对招标文件进行深入研究，才能确定这一点。实践中，往往出现对此界定不清的情况，导致投标人无法履行合同，从而造成损失。

（三）电子合同

《电子招标投标办法》第三十六条规定："招标人确定中标人后，应当通过电子招标投标交易平台以数据电文形式向中标人发出中标通知书，并向未中标人发出中标结果通知书。招标人应当通过电子招标投标交易平台，以数据电文形式与中标人签定合同。"

新冠疫情的出现，使全流程电子招标投标受到了前所未有的重视。电子招标从招标公告开始到合同签订结束，全过程都可以在互联网上完成，实现全程人员无接触，这满足了疫情防控常态化的需要。特别是对于一些简单的、通用的小项目来说，这种全流程电子化操作可以大大加快项目的进程，提高效率。因此，投标人要具备进行电子合同签订的条件和能力，这里需要重点注意以下几点。

第一，签订电子合同时，对电子合同的完整性、正确性进行仔细检查，要把全部合同要素一一核对清楚，防止电子文件的易改性造成错误。

第二，确保投标人自身的法人电子签名和电子签章的有效性，必须满足《中华人民共和国电子签名法》（以下简称《电子签名法》）规定的可靠的电子签名的四项要求，这一点十分重要。有的证书授权（CA）中心的证书和电子签名工具不符合要求，投标人要在正式签名之前，核实并验证其电子签名的可靠性和合法性。

第三，确认甲方电子签名的有效性，并确保双方签名盖章的合同具有合法性和有效性。

第四，投标人应建立专门的电子合同保管制度，具备保管设备，确保电子合同、电子签章、电子签名的一致性和可验证性。

第五，电子投标人员要具备有关电子合同和电子签名的知识和技能，拥有相应的识别和处理能力。

七、电子追标

《电子招标投标办法》规定，电子招标的全流程，即从用户注册、招标方案、投标邀请、资格预审、发标、投标、开标、评标、定标、费用管理、异议、监督、招标异常到归档（存档）等的全过程，都在电子招标投标交易平台上进行，并以数据电文的形式记录和显示。与纸质形式的招标投标相比，投标人因此具备了良好的条件，能够追踪和监督招标投标项目，维护自身利益。由此，发展出了投标人的电子追标技能。电子追标从投标人发出电子投标文件开始，直到招标活动结束，监测电子招标全过程，维护投标人自身权益，同时为投标人的投标活动积累数据，为后续的数据分析做准备。

（一）追标内容

在投标文件发出之后，电子追标活动就开始了。

第一，要对电子开标进行追踪。要对电子开标过程进行全程录像，并监测电子开标过程是否存在异议。如有异议，需记录全部异议内容，并及时提出异议。同时，要完整保留开标记录，并监测开标记录是否已在电子招标投标交易平台和公共服务平台公开。开标信息的保留对投标人十分重要，是今后提出异议及投拆的基础证据。

第二，通过互联网获取竞争对手信息。开标记录真实记录了同一项目的竞争对手的信息，是了解同行竞争信息的最佳资源。投标人应利用互联网整合竞争对手的其他信息，对其进行行为分析，获取行为参数。竞争对手的投标行为和报价是理性权衡和决策的结果，真实反映了投标人的竞争策略和竞争能力。与网上其他渠道发布的竞争对手的信息相比较，投标人可以形成对竞争对手的理性认知，特别是要对照招标文件的资质要求，对竞争对手的信息进行充分核实，做到心中有数。

第三，关注电子招标及投标文件的澄清或说明。在投标过程中，澄清或说明以数据电文的形式通过电子招标投标交易平台进行交换。因此，投标人在投标过程中要紧盯电子招标投标交易平台的澄清信息，防止错过信息而影响投标结果。

第四，中标候选人公示。《招标投标法实施条例》第五十四条规定："依法必须进行招标的项目，招标人应当自收到评标报告之日起3日内公示中标候选人，公示期不得少于3日。投标人或者其他利害关系人对依法必须进行招标的项目的评标结果有异议的，应当在中标候选人公示期间提出。招标人应当自收到异议之日起3日内作出答复；作出答复前，应当暂停招标投标活动。"在招标投标活动中，公示与公告是不同的：公示发生在最终结果确定之前，公告则在最终结果确定之后。因此，中标候选人公示的是投标结果而非中标结果。对于有准备的投标人来说，此时提出异议十分重要。实际中也的确有不少项目由于异议的出现而改变了评标结果，使原来的第二名或第三名成为最终中标人。为了减少异议，有的招标人选择在节假日进行公示。在电子招标条件下，公示与公告限定于指定媒介，对于电子招标投标项目来说，主要限定于各省级电子招标投标公共服务平台和中国招标投标公告服务平台，这大大减少了利用节假日公示而减少异议的情况。但无论如何，对投标结果公示进行跟踪是电子追标的一项重要任务。

第五，中标候选人履约能力追踪。中标候选人的经营、财务状况发生较大变化或者存在违法行为，招标人认为可能影响其履约能力的，应当在发出中标通知书前由原评标委员会按照招标文件的标准和方法进行审查确认。对投标人来说，追踪中标人的履约能力也是很有意义的。

第六，招标文件与合同一致性追踪。在中标合同公告公开的情况下，投标人有条件对公告合同与招标文件的一致性进行比较，从而确定实际中标合同与招标文件中的合同内容的一致性。

综上，对投标后的过程和最终结果进行追踪，一方面对投标人具有现实利益，即最大限度地争取中标；另一方面，对投标的全过程进行追踪可以大大提升投标人的实践经验和投标水平。在实际工作中，一般投标人很少做到这一点。有的投标人尽管参加的投标很多，但中标率提不上去，根本原因在于其没有对每一个投标项目进行深入分析和努力争取。在全力争取的过程中，吸取经验和教训，投标水平才能真正得到提升。在电子招标投标条件下，招标过程的信息公开程度越来越高，投标人通过电子追标跟踪项目全过程的条件越来越好，更应在这方面下足功夫。特别是数据分析能力的提高，对投标过程中全部信息的收集和整理，有可能创造出智能化的投标方法，对投标人来说将受益无穷。

（二）电子化异议和投诉

《招标投标法》第六十五条规定："投标人和其他利害关系人认为招标投标活动不符合本法有关规定的，有权向招标人提出异议或者依法向有关行政监督部门投诉。"

《电子招标投标办法》把异议和投诉渠道全都电子化了。第三十九条规定："投标人或者其他利害关系人依法对资格预审文件、招标文件、开标和评标结果提出异议，以及招标人答复，均应当通过电子招标投标交易平台进行。"第五十一条规定:"投标人或者其他利害关系人认为电子招标投标活动不符合有关规定的,通过相关行政监督平台进行投诉。"

异议发生在投标人和招标人之间,而投诉则发生在投标人与行政监督部门之间。异议是针对招标人在招标投标活动中某个行为的合法性而提出的,而投诉的对象则是招标人。异议和投诉处于不同的关系层面,投标人应当把握好这两种不同的关系。

合理合法的异议会给招标人造成很大压力,因为异议会使招标活动暂时停止。在电子招标投标的情况下,投标人要把握好以下三种情况。①对资格预审文件的异议,应当在投标截止时间2日前提出;对招标文件有异议的,应当在投标截止时间10日前提出。招标人应当自收到异议之日起3日内作出答复,在作出答复前,应当暂停招标投标活动。②对开标的异议,应当在开标现场提出,招标人应当场答复并记录。③对评标结果的异议,应当在中标候选人公示期间提出。招标人应当自收到异议之日起3日内作出答复,在作出答复前,应当暂停招标投标活动。投标人对招标人在招标过程中的异议可以有力地促进招标人依法行事,同时也使投标人获得公正公平的对待。投标人应当充分利用这种权利,如有问题,应尽量通过异议解决。

投诉是投标人向行政监督部门投诉招标人或招标代理机构的行为。投诉处理程序是行政监督部门的法定程序,按《工程建设项目招标投标活动投诉处理办法》进行。从投标人的角度看,投诉是一项耗时费力的事情,应当做好成本效益分析。

投标人如果对行政监督部门的答复不服,还可以依法申请行政复议或者向人民法院提起行政诉讼。在招标投标过程中,投标人需要把握好权利行使的程度。

从电子投标和电子追标的角度看,从异议到投诉再到行政复议的过程,是一个信息和知识积累的过程。在电子招标投标的情况下,投标人拥有的投标机会越来越多。而且越来越多的投标人认识到,没有必要在一个项目上争论,因为投诉的机会成本更高。

八、电子投标工具与投标信息管理

根据前文可知，电子投标已经成为一项高度专业化的技术工作。既然如此，就必须具备专业化的工具和手段。从硬件和软件两个方面来看，电子投标的工具包括专业投标终端、电子签名工具、电子营业执照；手段包括投标人基本信息、资质信息和业绩信息管理，以及信用管理和网络形象管理。

（一）专业投标终端

电子投标涉及的终端有两类：一类是投标文件离线编制终端，另一类是投标信息管理终端。投标文件离线编制终端要完全与互联网隔离，防止投标文件信息的泄露。同时要清除电脑病毒，防止投标文件在编制过程中染毒，使投标文件在开标时解密失败。投标信息管理终端是用于收集、整理投标文件编制中所需要的技术、商务、竞争信息的平台，不可避免地要与互联网连接，同时也是对投标过程进行监控、追踪的平台。这个平台应配备有相应的软件，是投标人团队工作的基本设施。投标人应当根据投标团队的实际需要，设计、配备相应的信息管理终端。

（二）电子签名工具

电子招标投标过程中所有的正式文件都需要进行电子签名，以保证电子文件的不可篡改和不可否认，证明电子文件的合法性。《电子招标投标办法》要求对下列 7 种文件进行电子签名：①资格预审公告、招标公告或者投标邀请书；②资格预审文件、招标文件及其澄清、补充和修改；③资格预审申请文件、投标文件及其澄清和说明；④资格审查报告、投标报告；⑤资格预审结果通知书和中标通知书；⑥合同；⑦国家规定的其他文件。

2015 年正式实施的《中华人民共和国电子签名法》为电子签名的合法性提供了依据。《电子签名法》规定，可靠的电子签名与手写签名或者盖章具有同等的法律效力。而可靠的电子签名需要满足以下 4 个条件：①电子签名制作数据用于电子签名时，属于电子签名人专有；②签署时电子签名制作数据仅由电子签名人控制；③签署后对电子签名的任何改动能够被发现；④签署后对数据电文内容和形式的任何改动能够被发现。

电子招标中使用电子签名工具进行电子签名的依据就是《电子签名法》，《电子招标投标办法》沿用了《电子签名法》的"数据电文"术语，并规定"数据电文形式与纸质形式的招标投标活动具有同等法律效力"。由此建立起了《电子签名法》与《电子招标投标办法》的一致性。投标人应在合法的电子认证机构申办电子认证证书和电子签名工具。电子签名制作数据由电子认证中心封存在电子签名工具中，供投标人在签署电子文件时使用。电子签名工具就是俗称的"CA狗"或电子钥匙。

实践中，由于我国政府规定CA认证中心采用公司化市场化的运行模式，全国共有CA认证中心50多家，遍布各个省、自治区、直辖市。这导致一个企业可能拥有来自多家CA认证中心的证书和电子签名工具。在招标投标业务中，不同的交易平台要求使用不同的证书和签名工具，造成有的大企业的证书多达成百上千个。这么多的证书如果管理不善，可能在电子招标投标中引发错误和信息安全风险，也有可能产生投标人错用证书而导致的开标解密失败风险。因此，对电子签名证书进行妥善管理成为投标人的一项重要任务。在无法实现企业电子证书一体化的情况下，电子投标团队至少要做到将每一个投标项目所用的证书记录在案，分别保管，防止证书混乱引发风险。实际上，随着电子招标投标的深入发展，特别是在疫情之后电子招标的常态化发展，电子签名相关的法律问题和纠纷越来越多。因此，对电子签名工具的一致性要求和安全管理更加需要投标人重视。

（三）电子营业执照

电子营业执照是工商和市场监管部门依据有关法律法规和全国统一标准颁发的载有市场主体身份信息的法律电子证件。它与纸质营业执照具有同等法律效力，且其使用不依赖于特定的存储介质，可以通过手机传输和下载使用。电子营业执照可用于企业的电子签名和身份认证。

电子营业执照的推出，标志着国家工商管理部门推出了统一的以法人身份（即工商营业执照）为基础的企业电子身份认证和电子签名工具。它对克服目前存在的电子身份认证混乱的局面具有积极作用，并将在我国经济进一步实现网络化、数字化转型的过程中发挥基础性作用。虽然目前电子营业执照在电子招标投标中尚未普遍应用，但其应用趋势已非常明显。所以，投标人应当加快了解和熟悉电子营业执照的作用。目前，电子营业执照主要有以下三个方面的应用。

（1）企业可以通过电子营业执照 App，实现营业执照的网上出示、验证、留存，在线登录电子政务和电子商务平台，以及网上亮照等功能。营业执照的接收方可以通过电子营业执照验证企业身份、留存企业营业执照文件、获取企业相关信息等。

（2）企业对外使用电子营业执照时，会生成加密的二维码。营业执照的接收方通过扫描二维码，即可链接到全国统一的市场主体身份识别验证系统，通过与电子营业执照库信息比对，验证电子营业执照的真假，识别企业身份。

（3）通过电子授权，电子营业执照可以实现随时随地管理，克服了纸质营业执照复印和携带不便的限制。

除此之外，电子营业执照可用于电子签名，作为法人签章的有效签名。随着电子营业执照的普及，电子签名功能将成为其主要功能。因此，实现电子签名的统一，以解决电子签名混乱给企业造成的困扰。

（四）投标人基本信息、资质信息和业绩信息的管理

在电子招标环境下，投标人的基本信息、资质信息、业绩信息以及投标人相关专业人员的信息都被数字化和规范化了。《电子招标投标系统技术规范》明确了相关的数据格式，便于招标人、招标代理机构以及监督部门使用和查询。在这种情况下，如果投标人在不同的投标文件中填写的基本信息不同或者出现较大的偏差，就很容易被竞争对手认定为弄虚作假，并由此产生对投标人信息的质疑或投诉，造成对投标人不利的局面。因此，投标人对基本信息、资质信息、业绩信息的统一管理就变得非常重要。特别是对于一些大型施工单位，其下属机构众多，但都使用总机构的基本信息和资质信息。如果没有统一管理，企业对外投标信息容易发生混乱，就会给竞争对手可乘之机，使投标人造成损失。所以投标人应按照《电子招标投标系统技术规范》

的要求，对基本信息、资质信息和业绩信息制作统一的电子文件，供不同的投标项目使用。

（五）投标人信用信息和网络形象管理

作为官方的信用信息平台，"信用中国"上的信用信息作为评价投标人信用情况的重要依据，已经被许多招标人采信。因此，投标人维护自己在"信用中国"平台上的信用非常重要。2017 年国家发展改革委令第 10 号规定，招标投标信息经由中国招标投标公共服务平台与信用中国对接，这意味着投标人在电子招标投标交易平台上的交易信息会成为其信用信息的一部分，这一点必须引起投标人的重视。管理企业信用要从每一笔交易做起。同时，许多招标人交易平台的供应商库基于本行业或专业供应商履约情况，推出了信用评分制度，要求在评标中纳入信用分值。在这种情况下，投标人的信用管理就更加重要。

投标人还需重视企业的网络形象管理。在网络上公开发布的信息具有持久性，这些信息构成了企业的网络形象，并可能影响企业在投标中的结果。特别是企业在中标公示期间，竞争对手可能通过互联网公开信息挖掘相关资料，不利于企业的网络公开信息可能会成为竞争对手的有力武器。

九、投标数据分析与投标资源平台

在对电子招标投标的过程进行深入研究之后，我们对招标投标活动的本质应有更深刻的认识。招标投标活动本质上是一种基于文本的选择行为。《招标投标法》禁止招标人事先与潜在投标人进行谈判，也不主张招标人事先对潜在投标人进行调研。招标人的主要职责是提出需求和评价标准。对于投标人来说，参加投标的全部依据就是招标文件的要求。投标响应资料完全通过投标文件体现。在评标过程中，评标委员会也完全依靠投标文本，对投标文件与招标文件的符合度进行打分。因此，对招标人和投标人来说，合法、正常的招标投标活动本质上来说是一项文本的比对工作，文本的符合度决定了中投率。

在电子招标投标的情况下，招标投标活动则变成了一系列电子文件的编辑、传输和比对工作。在电子环境下，电子文本的制作过程可以得到更多的支持，电子文本的比对分析也更加便捷。特别是随着大数据、人工智能等新的数据分析技术的发展，电子招标投标进一步演变为数字化能力的竞争。新冠疫情进一步加剧了这种数字化竞争态势。在居家隔离、人与人接触受限的条件下，招标人和投标人的电脑桌面成为主要工作场所，电子招标投标变成了基于网络的数据分析和远程竞争。

（一）招标投标大数据

2017 年 11 月，国家发展改革委发布《招标公告和公示信息发布管理办法》。当时，笔者曾发表文章指出，该办法的颁布标志着招标投标大数据的基本框架已经形成。招标公告和公示信息构成了招标投标大数据的最小数据集；各地电子招标投标公共服务平台作为招标公告和公示信息发布媒介，构成了全国招标投标大数据的汇集路径和汇集地；中国招标投标公共服务平台成为全国招标投标大数据中心。

2018 年 9 月，国家发展改革委发布《公共资源交易平台系统数据规范（V2.0）》，进一步明确了将工程招标、政府采购、土地使用权和矿业权出让、国有产权交易的信息汇集到全国公共资源交易平台。因此，一个比工程招标投标数据库范围更大的大数据中心已经形成，特别是政府采购数据的加入，为中小企业参与政府采购项目时进行数据分析创造了条件。笔者对 2018 年和 2019 年的全国公共资源交易数据进行分析后发现，70%以上的招标项目适合于中小企业。有了这个大数据中心，广大投标人就拥有了一个丰富的数据库，为数据分析和决策提供了基础。无论是中国招标投标公共服务平台，还是全国公共资源交易平台，都是公开的、开放的，投标人应当充分利用这些已形成的大数据资源，提升投标效率。

（二）基于招标投标大数据的投标数据分析

在大数据条件下，投标人的数据分析能力构成了投标人的核心竞争力。如何建立这种能力，成为当前投标人面临的中心任务。在前文中我们已经介绍了电子投标每一阶段所需的数据支持。显然，仅依靠投标人的自我积累是远远不够的，必须将其作为投标人的一种体制性能力来构建。

那么，投标人如何构建这样的能力呢？

第一，基于招标投标大数据资源，建立与本企业产品、服务相关的数据收集系统和数据监测机制，构建投标人特征数据库。这个数据库应当包含与投标人业务相关的已完成的招投标项目的全部公开信息，包括从招标公告、招标文件、投标文件、开标记录、中标候选人到中标人合同等全流程信息，以及相关的主体信息和参考体系（如技术标准、管理规范、信用等信息）。

第二，构建企业投标模型。

第三，对招标投标大数据中心的招标项目进行完整的监测，随时挑选出适合企业投标的项目并进行评估，帮助投标团队选择投标项目。

第四，自动获取免费的招标文件，基于企业投标模型制定投标策略，对投标人编制投标文件进行指导，或者进行投标模拟，并与实际投标结果进行对比和改进，最终形成智能化的投标决策机制和管理机制。

第五，建立投标项目监测跟踪系统，对已参与的招标项目的全过程进行监测，引导投标团队在每一个环节正确行使权利，避免失误。

第六，对中标项目，构建数字化管理机制，严格合同执行机制，防止信用损失。

对于大中型企业，特别是工程性质的企业来说，独立构建这样的数字化分析和管理体系是完全必要的。在投标管理系统的支持下，投标团队可以避免投标过程中的各种失误，全面提高中标率。

（三）投标资源平台

对于中小企业投标人来说，建立独立的投标数据分析系统是很困难的，也没有必要。因此，一个通用的为中小企业服务的专业数字化服务平台——投标资源平台应运而生。

投标资源平台（Bidding Resource Plantform，BRP）借鉴了企业资源计划和互联网平台的理念，并将二者结合，为中小型投标企业投标提供个性化服务。通过集中收集投标资源和分类建立投标模型，平台为企业提供投标项目数字化咨询服务，并通过互联网对企业投标项目进行管理和监测。

投标资源平台的优势表现在以下三个方面：一是与现有的各类招标投标

信息平台对接，获取了完整的招标投标项目动态数据；二是与现有的各类主体数据库对接，如工商企业数据库、企业信用数据库等，获取了市场主体的基本信息、信用信息和其他主体资源信息；三是与各地公开的招标投标行政监督平台对接，获取了项目招标投标的参照数据，如相关行业的技术规范、技术标准、评标办法、评估准则等。通过以上三个优势，构建了一个通用的招标投标数据资源平台。在这个基础上，投标资源平台既可以作为大中型投标企业数据分析系统的前端，为其提供数据资源；也可以承担专业数据的整理工作，为大中型企业投标提供定向数据服务。

投标资源平台更重要的意义在于，它可以为中小型企业投标人提供咨询服务，类似于投资领域的智能投资顾问服务，帮助投标人推荐和发现投标机会，判断招标公告的合意性和可能性。通过一套智能算法，投标资源平台可以将招标文件与拟投标企业文件进行智能化匹配，找出符合不同企业技术条件和商务条件的投标方向，并指导投标人优化投标文件。

投标资源平台还可以作为投标人的投标管理服务平台。依托互联网、移动网络和通用的平台技术，平台为中小企业投标人及其工作人员提供投标后的监测和追标服务，确保投标人完整参与投标全过程。

目前，已经有许多企业在探索建立投标资源平台，并且取得了不少成果。显然，这项工作具有一定的难度，但投标资源平台弥补了招标投标领域大数据智能化分析的空白。面对相对分散的投标人，投标资源平台具有与电商平台相似的客户基础，所以可以借鉴电商平台的有益经验，积聚大量投标客户，从而产生集聚效应，实现价值涌现。更重要的是，投标资源平台关联着中标企业中标后的履约过程，使其有可能成为产业互联网的重要入口。客观地说，后疫情时代是产业互联网发展的最佳时机，而电子招标投标推动的投标资源平台已经处于产业互联网发展的前沿。我们期待投标资源平台获得更大的发展。

十、电子投标团队建设和制度建设

在后疫情时代，电子招标投标逐渐成为一种常态化的交易形态。对于依靠投标获取业务的企业来说，其必须将电子投标纳入常态化业务序列，进行团队建设和制度建设。

（一）数字化时代电子招标常态化

突如其来的新冠疫情在很大程度上改变了人们的生活方式、生产方式和交易方式。人和人之间的大规模、密切集聚大大减少。投标作为一种销售方式，以往通过现场集中开标的方式进行，而如今大多利用电子招标投标交易平台进行。全流程电子招标投标已逐渐普及，投标人要想继续通过投标获得业务，就必须熟悉电子招标投标，进行投标业务的数字化转型，把原来基于纸质文件的投标模式转化为适应电子招标投标的模式，把适应纸质招标投标的组织制度转变为适应电子招标投标的组织制度。只有这样，电子投标才能继续成为企业的业务来源，进而推动企业的持续发展。

（二）电子投标团队建设

电子投标业务的数字化、专业化，要求电子投标团队具备专业化能力。在纸质招标的情况下，许多企业都是根据招标项目临时组建团队，这种方式在电子招标投标的情况下已不再适用。临时团队无法进行长期的数据资源汇集和数据积累，也无法构建电子投标业务所需的数据分析平台和培养数据分析技能。专业化的电子投标团队应实现与数字化投标分析或投标资源平台的一体化。

电子投标团队建设应当注意以下4点。

第一，具备基本的计算机和互联网知识，能够利用投标资源平台进行分工合作。

第二，熟悉电子招标投标相关的法律法规，熟悉电子招标投标流程和技能。

第三，团队的分工合作。根据企业投标数据平台或投标资源平台的流程，将团队组织为一个数字化协同团队。团队成员的分工合作如同企业管理中的ERP一样，要做到岗位责任清晰、分工明确、奖惩分明。

第四，多项目并行处理能力。一个投标团队可以做到同时进行多个项目的投标而不紊乱，这是纸质文件条件下的投标模式很难做到的。目前，投标成本相对较低，特别是在许多项目取消了投标保证金或者将投标保函作为保证金的情况下，投标项目的增加意味着业务机会的增加。专业化团队的投标技能大大提高了中标率，从而使企业的销售得到提升。

（三）电子投标团队的制度建设

电子投标团队是一个数字化团队，应当建立与数字化相适应的管理制度。

第一，建立电子投标系统的安全管理制度。明确要求电子投标文件的离线编辑和投标文件保密制度，防止投标文件信息在编辑过程中被竞争对手窃取。建立投标文件编辑系统与基于互联网的投标数据收集系统的隔离制度，确保投标文件在开标前不被窃取或泄露。

第二，建立保护投标团队的数字资产制度。投标团队建立的数据分析模型、投标决策算法以及基础数据库是企业的数字资产。数字资产是企业进行数字化投资的结果，能够给投标团队和企业带来利益和价值。数字化转型是从实体资产为主导向数字资产为主导的转型，招标投标的转型则是从纸质文件为主向数字文件为主的转型。保护、维护团队的数字资产需要有相应的制度，包括数字资产维护更新制度、安全管理制度、价值计算与价值维护制度以及数字资产日常管理制度。

第三，设置电子投标岗位与操作规程。电子投标团队的协作体现在岗位和操作流程的安排中。在每个岗位设置中明确岗位职责和工作红线，确保每个岗位在职守责。岗位操作规程是一个系统化的质量保证体系，由一系列相互联系的岗位任务的输入输出流程组成，确保岗位之间无缝连接和有效协同。

基于电子投标的数据平台和投标资源平台建立团队制度，意味着数据平台是基础，投标资源平台制约着团队制度建立的效率。这就是数字化时代下"数据空间+实体空间"这种新的生产方式的新特点和新形态。

[作者：张启春，国家电力投资集团有限公司物资装备分公司副总工程师、电能易购（北京）科技有限公司董事长]

参考文献

［1］甘特·莱．制造服务化手册［M］．李清华，译．杭州：浙江大学出版社，2017．

［2］安筱鹏．制造业服务化路线图：机理、模式与选择［M］．北京：商务印书馆，2012．

［3］斯图尔特·罗素．人工智能：现代方法［M］．张博雅，等译．北京：人民邮电出版社，2022．

［4］平庆忠．交易平台经济学［M］．北京：经济科学出版社，2019．

［5］陈川生．《国有企业采购管理规范》释义［M］．北京：中国财富出版社有限公司，2020．

［6］平庆忠．网上商城采购理论与实践［M］．北京：中国财富出版社有限公司，2022．

［7］王志刚．国有企业采购供应链数字化成熟度评价手册［M］．北京：中国财富出版社有限公司，2023．

［8］邱锡鹏．神经网络与深度学习［M］．北京：机械工业出版社，2021．

［9］杨百兴．企业智慧采购模式探索［M］．2版．北京：中国财富出版社有限公司，2023．

［10］许余洁，肖馨，徐晋．数字定义未来：经济新思想与竞争新战略［M］．北京：中国发展出版社，2024．